Das
Sächsische Privatrecht

in seinen Grundzügen systematisch dargestellt.

Von

Dr. Otto Müller,

Geh. Hofrath und o. ö. Professor der Rechte an der Universität Leipzig.

Erste Abtheilung.
Allgemeine Bestimmungen.

Leipzig,
Verlag von Veit & Comp.
1892.

Ankündigung.

Das Werk, dessen erste Abtheilung vorliegt, will keine ausführliche Darstellung des gesammten sächsischen Privatrechts mit allen Einzelheiten des insbesondere durch die Judikatur geschaffenen kasuistischen Materials, wie es in Kommentaren oder Handbüchern geboten wird, geben. Sein aus dem Lehramte hervorgegangener Zweck ist in erster Linie, den Studirenden und den in die Praxis eintretenden Juristen eine an die gemeinrechtliche Doctrin anknüpfende, gedrängte systematische Anleitung zum Selbststudium und zum Verständnisse des sächsischen bürgerlichen Gesetzbuches zu gewähren und ihnen zugleich ein Hilfsmittel zur leichteren wissenschaftlichen Orientirung bei der Rechtsanwendung und gegenüber der zu erwartenden einheitlichen deutschen Civilgesetzgebung darzubieten.

Die Ausgabe erfolgt in drei Abtheilungen, die rasch aufeinander folgen sollen. Einzelne Abtheilungen werden nicht abgegeben, die Abnahme der ersten Abtheilung verpflichtet zur Abnahme des vollständigen Werkes.

Die zweite Abtheilung wird das Forderungenrecht zur Darstellung bringen.

Leipzig. **Veit & Comp.**

Einleitung.

I. Geschichte der Abfassung des Bürgerlichen Gesetzbuchs.

1. Vorgeschichte bis zum ersten (Held'schen) Entwurf.

§ 1.

I. Vor dem am 1. März 1865 erfolgten Inkrafttreten des BGB.'s für das Königreich Sachsen beruhte der Privatrechtszustand in den ehemals kursächsischen, jetzt königlich sächsischen Landestheilen theils auf Rechtsnormen einheimischen Ursprungs mit einem auf diese Territorien beschränkten Geltungsgebiet (Königlich sächsisches Privatrecht), theils auf den recipirten fremdrechtlichen römisch-kanonischen Elementen, welche unter denselben äußern und innern Einflüssen wie in andern Ländern Deutschlands so auch in Sachsen seit Ausgang des 14. bis Anfang des 16. Jahrhunderts die Geltung eines subsidiären gemeinen Rechts erlangten (gemeines in Sachsen geltendes Privatrecht, Haubold, Lehrb., 3. Aufl., § 2). Die Reception der letzteren wurde in Sachsen durch den Einfluß der bei Gründung der Universität Leipzig (1409) für das römische und kanonische Recht errichteten beiden Lehrstühle und durch die vermehrte Besetzung der höheren Richterstellen mit Richtern von gelehrter Bildung gefördert. Diesem gemeinen Rechte gegenüber hatte sich in den Ländern des sächsischen Rechts auf der Grundlage einheimisch-sächsischer Rechtsquellen, insbesondere des Sachsenspiegels, schon frühzeitig (Schott, institt. j. saxon., ed. 3, § 2) durch Wissenschaft und Praxis, namentlich unter dem autoritativen Einfluß von Berlich (1586—1638) und von Carpzov (1595—1666), ein besonderes gemeines sächsisches Recht, das sogenannte landübliche oder gemeine Sachsenrecht, entwickelt (Wächter, gem. Recht Deutschlands 101 flg.; Haubold, op. acad. II. p. 537). Dieses hatte den durch Gerichtsbrauch, Schöffenurtheile und spätere Landesgesetze als unmittelbar anwendbares Recht anerkannten Sachsenspiegel und das Magdeburger Weichbildrecht (Gerber, deutsches Privatrecht § 15 Nr. 1 u. 5; Curtius, Handb. des sächs.

Civ.R. §§ 11. 12) zu seiner Hauptgrundlage und wurde besonders durch die Constitutionengesetzgebung Kurfürst August's von 1572 zu einem jus commune saxonicum ausgebildet, dessen Sätze oft als gemeines deutsches Recht betrachtet wurden und hierdurch eine über die sächsischen Territorialgrenzen hinausreichende Geltung erlangten (Schletter, die Constitutionen August's S. 5—20; Stobbe, Handb. des deutsch. Priv.R. I. § 2).

II. In Sachsen entwickelte sich verhältnißmäßig früher als in anderen deutschen Ländern seit dem Uebergange der Kurwürde auf die Markgrafen von Meißen unter Friedrich dem Streitbaren (1423) die Territorialgesetzgebung (Weiße, Gesch. der chursächsischen Staaten II. S. 352 flg.; Gerber, das wissensch. Prinzip des gem. deutsch. Priv.R. S. 159 flg.). Begünstigt durch das 1529 vom Kaiser Sigismund erlangte privilegium de non appellando ließen sich die sächsischen Landesherren die Aufrechterhaltung der Eigenthümlichkeiten des gemeinen („beschriebenen, landüblichen") Sachsenrechts gegenüber den Eingriffen der Reichsgesetzgebung und dem eindringenden gemeinen Recht besonders angelegen sein (Haubold § 8 Note 6 Nr. 1). Sie wendeten sich aber in der Periode ihrer beginnenden Thätigkeit (bis zu der i. J. 1485 erfolgten Landestheilung) nicht sowohl dem Gebiete des Privatrechts zu, als vielmehr der Verbesserung der Rechtspflege, des Gerichtswesens und der Ordnung der Landespolizei (vergl. die einzelnen hierher gehörigen Landessatzungen bei Schott, inst. p. 22 flg.; Haubold §§ 12. 13), sowie der Confirmation von städtischen Statutarrechten, deren Zahl jedoch in den kursächsischen Landen nur eine geringe war (Schletter, die Constit. S. 29, Haubold § 15). Die Landesgesetzgebung hatte, soweit sie das Privatrecht betraf, meist nur den Charakter von Controversenentscheidungen und Erledigungen zweifelhafter Rechtsfragen, welche durch Konflikte des einheimischen mit dem eindringenden Fremdrecht und durch Mißverständnisse über deren gegenseitiges Verhältniß in den Dikasterien hervorgerufen wurden. Erst vom 16. Jahrhundert an seit dem Uebergange der Kurwürde auf die Albertinische Linie (1547) erweiterte sich die Regsamkeit und der Umfang der sächsischen Landesgesetzgebung auf den Gebieten des Privat-, Lehn- und Strafrechts. Sie richtete sich besonders auf die Feststellung des Verhältnisses zwischen einheimischem und fremdem Rechte; jedoch wurde von da an auch der Einfluß der romanisirenden Rechtsanschauungen auf den Entwickelungsgang einzelner sächsischer Rechtsinstitute immer größer und nachhaltiger. Seit der Constitutionengesetzgebung von 1572 bis zum Ausgang des 18. Jahrhunderts trägt überhaupt die sächsische Gesetzgebung mehr den Charakter einer kasuistischen, durch jeweiliges Bedürfniß veranlaßten Vielheit von Einzelgesetzen zum Zwecke der Entscheidung zweifelhafter Rechtsfragen, als einer systematisch angelegten und einheitlich durchgeführten abschließenden Revision,

Feststellung und Verarbeitung des Rechtszustandes in seiner Gesammtheit („Codification").

III. Für die älteren Landesgesetze kommen je nach Verschiedenheit ihrer Form und ihres Inhaltes folgende verschiedene (jetzt nur noch historisch bedeutsame) Bezeichnungen vor (vergl. Römer, Staatsr. des Churfürstenthums Sachsen II. 355; Curtius, I. § 24):

1. Mandate hießen die allgemeinen Landesgesetze, welche mit einer solennen Eingangsformel, in der sich der Landesherr selbstredend einführte, und mit landesherrlicher Unterschrift versehen waren. Enthielten sie umfassendere, die Polizei, Justiz, Verfassung der Kirche bez. einzelner Landescollegien betreffende Vorschriften, so hießen sie auch Ordnungen oder (wenn sie das Münz- und Steuerwesen angingen) Ausschreiben (edicta) und, wenn sie das Militärwesen betrafen, Ordonnanzen. Auch die in der ältern Zeit üblichen Bezeichnungen von Gesetzen, welche zur Bestätigung, Veränderung oder Erklärung des gemeinen Rechts, bez. zur Entscheidung von Streitfragen bestimmt sind (constitutiones, decisiones), erschienen in der Regel in Mandatsform.

2. Erledigungen von Landesgebrechen (resolutiones gravaminum) wurden besonders solche in Mandatsform ergangene Gesetze genannt, welche auf Anregung landständischer Beschwerden, die auf Land- und Ausschußtagen an den Landesherrn gebracht wurden, ergingen.

3. Generalien, auch Befehle oder Bekanntmachungen, Patente oder Verordnungen genannt, d. h. gehörig publicirte Landesgesetze, aber nicht in Mandatsform, sondern in Rescripts- oder Epistolarform aus den höheren Landesbehörden an die Unterbehörden und ohne Unterschrift des Landesherrn ergangen.

Eine sehr vollständige, aber nicht officielle Sammlung der älteren sächsischen Landesgesetze bis zum Jahre 1818 enthält Lünig's Codex Augusteus (3 Theile fol. Leipzig 1724) mit drei, die Zeiträume von 1724—1772, von 1772—1800 und von 1801 bis März 1818 umfassenden Fortsetzungen, jedoch mit Ausschluß der in den Jahren 1813—1815 ergangenen, 1824 von Moosdorf gesammelten sog. Gouvernementspatente. Obwohl diese Sammlung mit Bewilligung der Regierung veranstaltet wurde, so ist sie doch ohne landesherrliche Bestätigung geblieben und hat daher nur den Charakter einer Privatarbeit. Sie genoß aber in der Praxis hinsichtlich der Authenticität ihres Inhaltes wegen ihrer Genauigkeit und Sorgfältigkeit nahezu gesetzliches Ansehen (Haubold § 32).

IV. Als die wichtigsten Territorialgesetze seit der Ländertheilung bis zur Erhebung Sachsens zum Königreich sind folgende hervorzuheben:

1. Die Constitutionen des Kurfürsten August vom 21. April 1572, eine epochemachende, den Beginn einer neuen Aera der sächsischen Landesgesetzgebung bezeichnende und die Grundlage der sächsischen Rechts-

entwickelung noch bis in die neueste Zeit bildende legislative Schöpfung. Das Constitutionenwerk war kein Gesetzbuch, keine auf systematische und abschließende Bearbeitung des gesammten Rechtsstoffes gerichtete Codification im modernen Sinne, sondern eine nach gewissen Hauptgruppen geordnete Reihe von gesetzlichen Entscheidungen controverser und zweifelhafter Rechtsfragen, welche durch das im Laufe der Zeit unklar gewordene Verhältniß zwischen dem fremden und dem gemeinen Sachsenrechte und durch mannigfache Meinungsverschiedenheiten über die Auslegung ihrer Quellen in der Praxis entstanden waren, Rechtsunsicherheit und Widersprüche in den Dikasterialentscheidungen zur Folge hatten und daher vielfache Beschwerden besonders der ständischen Körperschaften und das wiederholt ausgesprochene Verlangen nach Abhilfe durch Feststellung eines jus certum in den sächsischen Landen hervorriefen (Schletter, S. 28—42). — Auf der Grundlage der zufolge landesherrlicher Aufforderung von der Leipziger und Wittenberger Juristenfacultät mit hinzugefügter gutachtlicher Beurtheilung in größerer Zahl vorgelegten Controversensammlungen und Fragepunkte (sog. casus Teuberi, Thomingii, Wesenbeccii) traten zuerst Abgeordnete der beiden Juristenfacultäten auf Geheiß des Kurfürsten August im Leipziger Convent (1571) zu einer gemeinsamen, die Anbahnung eines Ausgleichs der verschiedenen Differenzpunkte bezweckenden Berathung zusammen, deren Ergebnisse sodann auf dem zweiten (Meißner) Convente (1572) unter Zuziehung von hervorragenden Praktikern aus dem Hofrathscollegium und ritterschaftlichen Kreisen einer gründlichen Revision unterzogen und hierauf zum Abschluß gebracht wurden (Schletter, S. 50—64; Schmidt, Vorlesungen I. S. 7 flg.).

In der angegebenen Tendenz dieser legislativen Reform liegt zugleich der Schlüssel zur Erklärung ihrer äußeren Einrichtung: der Gliederung des zur Entscheidung gelangten, den vorhandenen Rechtszustand abändernden oder ergänzenden Controversenmaterials nach vier Haupttheilen (partes), von denen der erste das Prozeßrecht (pars judicialis), der zweite (de contractibus vel quasi) in bunter Mannigfaltigkeit Fragen des Forderungen- und Pfandrechts und verwandter Materien, der dritte (de successionibus, ultimis voluntatibus et investitura feudali) das Erbrecht, der vierte (pars criminalis) das Strafrecht betraf. Die Schlußredaction besorgte Hofrath Dr. Cracau. Die Publication erfolgte durch den Druck des ganzen Werkes und durch Zusendung besonderer vom Kurfürsten handschriftlich unterzeichneter Exemplare an die Dikasterien zu Leipzig und Wittenberg. Außer diesen sogenannten constitutiones editae giebt es aber noch eine Anzahl von damals ungedruckt gebliebenen Constitutionen (ineditae), von denen aber aus besonderen politischen Motiven neun durch bloße handschriftliche Zusendung an die Gerichte mit Gesetzeskraft versehen wurden (sog. c. separatae, sonderliche), während die übrigen

(42 an der Zahl) keine Gesetzeskraft erhielten, sondern nur von dogmengeschichtlichem Werthe sind (Schletter, S. 59—73). Unter den Commentatoren der Constitutionen sind Moller, Berlich und Carpzov die berühmtesten (Schmidt, Vorl. I. 10; Curtius, I. § 24).

Die wichtigste Erläuterungsquelle für die Constitutionensammlung bieten die consultationes constitutionum Saxonicarum, d. h. Schriften und Ausführungen der Leipziger und Wittenberger Dikasterien, welche als juristische Vorarbeiten den Constitutionen vorausgingen und in gewisser Beziehung mit den modernen Gesetzesmotiven verglichen werden können. Sie wurden auffallender Weise erst viele Jahre nach Publication der Constitutionen von einem unbekannten Verfasser 1599 edirt, freilich mit Einmischung vieles unechten und fremden Materials und erst später in einer besonderen excerptweisen Bearbeitung von Peter Frider aus Minden (Mindanus) zu Frankfurt 1616 herausgegeben (Schletter, S. 147—171; Haubold § 16, Zus. zu Note e; Schott, inst. j. s. p. 25 flg.).

2. Die Decisionen, und zwar:

a) die sog. älteren Decisionen (91), novellenartige Fortsetzungen der Constitutionen, d. h. Einzelentscheidungen streitiger Rechtsfragen (mit sichtbarem Einfluß Carpzov'scher Ansichten) vom 22. Juni 1661 unter der Regierung des Kurfürsten Johann Georg II. (Haubold § 21), weniger werthvoll als die Constitutionen (mit einem wenig Selbstständiges enthaltenden Commentar von Joh. Philippi, Lipsiae 1694).

b) die neueren Decisionen (40) vom 2. Juli 1746 aus der Regierungszeit Friedrich August's II., deren abschließende Fertigstellung einen sehr langen Zeitraum (von 1681 an) in Anspruch nahm (Haubold § 23, und zur Gesch. derselben besonders Gottschalk, anal. juris saxon. c. 3 und Weiße, neueste Gesch. d. Kgr. Sachsen, I. S. 220 flg.).

3. die ältere und die erläuterte Prozeßordnung aus den Jahren 1622 und 1724, deren Entstehung und Schicksale in die Geschichte des sächsischen Prozeßrechts gehören (vgl. Biener, syst. proc. § 10), und die Resolutiones über (13) verschiedene zweifelhafte Rechtsfragen in consistorialibus von 1786, ausgegangen von der obersten Kirchenbehörde in Verbindung mit der damaligen Landesregierung und dem Appellationsgerichte (Gottschalk, p. 315).

4. aus neuerer Zeit das Mandat zur Entscheidung einzelner Rechtsfragen vom 30. März 1822 und die Gesetze von gleicher auf Controversenentscheidung gerichteter Tendenz vom 26. Oktober 1834, 19. Februar 1838 und 3. November 1840.

5. Gesetze, welche ganze Rechtsmaterien vollständig in systematischer Ordnung regeln, erschienen in Sachsen erst seit dem Ausgang des vorigen Jahrhunderts. Von diesen sind, weil sie noch als Grundlage und Quelle des im BGB. normirten Rechtes wirken, besonders hervorzuheben: die

allgemeine Vormundschafts-Ordnung vom 10. October 1782, das Erbfolgemandat vom 31. Januar 1829, das Grund- und Hypothekengesetz vom 6. November 1843 und das Gesetz über den regalen Bergbau vom 22. Mai 1852.

V. Bei diesem complicirten, einer einheitlichen Grundlage und systematischen Durchführung ermangelnden Rechtszustande, welcher auf einer ziemlich bunten Reihe casuistischer, meist auf Controversenentscheidung berechneter, aber in ihrem gegenseitigen Verhältniß nicht selten unklarer Specialgesetze beruhte, war die Erkenntniß, Erklärung und Anwendung des sächsischen Rechtes eine schwierige. Die praktischen Unzuträglichkeiten hiervon wurden um so fühlbarer, je mehr der gesteigerte Rechtsverkehr neue Rechtsverhältnisse hervorrief und der Fortschritt der Wissenschaft und Erfahrung erhöhte Anforderungen an die gesetzgeberische Thätigkeit stellte. Deshalb wurde das Bedürfniß nach Erlaß eines systematisch geordneten, das ganze Privatrecht umfassenden bürgerlichen Gesetzbuchs schon längst von der Staatsregierung gefühlt und der Wunsch nach einem solchen wiederholt im Volke laut, insbesondere auf dem ersten constitutionellen Landtage ausgesprochen. Schon in der Mitte des vorigen Jahrhunderts unter der nur zu kurzen Regierung des Kurfürsten Friedrich Christian (vom 5. Oktober bis 17. December 1763) war der Plan einer Codification des sächsischen Landesrechtes aufgetaucht (Rescr. v. 15. Decbr. 1763). (C. F. Günther, prog. 1. 2. brevis enarratio de iis, quae med. sec. XVIII. in Saxonia de jure — in formam codicis redigendo acta sunt. Lipsiae 1842. 43.) Er blieb jedoch infolge des zu frühen Ablebens dieses edlen Fürsten und weil andere durch die Zeitverhältnisse hervorgerufene öffentliche Interessen die Fürsorge der Landesverwaltung vorwiegend in Anspruch nahmen, unausgeführt. Aber mit dem Eintritt Sachsens in die Reihe der Verfassungsstaaten wurde dieser Plan mit erneutem Interesse und nachhaltiger Kraft wieder aufgenommen und verfolgt. Mittelst königlichen Decretes vom 3. Oktober 1834 wurde den Ständen die Mittheilung, daß die Staatsregierung ein Civilgesetzbuch für das Königreich Sachsen ausarbeiten lassen wolle. Von dem mit den Vorarbeiten hierzu zuerst betrauten Präsidenten Dr. Einert ging der Auftrag zur Entwerfung eines bürgerlichen Gesetzbuchs auf den Geheimrath Dr. Held über. Von diesem wurde auch in den Jahren 1846—1852 ein solcher Entwurf fertig gestellt, welcher am Ende des Jahres 1852 mit Motiven zur Veröffentlichung gelangte. Derselbe wurde jedoch wegen der nicht günstigen Beurtheilung, die ihm Seitens der Kritik zu Theil wurde (Wächter, Zeitschr. f. Rechtspfl. u. Verw. XII. S. 1 flg.), und wegen der von den thüringischen und anhaltinischen Staaten erklärten Bereitwilligkeit, durch Abgeordnete an der Herstellung eines gemeinsamen Civilrechts mitzuwirken, von der Regierung zurückgezogen (Allgem. Motive zum BGB.

S. 424 flg.). Man entschloß sich nun zu einer Revision und Umarbeitung des Entwurfs. Die Hoffnung aber auf Verwirklichung der dadurch angestrebten Rechtsgemeinschaft mit den übrigen Ländern sächsischen Rechts blieb nachmals unerfüllt.

2. Der revidirte und umgearbeitete Entwurf und die Publikation desselben als BGB. für das Königreich Sachsen.

§ 2.

Im Jahre 1856 trat eine aus Abgeordneten der Königlich sächsischen Regierung und der thüringischen und anhaltinischen Staaten zusammengesetzte Commission unter Vorsitz des Oberappellationsgerichts-Präsidenten von Langenn zum Zwecke der Revision und der Umarbeitung des Held'schen Entwurfs in Dresden zusammen. Referent der Commission war nach dem Ableben des Dr. Held Geheimrath Dr. Siebenhaar. Durch den letzteren wurde in Verbindung mit mehreren hervorragenden Commissionsmitgliedern der Held'sche Entwurf gänzlich umgearbeitet, so daß der aus den Commissionsberathungen hervorgegangene revidirte Entwurf eines BGB.'s, welcher nach zweimaliger sorgfältiger Lesung durch die Commission festgestellt wurde, als ein im Vergleich zum Held'schen wesentlich neuer bezeichnet werden muß. Dieser Entwurf wurde zuerst nur mit allgemeinen Motiven vom Justizministerium durch den Druck bekannt gemacht und mittelst königlichen Dekrets vom 30. November 1860 der Ständeversammlung vorgelegt (Allgem. Motive zum Entwurf S. 423. 426. 464 flg.). Die speziellen Motive nebst Entwurf einer Publikationsverordnung folgten durch Dekret vom 29. Januar 1861 im Monat Februar nach. Die Ständeversammlung nahm hierauf den vorgelegten Entwurf nach einer von beiden landständischen Deputationen in verhältnißmäßig kurzer Zeit zu Stande gebrachten Begutachtung mit einigen wenigen Aenderungen und Zusätzen im Juli 1861 en bloc an. Gleichzeitig ermächtigte sie die Staatsregierung zu einer Schlußredaktion, welche nicht nur einige Fassungsveränderungen, sondern auch einige materielle Modificationen des Entwurfs zur Folge hatte und zu einer wesentlichen Verminderung der ursprünglichen Paragraphenzahl (von 2653 auf 2620) führte. Die speciellen Motive zum Entwurf wurden zum Zwecke der ständischen Berathung von Dr. Siebenhaar im Auftrag der Regierung wenige Monate vor der Vorlegung des Gesetzbuchs-Entwurfs an die Stände ausgearbeitet. Sie sind in der Hauptsache Auszüge aus den in den Protokollen der Gesetzgebungscommission niedergelegten, motivirten Beschlüssen zu den einzelnen Gesetzesbestimmungen und tragen mehr den Charakter einer Privatarbeit des Referenten, als eines offiziellen Werkes der Commission bezw. des Justizministeriums an sich (Pöschmann, Annalen NF. I. 1). Die officielle

Veröffentlichung des hierdurch zum Abschluß gebrachten Werkes unter dem Titel: „Bürgerliches Gesetzbuch für das Königreich Sachsen“ erfolgte durch die Publikations-Verordnung vom 2. Januar 1863. Im § 1 dieser Verordnung wurde es dem Justizministerium überlassen, den Zeitpunkt des Inkrafttretens des Gesetzbuchs durch besondere Verordnung dergestalt zu bestimmen, daß mindestens ein einjähriges tempus vacationis zwischen dem Zeitpunkt der Publikation und dem des Inkrafttretens inne liegen solle. Die auf Grund dieser Ermächtigung ergangene Ministerial-Verordnung vom 9. Januar 1865, betreffend die Ein- und Ausführung des BGB.'s, setzte den Anfangstermin der Geltung des Gesetzbuchs und der dazu gehörigen Publikations-Verordnung auf den 1. März 1865 fest. Der ursprüngliche Plan der Staatsregierung, mit dem Gesetzbuch zugleich eine Prozeßordnung, eine Konkursordnung und eine Gerichtsordnung zu emaniren, zu dessen Ausführung die Entwürfe den Landständen schon 1864 vorgelegt wurden, kam infolge der politischen Ereignisse des Jahres 1866 nicht zur Ausführung. Um aber das baldige Inkrafttreten des Gesetzbuchs zu ermöglichen, war die Erlassung einer Ordnung über das Verfahren in nichtstreitigen Rechtssachen unentbehrlich. Deshalb ertheilten die Stände der Staatsregierung am 9. Juli 1864 die Ermächtigung, die hierzu erforderlichen Bestimmungen aus dem bereits fertiggestellten Entwurfe einer Gerichtsordnung vorbehältlich der künftigen landständischen Genehmigung provisorisch zur Publikation zu bringen. Dies geschah, soweit die betreffenden Vorschriften materiellrechtlicher Natur waren, in der bereits erwähnten Ein- und Ausführungs-Verordnung, soweit sie aber formelle und reglementäre Bedeutung hatten, durch das Justizministerium im Verordnungswege. Die auf Grund dieser Verordnung publizirte Summe von Vorschriften, betreffend das Verfahren in nichtstreitigen Rechtssachen, bezeichnete man wegen ihres der ständischen Genehmigung noch harrenden Zustandekommens als provisorische Gerichtsordnung. Dieselbe ist, nachdem sie späterhin von den Ständen mit einigen Abänderungen definitiv genehmigt worden war, in dessen Folge durch Verordnung vom 3. August 1868 endgiltig zum Gesetz („Gerichtsordnung“) erhoben.

II. Oertliches und materielles Geltungsgebiet des Gesetzbuchs; System desselben.

§ 3.

I. Der örtliche Geltungsbereich des Gesetzbuchs erstreckt sich über alle Provinzen des gegenwärtigen Königreichs Sachsen einschließlich des sächsischen Antheils der Oberlausitz. Die ehemalige, durch den sog. Traditionsrezeß vom 30. Mai 1635 infolge des Prager Friedens von demselben Tage begründete eigenthümliche partikulare Landes- und Rechtsverfassung dieses im Jahre 1815 zu einem Theil an Preußen abgetretenen Landestheiles und die hierdurch gegenüber den Erblanden entstandene Rechtsdisparität hat durch die zufolge der Verfassungsurkunde von 1831 und seit der Urkunde vom 17. November 1834 (Ges.-Samml. S. 483) und dem Gesetze vom 24. Januar 1835 eingetretenen Veränderungen des bisherigen staatsrechtlichen Zustandes auch auf anderen Rechtsgebieten, insbesondere den prozessualischen, erhebliche Abschwächungen erfahren und ist, nachdem die Lausitzer Provinzialstände das Bürgerliche Gesetzbuch als Quelle des allgemeinen Privatrechts auch für die Lausitz ausdrücklich angenommen haben, innerhalb des Geltungsgebietes dieses letzteren ganz verschwunden.

II. Das materielle Geltungsgebiet des BGB.'s beschränkt sich auf das eigentliche Privatrecht, dessen allgemeine Grundlage es bilden soll (Allg. Mot. S. 456). Es bezieht sich daher nicht auf diejenigen Rechtsmaterien, welche, wie das Verwaltungsrecht, das Kirchenrecht, das Strafrecht und das Prozeßverfahren dem Bereiche des öffentlichen Rechts im weiteren Sinne angehören, aber es hat außerdem auch in das Privatrecht eingreifende Rechtsbestimmungen von dem Bereiche seiner Normirungen ausgeschlossen, welche wegen ihrer eigenthümlichen Beziehungen zu gewissen Interessen der öffentlichen Wohlfahrt, des wirthschaftlichen und gewerblichen Lebens eine singuläre Natur an sich tragen und als von dem allgemeinen Privatrecht abgezweigte, auf bestimmte Klassen von Personen, Sachen und Rechtsverhältnisse bezügliche Lehren einer besonderen legislativen Regelung bedürftig erschienen. Es behalten daher neben dem BGB. nach Maßgabe des § 3 der Publikationsverordnung ihre bisherige Geltung:

1. diejenigen Privatrechtsnormen, welche sich in Verwaltungsgesetzen oder in den auf Gemeinheitstheilungen und Ablösungen bezüglichen Gesetzen finden oder das Jagd- und Fischereirecht, ingleichen das Wasserrecht und Bergrecht betreffen; ferner:

2. die prozessualen und konkursrechtlichen Bestimmungen,

3. diejenigen Privatrechtsvorschriften, welche

a) auf gewisse besondere Institute deutschrechtlichen Ursprungs sich beziehen, und, wie namentlich das Erbpachts-, Erbzins- und Bannrechtsinstitut, durch die Entwickelung des modernen Wirthschaftslebens und den Einfluß der Ablösungsgesetzgebung im Absterben begriffen sind, oder deren Beseitigung, wie z. B. der Lehnsverband, durch die neuere Gesetzgebung (Declaration und Gesetz vom 21. Mai 1872) wesentlich erleichtert ist;

b) die das Handels-, Wechsel-, Gewerbe- und Urheberrecht betreffenden gesetzlichen Bestimmungen. Die Gesetzgebung über diese Rechtsgebiete gehört schon seit dem Eintritt Sachsens in den Reichsverband nach Art. 4 Nr. 13 der Reichsverfassung (vgl. RG. v. 20. Decbr. 1873) zur Competenz der Reichsgesetzgebung.

III. Abgesehen von diesen (ausdrücklich ausgenommenen) Privatrechtsbestimmungen nimmt das BGB. nach § 2 der Publikations-Verordnung allen übrigen im bisherigen Rechte durch Gesetz oder Gerichtsbrauch anerkannten Quellen des Privatrechts gegenüber ausschließliche (derogatorische) Geltung in Anspruch, soweit die in demselben enthaltenen, „bisher giltigen Bestimmungen in dem GB. nicht aufgenommen worden sind". Der Sinn dieser nicht ganz unzweideutigen Vorschrift hat verschiedene Auffassungen erfahren. Die ihr untergelegte Deutung, daß dadurch die subsidiäre Fortgeltung und aushilfsweise Anwendbarkeit des gemeinen, insbesondere des römischen Rechts als einer unmittelbar bindenden Rechtsnorm neben dem Gesetzbuch habe ausgesprochen werden sollen (Sintenis, Anleitung z. Stud. d. BGB.'s S. 7—12), entbehrt der Begründung (Siebenhaar, Com. I. 67; Grützmann, I. § 10). Sie steht in direktem Widerspruch mit der aus den allgemeinen Motiven S. 474 flg. deutlich und bestimmt erkennbaren, auch dem § 25 des BGB.'s entsprechenden und von beiden gesetzgebenden Faktoren übereinstimmend festgehaltenen Intention, ein das gesammte Privatrecht codificirendes, dasselbe in systematischer Ordnung als in sich geschlossenes Ganzes umfassendes Gesetzbuch zu schaffen, welches, insoweit der Inhalt seiner Vorschriften mit dem gemeinen Rechte übereinstimmt, ein Zurückgehen auf dieses überflüssig macht, insoweit er davon abweicht, den Vorrang vor dem gemeinen Recht beansprucht, insoweit er zweifelhaft oder unvollständig ist, in den aus der Natur und dem innern Zusammenhange der Rechtsinstitute und Rechtsverhältnisse erschließbaren leitenden Principien des Systems die Handhaben und Mittel bietet, um das Gesetzbuch nach den Regeln der juristischen Consequenz und Analogie unter Berücksichtigung der den rechtlich zu bestimmenden Thatbeständen und Lebensverhältnissen innewohnenden Naturordnung aus sich selbst zu erläutern und zu ergänzen. Hiernach ist die im § 2 der PVO. enthaltene Vorschrift am richtigsten dahin zu verstehen, daß ein in das GB. aufgenommener Rechtssatz des gemeinen, insbesondere des römischen Rechts die formelle Geltung einer bindenden Rechtsnorm nicht kraft seiner Abstammung aus dieser ehemals mit subsidiärer Gesetzeskraft ausgestatteten Rechtsquelle, sondern nur kraft seiner Aufnahme in das Gebiet des codificirten Privatrechts erhält, und zwar auch nur in dem Sinne und Umfange, welcher den aus den Gesetzesworten selbst und ihrem Zusammenhang mit der übrigen Legislation zu entnehmenden, wirklichen oder möglichen Gedankeninhalt der Rechtsnorm des BGB.'s bildet. Demgemäß läßt sich z. B. aus der bloßen Aufnahme eines allgemeinen römischen Rechtssatzes in das Gesetzbuch nicht ohne Weiteres die Fortgeltung der (nicht ausdrücklich recipirten) im römischen Rechte statuirten Ausnahmen und Corollarsätze desselben behaupten; es ist vielmehr dieselbe in jedem Einzelfalle unter Berücksichtigung der für die

Beurtheilung relevanten thatsächlichen, wirthschaftlichen und technischen Verhältnisse der Gegenwart nach Maßgabe der aus dem Gesetzbuch selbst sich ergebenden allgemeinen Grundsätze zu bestimmen (OAGA. NF. 3, 329. Allg. Motive S. 482—483). — Die eminent wissenschaftliche Bedeutung des römischen Rechts als eines für alle Zeiten mustergiltigen Bildungsmittels für juristisches Denken, für Methode und Technik nicht bloß der receptiven, sondern auch der produktiven Interpretation wird ihm auch dem codificirten Rechtsstoffe des BGB.'s gegenüber unverkümmert erhalten bleiben, und je sorgfältiger benutzt, desto mehr der wissenschaftlichen und praktischen Bearbeitung desselben zu Gute kommen.

IV. Die systematische Anordnung des in das Gesetzbuch aufgenommenen Privatrechtsstoffes beruht im Wesentlichen auf der aus der Natur und dem innern Zusammenhange der Rechtsinstitute und Rechtsverhältnisse und dem dadurch bedingten Inhalt der Rechte entwickelten Einheit der Gliederung, welche in den wissenschaftlichen Darstellungen der Jetztzeit die gebräuchliche ist. — Die beiden Hauptbeziehungen der Privatrechtsverhältnisse und Privatrechte theils auf das Vermögen eines Rechtssubjectes (Person) — Vermögensrecht —, theils auf dessen persönliche Stellung an sich und zu andern mit ihm durch eine dauernde, natürliche sittliche Einigung Verbundenen — Personen- und Familienrecht — liegen auch dem System des Gesetzbuchs zu Grunde. Wie das Vermögensrecht nach der Verschiedenheit des Gegenstandes der seinen Inhalt bildenden Willensmacht sich gliedert in solche Rechte, welche eine unmittelbare Herrschaft über Sachen begründen (dingliche oder Sachenrechte), und in solche, welche nur einen durch die Vermittelung der Handlung einer andern Person zu verwirklichenden (mittelbaren) Anspruch auf Leistung eines geschuldeten Gegenstandes zum Inhalt haben (Forderungsrechte), so unterscheidet auch das BGB. Sachenrecht und Recht der Forderungen als die beiden Hauptgruppen des Vermögensrechts und stellt diesem die aus der Familienverbindung entspringenden Verhältnisse: Eherecht, Elternrecht, Vormundschaftsrecht gegenüber, als Quelle nicht nur besonderer personenrechtlicher Gemeinschafts- und Abhängigkeitsbeziehungen ihrer Angehörigen (reines Familienrecht), sondern auch eigenthümlicher, die rechtliche Stellung derselben zu ihrem ganzen Vermögen beeinflussender Wirkungen (Familiengüterrecht). — Aber das BGB. befaßt sich, wie alles Privatrecht, nicht bloß mit den bisher genannten, auf dem Verkehr der gleichzeitig Lebenden beruhenden Rechtsverhältnissen, sondern auch mit der die Totalität der Vermögensverhältnisse nach einander lebender Menschen betreffenden Frage, wie und nach welchen Regeln dieselben beim Tode ihres bisherigen Inhabers im Ganzen oder als einzelne auf Ueberlebende übergehen (Erbschafts-, Vermächtnißrecht). — Jede der vorstehenden Hauptgruppen des Privatrechtssystems hat ihre besonderen, aus der

Natur und Zweckbestimmung der unter ihnen begriffenen Rechtsinstitute und Rechtsverhältnisse sich ergebenden Regeln. Daneben aber giebt es manche rechtliche Grundsätze und Normen, welche, abgesehen von diesem individuellen Rechtsinhalte, denselben gleichsam als Gemeingut angehören und insofern allgemeine Voraussetzungen und Grundlagen derselben bilden und daher den Gliederungen der besonderen Rechtsverhältnisse als allgemeine, grundlegende Vorschriften vorausgeschickt werden müssen. Hiernach ergeben sich für das privatrechtliche System des BGB.'s folgende fünf Hauptabtheilungen:

I. Allgemeine Bestimmungen (§§ 1—185).
II. Das Sachenrecht (§§ 186—661).
III. Das Recht der Forderungen (§§ 662—1567).
IV. Das Familien- und Vormundschaftsrecht (§§ 1568—1998).
V. Das Erbschaftsrecht (§§ 1999—2620).

III. Litterarische Hilfsmittel.

§ 4.

I. Dogmengeschichtliche: Schott, Institutiones juris saxonici electoralis privati, edit. III, quam curavit post auctoris obitum Chr. Gottl. Haubold. Lipsiae 1795. — Haubold, Lehrbuch des Königlich sächs. Privatrechts in zwei Abtheilungen, 3. Aufl. 1847—1848, besorgt von Phil. Heinr. Friedr. Hänsel. Das Buch bietet eine reichhaltige systematische Litteraturübersicht über das ältere sächsische Recht, welche, abgesehen von den erläuternden Schriften zu einzelnen älteren Rechtsquellen und Landesgesetzen (§ 46), ein Verzeichniß der systematischen Werke und Lehrbücher (§ 47) und eine Reihe von Werken wissenschaftlich-praktischen Inhalts namhaft macht, von denen die von Rivinus, Berger, Kind, Biener, Gottschalk, v. Langenn und Kori (§ 49) eine über die Grenzen des Partikularrechts hinausgehende Beachtung für die dogmengeschichtliche Behandlung auch des gemeinen deutschen Rechts verdienen.

II. Commentare zum Gesetzbuch und den dazu gehörigen Verordnungen:

1. Siebenhaar, Commentar zu dem BGB. f. d. Königr. Sachsen und zu der damit in Verbindung stehenden PVO. v. 2. Januar 1863. 2. Aufl. 3 Bde. Leipzig 1869 (unter Mitwirkung von Siegmann und Pöschmann bearbeitet).

2. Sintenis, Anleitung zum Studium des Bürgerl. Gesetzbuchs, Leipzig 1864.

3. Wengler und Brachmann, das Bürgerl. Gesetzbuch für das Königreich Sachsen nach den hierzu ergangenen Entscheidungen der Spruchbehörden erläutert, Leipzig 1877.

4. Wenck, Verordnung, das Verfahren in nichtstreitigen Rechtssachen betr., vom 9. Jan. 1865. Mit erl. Anm. Leipzig 1865.

5. Siegmann, Die Königl. sächs. Hypothekenordnung. Ein Commentar zu den das Verfahren in Grund- und Hypothekensachen betreffenden Abschnitten der Gerichtsordnung, Leipzig 1872.

6. Wachler, Die Königl. sächs. Gerichtsordnung, Leipzig 1885.

III. Systematische: 1. B. G. Schmidt, Vorlesungen über das im Kgr. Sachsen geltende Privatrecht. Nach dem Tode des Verf. herausgegeben. 2 Bände. Leipzig 1869.

2. Siebenhaar, Lehrbuch des sächsischen Privatrechts, Leipzig 1872.

3. Grützmann, Lehrbuch des Königl. sächsischen Privatrechts. 2 Bände. Leipzig 1887 u. 1889.

IV. Monographische Bearbeitungen einzelner Lehren:

Freiesleben, Die Familienanwartschaft nach neuestem sächsischen Rechte, Leipz. 1868. — Siebenhaar, Die Correalobligation nach röm., gemein. und sächs. Rechte, Leipz. 1868. — von Wächter, Das Bau- und Kellerrecht n. d. BGB. in der Sammlung von Abhandlungen der Mitglieder d. Leipziger Juristenfacultät I. S. 141 flg. 184 flg. — O. Müller, Die Reallasten n. d. Bürgerl. Ges.-B. unter Anknüpfung an d. gem. und frühere sächs. Recht, Leipzig 1878. — E. Sehling, Die Schenkung auf den Todesfall n. d. Bürgerl. Ges.-B. (von der Leipz. Juristenfacultät gekrönte Preisschrift), Leipzig 1886. — Außerdem enthalten eine größere Anzahl von einzelnen (bei den betr. Lehren zu erwähnenden) Abhandlungen:

V. die Zeitschriften und Sammelwerke, welche die Veröffentlichung von Rechtsfällen und Entscheidungen der Landesspruchbehörden aus der Zeit vor und nach dem Inkrafttreten des GB.'s bezwecken, namentlich: Mittheilungen aus dem Gebiete der Rechtskunde, herausg. von dem voigtländ. jur. Verein, Schneeberg 1836 (= Mitthl.). — Zeitschrift für Rechtspflege und Verwaltung zunächst für das Königr. Sachsen, 3 Bde., Leipz. 1838—1840. Neue Folge 1841—1879 (46 Bde., = Ztschr.). — Archiv für sächs. Juristen, herausg. v. Nehrhoff von Holderberg, 2 Bde. Dresden u. Leipzig 1846—1847. — Wochenblatt für merkwürd. Rechtsfälle, Leipzig 1841—1873 (33 Bde. = Wbl.), und seit dem Aufhören des Erscheinens dieser Sammlung in ähnlicher Richtung: Wengler, Archiv für civilrechtliche Entscheidungen sächs. Spruchbehörden, 1874—1879. Neue Folge seit 1880 (nach dem Tode Wengler's fortges. v. Francke [= WA.]). — Annalen des Königl. sächs. Oberappellationsgerichts, Leipzig 1860, Bd. 1—8. Neue Folge (10 Bände v. 1866—1873). Zweite Folge (6 Bde.) v. 1874—1879, im Ganzen 24 Bde. (=OAGA.). — Annalen des Königl. sächs. Oberlandesgerichts v. 1880 an seit dem Inkrafttreten der Reichsjustizgesetze (= OLGA.). Interessante und lehrreiche Erörterungen zur Interpretation des BGB.'s finden sich passim auch in den Sammlungen der Entscheidungen des ehemaligen Reichsoberhandelsgerichts und des Reichsgerichts (= ROHG. RG.).

Erster Theil.

Allgemeine Bestimmungen.

Erste Abtheilung.

I. Die Rechtsquellen.

1. Gesetz, Gewohnheitsrecht, Gerichtsbrauch.

§ 5.

I. Der in den größern Gesetzgebungen der Neuzeit hervortretende Zug, die ebenbürtige Wirksamkeit des Gewohnheitsrechts gegenüber dem Gesetzesrecht, welche in der gemeinrechtlichen Doctrin und Praxis und auch partikularrechtlich in dem frühern sächsischen Rechte unter gewissen Voraussetzungen Anerkennung gefunden (Haubold §§ 37. 38), wenigstens auf privatrechtlichem Gebiete einzuschränken oder ganz abzulehnen, ist im BGB. in noch energischerer Weise als im Art. 1 des Handels-GB.'s zum Ausdruck gelangt. Die Vorschrift im § 28, 1 entzieht den „Gewohnheiten" nicht nur die derogatorische, sondern auch die suppletorische Kraft und hat in dessen Folge auch die Bildung eines durch die Thätigkeit des Juristenstandes vermittelten, in der allgemeinen gleichförmigen und langjährigen Uebung eines Rechtssatzes bei der Rechtssprechung der Gerichte zur Erscheinung kommenden Gewohnheitsrechts (sog. Gerichtsbrauches, Haubold § 38) ausgeschlossen. Der Ausdruck „Gewohnheiten" wird in den beiden Sätzen des § 28 in verschiedenem Sinne gebraucht. Im ersten Satze bezeichnet er die Rechtsgewohnheiten (Gewohnheitsrechte), d. h. Uebungen im Sinne einer objectiven Rechtsnorm, deren langjährige und gleichmäßige Bethätigung aus der Ueberzeugung hervorging, daß sie einem vorhandenen Rechtssatze („der rechtlichen Nothwendigkeit") entsprechen. Im zweiten Satze dagegen werden darunter Geschäftsgewohnheiten im natürlichen Sinne (sog. Usancen) verstanden, d. h. thatsächliche Uebungen, welche nicht als Quelle von Rechtssätzen wirken, sondern sich in Bezug auf Fragen der üblichen Verkehrsweise bei Geschäften gewisser Verkehrskreise mit der Wirkung bilden, daß die ihnen zu Grunde liegende

Regel in Zweifelsfällen als präsumtiver Inhalt des Parteiwillens der unter der Herrschaft eines solchen Geschäftsgebrauches verfügenden Betheiligten (mithin in ähnlicher Weise wie nach Art. 279 des HHGB.) zur Ergänzung bez. zur Auslegung einer vorhandenen Willenserklärung dient. Die Annahme, daß in solchem Falle das Uebliche das Willensgemäße sei, kann auch in concludenten Handlungen oder in Stillschweigen ihre Begründung finden und unter diesen Voraussetzungen auch dann berechtigt sein, wenn einem oder beiden Betheiligten das Bestehen des thatsächlich geübten Geschäftsgebrauchs unbekannt war. (Gerber, Privatrecht § 28. Goldschmidt, Hdb. d. HR. 2. Aufl. I. 334 und die Rechtsfälle in Ztschr. 28, 362. 31, 454. 34, 37 [verb. Wochbl. v. 1870, 262]. ROHG. 3, 1. 47. 6, 76. 368. 11, 243. 15, 94. 251. 17, 333 f. — Seuffert, Arch. 33 [NF. 3], 257. RG.-Entsch. bei Seuffert, 36, 258. WA. 5, 152. — Bezugnahmen des BGB.'s auf solche Geschäftsüblichkeiten z. B. in §§ 894. 1095. 1238. 1240. Competenz der Handelskammern zur Entscheidung über das Bestehen von Handelsgebräuchen: § 118 RGVG. Der Entwurf eines bürg. Gesetzbuchs f. d. Deutsche Reich [DE.] erklärt sich in § 2 im Prinzip wie das BGB. sowohl gegen das derogatorische als gegen das suppletorische Gewohnheitsrecht [Motive I, 5 flg.].)

II. Seitdem das Königreich Sachsen ein Glied des Norddeutschen Bundes und des nach ihm wieder aufgerichteten Deutschen Reiches geworden, ist für dasselbe in Gemäßheit des Art. 2 der Reichsverfassung vom 16. April 1871 innerhalb der dort (Art. 4) bezeichneten, später durch Ges. v. 20. Decbr. 1873 (RGBl. S. 379) erweiterten Kompetenzgrenzen eine neue Quelle des gesetzlichen Rechts entstanden, welche eine unmittelbar derogatorische Wirkung gegenüber den Landesgesetzen hat. Demnach sind die im Königreich Sachsen geltenden Gesetze entweder Reichs- oder Landesgesetze. Die Reichsgesetzgebung wird durch die zusammenwirkende Thätigkeit des Bundesrathes und Reichstages ausgeübt, die Uebereinstimmung der Mehrheitsbeschlüsse beider Factoren ist ausreichend (RV. Art. 5, 1). Sie erhalten Verbindungskraft durch die Ausfertigung und Publikation im Reichsgesetzblatt, welche dem Kaiser unter Gegenzeichnung des Reichskanzlers im Namen des Reichs zusteht (Art. 2 u. 17). Die Competenz der Reichsgesetzgebung erstreckt sich auch auf das ganze bürgerliche Recht und Prozeßverfahren. — Die Landesgesetze erläßt und publizirt der König mit Bezugnahme auf die erfolgte Zustimmung der Landstände unter Contrasignatur des oder der betreffenden Ressortminister (Sächs. Verfassungsurkunde vom 4. Sept. 1831 §§ 43. 85—87).

Die Publikation und die Sammlung der sächsischen Gesetze erfolgte vor dem Jahre 1818 nicht durch ein offizielles Organ, sondern in Gemäßheit des Generale vom 13. Juli 1796 durch Affixion an dem Gerichtsbrett, bez. durch Vorlesung auf den Kanzeln (Schmidt, I. 28) und durch die von den

Gerichten in chronologischer Ordnung anzulegenden Sammlungen. Die vor 1818 veröffentlichten Sammlungen der Landesgesetze (Haubold § 32) trugen insgesammt keinen offiziellen Charakter, sondern hatten nur die Bedeutung litterarischer Privatarbeiten. Die meiste Autorität von diesen allgemeinen Privatsammlungen erlangte der Codex Augusteus (vgl. § 1, III). Die Aufnahme einer Gesetzesvorschrift in diesen verlieh derselben nicht an sich die Autorität eines authentischen Landesgesetzes, sondern nur dann, wenn die allgemeine Vorschrift auch alle äußeren und inneren Erfordernisse eines Gesetzes an sich trug (Curtius, I. § 19; Haubold § 32 Note a Nr. 3). Seit dem 9. März 1818 erfolgte die Publikation der Gesetze in einer fortlaufenden unter öffentlicher Autorität redigirten offiziellen Sammlung, welche den Namen Gesetzsammlung für das Königreich Sachsen führte. Derselbe wurde durch das Gesetz vom 6. September 1834, den Grundsätzen des konstitutionellen Staatsrechts entsprechend, in die Bezeichnung „Gesetz- und Verordnungsblatt" umgewandelt. Inhalts dieses Gesetzes und der dazu gehörigen Verordnungen (Gesetzsammlung S. 192) sollten die in dieser Sammlung zu publizirenden Normen des Staatswillens (Gesetze und Verordnungen, Verfügungen und Bekanntmachungen von allgemeinem Interesse) mit der Wirkung, daß sich Niemand mehr mit deren Unkenntniß entschuldigen könne, als publizirt gelten mit dem Beginn des fünfzehnten Tages nach dem (in diese Frist nicht einzurechnenden) am Ende jedes Stückes der Gesetzessammlung aufgedruckten Tage, an welchem die letzte Absendung dieses Stückes von der redigirenden Ministerialbehörde erfolgt (§ 97 des BGB.'s). Diese Bestimmung ist durch das Gesetz vom 1. Mai 1884 § 2 dahin abgeändert worden, daß in Conformität mit den für Publikation der Reichsgesetze nach Art. 2 der Reichsverfassung geltenden Grundsätzen in der Regel als erfolgt gelten soll mit dem Beginn des vierzehnten Tages nach Ablauf des Tages der in Dresden geschehenen Ausgabe des Gesetzblattes. Durch diese kategorische Bestimmung des Beginnes der Wirksamkeit der publizirten Norm hat die durch § 4 d. Ges. v. 1834 veranlaßte Zweifelsfrage, ob eine schon vor dem Publikationstermin erlangte Kenntniß des Gesetzesinhaltes zur sofortigen Nachachtung verpflichte, ihre Erledigung gefunden. — Eine handliche Privatsammlung der praktisch giltigen königl. sächs. Gesetze von der ältesten Zeit bis z. J. 1845 ist der Codex Saxonicus von Schaffrath, 1. u. 2. Bd. Leipzig 1842 u. 3. Bd. Grimma 1847. Ein Verzeichniß der noch giltigen Bestimmungen aus den Gesetzsammlungen Sachsens seit 1818 enthält das Werk von Francke, dessen erster und zweiter Band Leipzig 1884 u. 1888 erschienen und dessen dritter Band jetzt in einzelnen Lieferungen vollendet wird. Unter den Verzeichnissen zur Erleichterung der Auffindung der sächsischen Gesetze ist das von Richter herausgegebene Repertorium (Haubold § 33 Nr. 7) das gebräuchlichste.

2. Statutarrecht (Autonomie).

§ 6.

I. Wie das frühere sächsische Recht, so kennt auch das BGB. privatrechtliche Normen, welche nicht in der gesetzgebenden Gewalt des Staates, sondern in Rechtssatzungen ihren Grund haben, die von gewissen Kreisen innerhalb des Staates kraft eigner dem Staate zwar untergeordneter, aber von ihm nicht empfangener Willensmacht getroffen werden (Autonomie). Sie sind zu unterscheiden von der sog. Privatautonomie, d. h. der Befugniß Einzelner zur Begründung von Rechtsverhältnissen durch Verfügungen, welche Abweichungen von dispositiven Gesetzen innerhalb der Grenzen derselben enthalten (BGB. § 18). Als Erscheinungsformen jener autonomischen Rechtsbildung bezeichnet der § 29 Statuten, Hausgesetze und Familienverträge; als Voraussetzung ihrer den allgemeinen bürgerlichen Gesetzen übergeordneten Kraft aber die in Gemäßheit des öffentlichen Rechts erfolgte Errichtung. — Der Begriff der Autonomie hat wie in Deutschland überhaupt so auch in Sachsen unter dem Einflusse der Wandelung staatlicher Verhältnisse im Laufe der Zeit gewechselt. Spuren des dem Mittelalter bei der unvollkommenen Wirksamkeit der Reichsgesetzgebung charakteristischen Rechtszustandes, daß die einzelnen Theile und Kreise, welche das Staatsganze bildeten, ihr Recht sich selbst setzten, lassen sich auch in der ältern sächsischen Rechtsentwickelung erkennen („Stadtrechte", „städtische Willküren" oder „Statuten", — v. Römer, Staatsr. d. Churf. Sachsen II. 339 §§ 3. 4). Der autonomische Charakter, welchen seit der Entwickelung der landesherrlichen Gewalt ursprünglich die territoriale Gesetzgebung gegenüber dem ausschließlichen Gesetzgebungsrecht der ehemaligen Reichsgewalt hatte, erfuhr auch in Sachsen mit der im 16. Jahrhundert erfolgten allgemeinen Anerkennung des Gesetzgebungsrechts der Reichsstände (Eichhorn, deutsche Staats- u. RG. § 534) eine wesentliche Umgestaltung. Von dem erst im modernen Staatsrecht zur vollen Geltung gelangten Gedanken aus, daß die Gesetzgebung ein ausschließliches Recht der landesherrlichen Gewalt sei (v. Römer a. a. O.; Weiße, Gesch. d. churf. St. II. 377; Gerber, Grundzüge § 24, 1), erschienen nun innerhalb des sächsischen Territoriums als autonomische nur diejenigen Rechtssatzungen, welche von Einzelnen oder von corporativen Mehrheiten kraft eines ihnen früher zugestandenen Selbstgesetzgebungsrechtes unter Anerkennung des ihnen übergeordneten landesherrlichen Gesetzgebungsrechtes mit Genehmigung des Landesherrn getroffen wurden („Lokal-Statute", „Familien-Verträge und Geschlechts-Statuten altadliger Geschlechter", Haubold, §§ 34. 35). In dieser Beschränkung ist das Recht der Autonomie im § 29 des BGB.'s anerkannt worden.

II. Gegenwärtig sind in Sachsen Träger autonomer Gewalt:

1. das sächsische Königshaus. Dieses übt kraft seiner Souveränetät das volle Recht der Autonomie

a) in Bezug auf alle Theile der Gesetzgebung, welche nicht innerhalb der Competenzgrenzen der Gesetzgebungsgewalt des Deutschen Reiches liegen (vgl. Verfassung des Deutschen Reiches v. 16. April 1871 Art. 2 u. 4);

b) in Bezug auf die in dem königl. Hausgesetze vom 30. Decbr. 1837 (nebst Nachtrag dazu v. 20. Aug. 1879) enthaltenen Normen über das im Königlichen Hause geltende Familienrecht, betreffend besonders die Volljährigkeit, das Vormundschaftswesen, das Privatvermögen und die Erbfolge in dasselbe u. s. w., welche sich zum Theil auf das Privatrecht, zum Theil auf das öffentliche Recht beziehen und in letzterer Hinsicht in wichtigen Punkten die Grundlage bestehender Staatsrechtsverhältnisse bilden (Zöpfl, deutsch. Staatsrecht I. § 212). Das BGB. hat in diesen Beziehungen, soweit nicht dabei in einzelnen Punkten auf das bürgerliche Recht als Norm verwiesen wird, nur subsidiäre Geltung. Es gehen ihm vor sowohl die zur Zeit seiner Inkrafttretung bestehenden als auch die nachher erlassenen hausgesetzlichen Vorschriften und Verfügungen, soweit nicht zu deren Errichtung nach der Landesverfassung oder der bisherigen Hausverfassung die Mitwirkung der Landstände oder der betheiligten Agnaten erforderlich ist (Zöpfl, a. a. O. I. § 215. B—D). Wie weit diese Zustimmung im Einzelfalle nöthig, darüber enthält das königliche Hausgesetz keine normativen Vorschriften.

2. Die Fürsten und Grafen zu Schönburg als Besitzer der ihnen im Königreich Sachsen zugehörigen sog. Receßherrschaften. Das fürstliche und gräfliche Haus Schönburg, welches sich bis zur Auflösung des (ehemaligen) deutschen Reichs in der Ausübung der dem deutschen hohen Adel zuständigen Reichsstandschaft erhalten, obschon es lange vor diesem Zeitpunkte die sächsische Landeshoheit über sich anerkannt hatte (vgl. Hauptrecesse vom 4. Mai 1740 §§ 3. 6), erlangte in Rücksicht auf seine standesherrliche Stellung im Deutschen Reiche durch ausdrückliche Anerkennung der Bundesversammlung die den standesherrlichen Familien des hohen Adels zuständigen Rechte im Sinne des Art. XIV der Bundesacte (Zöpfl, deutsches Staatsr. I. § 97), jedoch unbeschadet der zwischen ihm und der Krone Sachsen durch Verträge oder Gesetze begründeten Rechtsverhältnisse (Bundesbeschluß vom 7. Aug. 1828), infolge deren das Haus Schönburg gegenüber den sächsischen Fürsten bis in die neueste Zeit auch in wesentlichen staatsrechtlichen Punkten eine eigenthümliche Sonderstellung eingenommen (Opitz, sächs. Staatsr. I. 50. 88). Zu diesen Sonderrechten gehörte nach § 6 a. Ende des Hauptrecesses verbunden mit Abschnitt VII § 6 u. 7 des Erläut.-Recesses vom 23. Novbr. 1835 die autonome Befugniß, über ihre Güter- und Familienverhältnisse, namentlich

in Bezug auf Succession und Unveräußerlichkeit, verbindliche Verfügungen zu treffen, jedoch mit der Einschränkung, daß Festsetzungen, „welche allgemeinen gesetzlichen Bestimmungen nach unwirksam sein würden", vor ihrem Inkrafttreten die landesherrliche Bestätigung und, soweit es nach sächsischen Rechten nöthig, Genehmigung erlangen. Diese soll ihnen nicht versagt werden, wenn sie etwas den Rechten der Krone Sachsen oder dritter Personen präjudicirendes oder sonst rechtlich unzulässiges nicht enthalten. Durch diese Beschränkung, welche sich weiter erstreckt als auf eine bloße Anzeigepflicht zur Kenntnißnahme, ist aber der Begriff der für das Schönburgische Haus durch seine ehemalige reichsrechtliche Sonderstellung begründeten autonomischen Gewalt, als des Befugnisses zur Festsetzung eines Sonderrechts durch eigne Willkür, im Wesen nicht aufgehoben (andrer Mg.: Freiesleben, Familienanw. S. 61). Es sind auch innerhalb des Kreises, in welchem sich ihr Verfügungsrecht unbeschadet des Rechts der übergeordneten Gesetzgebungsgewalt frei bewegen kann, Normirungsfragen in Bezug auf familien- und güterrechtliche Verhältnisse denkbar, zu deren Erledigung es den Berechtigten nachgelassen sein muß, unter besonderen vorhandenen Rechtsgrundsätzen des bestehenden öffentlichen oder Privatrechts das ihren Interessen Zusagende zu wählen und sich dasselbe nicht bloß mit der Wirkung eines rechtsgeschäftlichen Dispositionsactes (§ 18 des BGB.'s), sondern einer auch Dritte bindenden Rechtsnorm anzueignen (vgl. Zöpfl, a. a. O. II. §§ 312 flg. und die Einzelbestimmungen der vom Fürsten Otto Victor v. Schönburg am 19. April 1864 und vom Grafen Alban v. Schönburg am 26. April 1860 verfaßten „Primogeniturordnungen", deren Satzungen, soweit sie nicht bloß die Familien der Fideicommißstifter, sondern auch Dritte berühren und bez. binden, durch das Gesetz- und Verordnungsblatt von 1862, S. 532, 1865 S. 197 zur öffentlichen Kenntniß gebracht sind). — Differenzen, welche über die Competenzgrenzen jener autonomischen Befugniß entstehen können, unterliegen nach § 7 des Erläuterungs-Recesses der gerichtlichen Entscheidung, welche nach Maßgabe der „allgemein giltigen Rechtsnormen" (zu welchen doch auch die des öffentlichen Rechts gehören) zu erfolgen hat.

3. Die Möglichkeit der Festsetzung gewillkürter privatrechtlicher Normen durch die Gemeinden ist nach der neuern sächsischen Gesetzgebung als ein abgeleitetes Autonomierecht anerkannt. Die weitgehende autonomische Selbstständigkeit, welche während des Mittelalters bis gegen Ende des 15. Jahrhunderts die sächsischen Städte unabhängig von höherer Bestätigung durch Festsetzung localer Statutarrechte (besonders auf dem Gebiete des gesetzlichen Erbrechts, Schletter, die Constitutt. S. 29) ausübten (Weiße, Gesch. d. chursächs. St. II. S. 176), trat seit dem Ende des 17. Jahrhunderts vor dem immer energischer hervortretenden Streben des Staates nach seiner vollen Machtentfaltung immer mehr in den Hinter-

grund und endete schließlich mit der vollen Unterwerfung des Gemeindelebens unter die staatliche Hoheit und Willensmacht. Eine erhebliche Einbuße erfuhr die Bedeutung der sächsischen Stadtrechte schon durch das Gouvernementspatent vom 12./24. Mai 1814 (General-Gouv.-Bl. S. 473; vgl. Ztschr. f. Rechtspfl. 6, 54), indem dieses alle auf das gesetzliche Erbrecht bezüglichen Statuten außer Kraft setzte. — Nach der der modernen Staatsrechtsentwickelung angehörenden, auch der sächsischen Gesetzgebung vor dem BGB. (Städteordnung v. 2. Febr. 1832 u. Publ.VO. von demselben Tage im Eingang, Landgemeinde-Ordnung v. 7. Novbr. 1838) zu Grunde liegenden Auffassung des Verhältnisses der Gemeinden zum Staate unterwirft zwar der Staat die Gemeindeverwaltung, um sich einer seinen Gesammtinteressen entsprechenden Führung derselben zu versichern, seiner Aufsicht (vgl. d. angef. Gesetze u. Rev. Städteordn. v. 24. April 1873 § 131; Rev. LGem.Ordn. v. dems. Dat. §§ 93. 94) und nimmt die Gemeindeordnung als Sache der Staatsgesetzgebung für sich in Anspruch (Gerber, Grundz. § 20; Zöpfl, a. a. O. II. § 424). Er gewährt aber den Gemeinden, um ihre Selbstständigkeit und ihr Selbstbestimmungsrecht zu erweitern, die Befugniß, nicht nur auf dem Gebiete der der ortsstatutarischen Regelung (präceptiv oder fakultativ) überwiesenen Gegenstände der Gemeindeverfassung und Gemeindeverwaltung, sondern auch in Bezug auf andere, die „Gemeindeverhältnisse" betreffende Angelegenheiten sich selbst Normen nach Zeit und Umständen zu ordnen und zu ändern. Voraussetzung der Giltigkeit solcher auf gewillkürter Satzung beruhenden und in das Ortsstatut aufzunehmenden Normen ist, daß sie Nichts den Vorschriften der staatlichen Gemeindeordnungen Widersprechendes enthalten und durch die competente Staats-Aufsichtsbehörde bestätigt werden (RGew.O. v. 1. Juli 1883 § 142; Rev.St.O. §§ 2. 140, 2, u. Rev.LGO. §§ 2. 100). Es charakterisirt sich hiernach diese sog. Gemeindeautonomie nicht als eine auf selbstständigem Rechtsgrunde beruhende, sondern als eine von der höheren Gesetzgebungsgewalt empfangene und abgeleitete Befugniß, für die ihrer Wirksamkeit vom Staate überlassenen Verhältnisse unter Anerkennung seines Gesetzgebungs- und bez. Vetorechts bindende Rechtsnormen zu erlassen (vgl. z. B. RSt.O. §§ 57 flg.; RGew.O. §§ 23, 3. 34. 120 a). Diese Natur hat das gemeindliche Selbstgesetzgebungsrecht auch dann, wenn es in der lokalstatutarischen Festsetzung von Bauordnungen innerhalb der gesetzlichen Grenzen (vgl. Ges. v. 6. Juli 1863 u. Ausf.VO. v. dems. Dat. § 4 besond. Nr. 3 u. 9 und Ges. v. 11. Juni 1868) sich bethätigt und demzufolge im Kreise seiner Competenz Normen, z. B. über zwangsweise Abtretung und dingliche Belastung von Grundstücken und über nachbarrechtliche Verhältnisse, aufstellt, welche den bestehenden landesgesetzlichen Vorschriften gegenüber die Bedeutung von Abänderungen oder beschränkenden Eingriffen in die Rechtssphäre der Privaten haben. Denn auch

Satzungen dieses Inhaltes erlangen im Bezirke der betreffenden Gemeinde erst dann Gesetzeskraft, wenn die Zustimmung der gesetzgebenden Gewalt des Staates auf dem verfassungsmäßigen, durch die maßgebenden Organisationsgesetze vorgeschriebenen Wege, d. h. durch die Bestätigung der competenten Staatsbehörde, als des zur Aussprechung des Staatswillens in diesem Falle gesetzlich ermächtigten Organes, erlangt ist.

II. Anwendung der Gesetze.

1. Nach ihrem Inhalt: Auslegung, Analogie.

§ 7.

I. Die Aufgabe der praktischen Rechtswissenschaft ist die Anwendung der positiven Rechtsnormen auf die in den Rahmen des von ihnen behandelten Rechtsstoffes fallenden Thatbestände. Als solche Rechtsnormen gelten auf dem Gebiete des Privatrechts nach dem Standpunkte des BGB.'s nur noch die Gesetze, d. h. der verfassungsmäßig zum Ausdruck gelangte, in den normativen Gesetzesworten verkörperte Gedankeninhalt des Gesetzeswillens (vgl. oben § 5). Hiernach liegt den zur Rechtsanwendung berufenen Organen einerseits die Verpflichtung ob, die einschlagende Rechtsvorschrift aufzusuchen, ihre Aechtheit im Ganzen und im Einzelnen nach Sätzen und Worten (Textkritik) zu prüfen und dieselbe auszulegen, d. h. zu untersuchen und zu ermitteln, ob sich eine gegebene thatsächliche Erscheinung des Rechtslebens unter dieselbe nach Maßgabe des der Gesetzesnorm als solcher inwohnenden, möglichen oder wirklichen Gedankeninhaltes subsumiren lasse. Zur Uebung der Texteskritik wird gegenüber dem BGB. bei der sorgfältigen Art seiner Redaktion und staatlich festgestellten Formulirung nur selten Anlaß gegeben sein. — Die bestrittene Frage aber nach dem Umfange, in welchem dem Richter das Prüfungsrecht hinsichtlich der Verfassungsmäßigkeit des Gesetzes zusteht, hat das Gesetzbuch als eine eminent staatrechtliche, von dem Kreise seiner Normirungen ausgeschlossen (vgl. hierüber die anregenden Ausführungen von Wach, Hdb. d. deutsch. CPr.R. I. §§ 20. 21, und insbesondere über die letztere Frage Opitz, sächs. Staatsrecht II. S. 93 [14]).

Die Feststellung des Inhalts eines frühern Gesetzes, welche mittelst eines neuen Gesetzes von dem Gesetzgeber als solchem gegeben wird (authentische oder Legalinterpretation § 21 BGB., z. B. Ges. v. 26. Febr. 1870 verb. mit VO. v. dems. Dat. — J. Minist. Bl. S. 13), ist keine eigentliche „Auslegung", weil diese ihrem Wesen nach das Ergebniß eines auf wissenschaftlichem Wege erfolgten logischen Schließens ohne bindende, präceptive Wirkung ist; sie ist eine neue Gesetzesnorm, welche die von ihr gegebene Deutung des frühern Gesetzes in bindender Weise als dessen wahren ursprünglichen Inhalt bezeichnet (BGB. § 21 a. Ende) und daher den Richter bei Beurtheilung der nach ihrem Inkrafttreten zu seiner Entscheidung gelangenden Rechtssachen, wenn sie nicht bereits vorher rechtskräftig entschieden oder, was dem der richtigern Ansicht nach gleichsteht, durch Zahlungsleistung oder Vergleich erledigt sind (Windscheid, § 33, 4; Dernburg, 1, § 37, 7; Siebenhaar, Com. zu § 21), an die legal festgestellte Auffassung bindet, selbst wenn er abweichender Meinung sein sollte. (BGB. § 3; vgl. die Erläut. zu § 1 des jetzt erledigten Ges. v. 30. Juni 1868, d. d. 2. Apr. 1870.) Die gemeinrechtlich anerkannte Möglichkeit einer sog. authentischen Interpretation durch Gewohnheit oder Gerichtsbrauch (interpretatio usualis) ist für den Geltungsbereich des BGB.'s durch die Negation der rechtserzeugenden Kraft des Gewohnheitsrechts überhaupt als beseitigt anzusehen. (Die durch das BGesetz vom 28. Jan. 1835 § 9 dem ehemaligen Oberappellationsgericht eingeräumte Befugniß, Rechtssätze, welche es seinen Entscheidungen zu Grunde legte, mit Genehmigung des Justizministeriums durch das Ges. u. VOBl. auf officiellem Wege zu publiciren [Francke, d. Gesetzgbg. d. K. S. I. 384, 15], hatte nicht die Bedeutung einer Ermächtigung des gedachten Dikasteriums zur Erlassung gesetzlich bindender Normen, sondern nur die Natur einer Maßnahme zur instructionellen Unterweisung der untergeordneten Gerichtsbehörden ohne bindende Kraft und ist seit dem Inkrafttreten des BGB's. nicht weiter geübt worden; Siebenhaar, S. 45, Nr. 1).

II. Die allgemeinen Grundsätze für die Lehre und Technik der Auslegung, deren Erforschung und Darlegung der Wissenschaft angehört, werden, insoweit sie auf den zahlreichen wichtigen Weisungen des römischen Rechts für die logische Operation der Auslegung beruhen und wegen ihres allgemeinen, über die Grenzen positiv-rechtlicher Geltung hinauswirkenden Werthes die Bedeutung von allgemeinen syllogistischen Urtheilen in Anspruch nehmen, auch bei der Interpretation des BGB.'s Anwendung finden. Jede Auslegung als Erklärung und Feststellung des Gesetzesinhaltes ist eine auf Schlußfolgerungen beruhende Denkthätigkeit, welche nicht nur in Bezug auf unklare, mehrfacher Deutung fähige, sondern auch zur Anwendung von solchen Gesetzesbestimmungen erforderlich ist, welche in ihrem Wortlaute dem geschulten und geübten Ausleger den Eindruck der Klarheit und Deutlichkeit machen. Die Prüfung der Bestimmtheit und Klarheit des Wortlautes soll keine mechanische, durch Schulbegriffe unbewußt beeinflußte, sondern eine von umfassender Rechts- und Lebenskenntniß und hoher geistiger Kraft getragene freie Geistesoperation sein: „scire leges non hoc est verba earum tenere, sed vim et potestatem: l. 17. 19 D. 1, 3. (Wach, a. a. O. S. 268; Motive zu § 21 d. BGB.'s.)

Das BGB. hat zwar einige allgemeine, von der Hermeneutik anerkannte Rechtssätze über Auslegung der Gesetze in den §§ 21 flg. aufgestellt. Allein sie haben, wie die Motive S. 560 flg. ergeben, nicht den Zweck, die freie geistige Thätigkeit des Auslegers in kategorische Imperative einzuengen, sondern sind darauf berechnet, das Auslegungsgeschäft und die Richtigkeit seiner Ergebnisse durch solche allgemeine leitende Hauptgesichtspunkte zu erleichtern und zu verbürgen, welche sich überhaupt als Ergebnisse des logischen Denkens und Erkennens darstellen.

Die Bestimmungen des BGB.'s (§§ 22. 23), enthalten eine allgemeine Charakteristik des Wesens und der Hilfsmittel der wissenschaftlichen Auslegung (doctrinalis interpretatio) und sollen den rationellen Gedanken zum Ausdruck bringen, daß die grammatischen und logischen Erkenntnißquellen des Gesetzesinhaltes nicht in einem isolirten, von einander unabhängigen Verhältnisse stehen, sondern nur in ihrer Verbindung und Wechselwirkung ein vernünftiges Auslegungsergebniß zu vermitteln vermögen (Motive, S. 561). Es ist demnach auch für das BGB. daran festzuhalten, daß, wenn auch jede einzelne Disposition des Gesetzes naturgemäß zunächst auf der Grundlage der Sprachgesetze (Ermittelung der Wortbedeutung nach Maßgabe des gewöhnlichen, bez. des allgemeinen oder besondern gesetzlichen Sprachgebrauchs) zu erfolgen hat, dennoch dasselbe im Ganzen nach dem Sinne verstanden werden müsse, welcher durch seinen innern Zusammenhang mit andern Dispositionen desselben Gesetzes, durch seine Eingliederung in das Gefüge des ganzen Systems und der gesammten Rechtsordnung bez. durch die aus der Entstehungsgeschichte des Gesetzes und seinem erweisbaren Zwecke zu ziehenden Schlüsse als der vernünftige Inhalt des Gesetzeswillens sich ergiebt (vgl. Wach, S. 269. 275). — Daß die Anwendung dieser Auslegungsmethode möglicher Weise auch zu einem von dem Wortlaute des Gesetzes abweichenden, ihn ausdehnenden oder einschränkenden logischen Ergebniß führen kann, bedarf nicht der weiteren Ausführung. Die Vorschrift im § 27 des BGB.'s enthält eine gesetzliche Anerkennung der Restrictiv-Auslegung in Fällen, wo nach der in den Denkgesetzen begründeten Regel, daß „in toto jure generi per speciem derogatur" (l. 80 D. 50, 17) durch die uneingeschränkte Anwendung einer allgemein gefaßten Gesetzesstelle ein Widerspruch mit andern Gesetzesbestimmungen entstehen würde. Ein für die Auslegung mehrdeutiger oder dunkler Stellen des BGB.'s wichtiges Erkenntnißmittel des Gesetzeswillens können die darauf bezüglichen gesetzgeberischen Vorarbeiten (Entwurf, Motive, Erklärungen der Regierungscommissare u. s. w.) darbieten. Ueber die bestrittene Frage, unter welchen Voraussetzungen und inwieweit solche dem Publikationsacte vorausgegangenen Kundgebungen diese Bedeutung haben, vgl. außer der bei Windscheid § 21 (6) angeführten Litteratur: Wächter, Würt. Pr. II.

146; Dernburg, Pand. I. § 35 (6); Müller, Ztschr. 34, 398 (24), jetzt auch Wach, Handb. I. S. 268 flg.

III. Keine Gesetzgebung — auch nicht die Codification eines ganzen großen Rechtsgebietes — vermag gegenüber der unendlichen Mannigfaltigkeit stets neu sich erzeugender Rechtsverhältnisse einen solchen Grad der Vollständigkeit zu erreichen, daß sie keine Lücke habe, sondern für jedes denkbare dem Bereich des von ihr behandelten Rechtsstoffes angehörende Verhältniß eine unmittelbar anwendbare Vorschrift an die Hand gäbe. Jeder Versuch eines Strebens nach solcher Vollständigkeit wäre bei der Unvollkommenheit menschlicher Voraussicht und Schaffenskraft ein vergebliches Bemühen (vgl. Const. „tanta" §§ 14. 18. l. 12 D. 1, 3).

Der Mangel einer direct anwendbaren Gesetzesvorschrift kann verschiedene Gründe haben. Nach dieser Verschiedenheit bestimmt sich seine rechtliche Bedeutung verschieden. Sind in einer ausschließliche Geltung beanspruchenden Codification Rechtssätze oder Rechtsinstitute des früheren Rechtes mit Stillschweigen übergangen (wie z. B. im BGB. die Vorschriften des Senatus consultum Macedonianum, der lex Falcidia), so ist davon auszugehen, daß dies von dem Gesetzgeber mit Ueberlegung in der Absicht, den bisherigen Rechtszustand zu ändern oder aufzuheben, geschehen sei. Nur insoweit ist die Behauptung für richtig anzuerkennen, „daß das Schweigen des Gesetzgebers über einen gewissen Thatbestand in der Regel den Sinn habe, daß an diesen Thatbestand rechtliche Folgen nicht geknüpft werden sollen" (Grützmann I. §13, 5). Wenn dagegen die Lücke im GB. in Bezug auf ein erst nach dem Erlaß desselben neu entstandenes Gebilde des Verkehrslebens hervortritt, würde diese Behauptung zu unhaltbaren, die Rechtssicherheit, die Aufgaben des Richteramts und der praktischen Rechtswissenschaft gefährdenden Ergebnissen führen können (l. 12. 13. 32 pr. D. 1, 3). Es ist eine der wichtigsten Lebensäußerungen der Rechtswissenschaft, nach der ihr innwohnenden organisch bildenden Kraft die Einheit zwischen den Erscheinungen des Rechtslebens und der Rechtsordnung zu erhalten, indem sie bei sich zeigenden Lücken der positiven Rechtssatzungen dieselben aus dem in den innerlich zusammenhängenden Gefüge des ganzen Rechtssystemes gebundenen geistigen Inhalt und dessen treibenden Kräften nach den Regeln der juristischen Consequenz ergänzt und auf diesem Wege eine das praktische Bedürfniß befriedigende Vervollständigung des lückenhaften Systems aus sich selbst erschafft. Diese Arbeit vollzieht sich mit Hilfe der Analogie, einer auf Wahrscheinlichkeitsschlüsse beruhenden, durch Induction vermittelten, vom Besondern zum Allgemeinen aufsteigenden logischen Operation. Diese geht von dem Gedanken aus, daß für gleichartige Thatbestände des Rechtsverkehrs nach dem Denkgesetze der paritas rationis auch gleiches Recht gelten muß, und zieht, indem sie aus vorhandenen Einzeläußerungen des Gesetzeswillens einen allgemeinen Rechtssatz erschließt, aus diesem den Schluß, daß außer diesen Einzelbestimmungen des Gesetzeswillens auch gleichartige andere, in ihm nicht mit zum Ausdruck gelangte, außerhalb der Grenzen ihres erkennbaren Gedankeninhalts liegende Fälle den Bestimmungen des allgemeinen Satzes unterworfen sind (Binding, Handb. I. S. 215; Wach I. S. 273).

Die Anwendbarkeit dieser auf Ergänzung des unvollständigen Rechtsganzen gerichteten logischen Operation hat das BGB. durch die Vorschrift des § 25 („ein Rechtsfall, für den sich keine besondere oder allgemeine Vorschrift in den Gesetzen findet, ist nach den Bestimmungen über ähnliche Fälle zu entscheiden") anerkannt. Es ist dies in einer Fassung geschehen, welche zu der Folgerung berechtigt, daß diese Operation nicht bloß in dem Falle zulässig sei, wo für die Entscheidung eines im Gesetze nicht normirten Thatbestandes eine für ein rechtsähnliches Verhältniß vorhandene Norm Anhalt bietet (sog. Gesetzesanalogie, l. 27 D. 1, 3), sondern auch dann, wenn in Ermangelung der die Gesetzesanalogie ermöglichenden Voraussetzungen der Geist und die maßgebenden Gedanken des gesammten, als systematisch gegliederte Einheit aufgefaßten Rechts zur Ausfüllung einer Lücke des positiven Rechts die logischen Unterlagen darbieten (sog. Rechtsanalogie, l. 2 § 18 C. 1, 17; l. 3 § 18 ebenda; Kierulff, Theorie d. Civ.R. I. 30; Savigny, Syst. I. 292; Motive zu § 25 BGB.)

Die Beschränkungen dieses Satzes, welche das BGB. in den §§ 24 und 26 aufstellt und deren erste auch auf die ausdehnende Auslegung beziehbar ist, sind, soweit sie den richtigen Gedanken aussprechen, daß Ausdehnung und Analogie ausgeschlossen sein müssen, wenn nach dem erweislichen Gesetzeswillen seine Tragweite nur auf die ausgedrückten Voraussetzungen und Fälle beschränkt sein soll, eine Consequenz der Logik, soweit sie aber infolge ihrer allgemeinen Fassung zu weitergehenden Auslegungsbeschränkungen Anlaß geben können, wenigstens nicht unbedenklich. Denn wenn sich auch mit Recht nicht behaupten läßt, daß „jedes Gesetz Voraussetzungen, unter denen es angewendet sein will, ausdrücklich angebe," so wird sich selbst dann, wenn dies wirklich geschehen ist, nicht ohne Weiteres sagen lassen, daß das Gesetz seine Anwendung auf andere gleiche oder rechtsähnliche Fälle, welche sich unter die gegebenen Voraussetzungen unterordnen lassen, absolut habe ausschließen wollen. Hierzu kommt, daß die im § 26 enthaltene Beschränkung der analogen Anwendung in Bezug auf sog. anomale oder singuläre Rechtsbestimmungen auf Sätzen der römischen Juristen (l. 14 D. 1, 3; l. 141 pr. D. 50, 17) beruht, welche von diesen selbst in manchen Fällen überschritten worden sind, wo die interpretatio zu einer rechtsbildenden Thätigkeit sich berufen glaubte (Savigny, Syst. I. 293. 297; vgl. auch die Entsch. im Wbl. 1872, 62; WA. 2, 785. 5, 676, 701. 766. NF. I. 64. 80).

2. Nach ihren zeitlichen Grenzen.

§ 8.

I. Das BGB. giebt nicht, wie es in andern Gesetzgebungen (preuß. Landr., österr. GB.) geschehen ist, ausdrückliche Vorschriften über die Gründe und den Umfang der Aufhebung der Gesetze. Die Zulässigkeit der desuetudo und der consuetudo obrogatoria ist durch die Negation der gesetzlichen Kraft des Gewohnheitsrechtes (§ 28 BGB. u. oben § 5) ausgeschlossen. Der rationelle Grundsatz, daß die Aufhebung eines Gesetzes durch einen gleichkräftigen Rechtssatz (Gesetz) oder durch den Wegfall aller wesentlichen, die Geltung desselben ausschließlich bedingenden Voraussetzungen erfolgen kann, liegt den Vorschriften im § 1 u. 4 des BGB.'s zu Grunde (vgl. z. B. VO. v. 13. Juni 1871 u. 23. Jan. 1872). Gegen die unrichtige Anwendung der gemeinrechtlichen Parömie „cessante legis ratione cessat lex ipsa" in dem Sinne, daß die Gesetzesgeltung schon dann aufhören müsse, wenn das Gesetz im Laufe der Zeit seinem ursprünglichen Zwecke nicht mehr entspreche, richtet sich insbesondere die Vorschrift im § 4. — Die im gemeinen Recht mehrfach erörterte Frage, ob die Aufhebung einer gesetzlichen Regel ohne weiteres auch die Aufhebung ihrer Ausnahmen nach sich ziehe, hat der § 5 im Einklang mit der herrschenden Ansicht geregelt.

II. Die zeitliche Veränderlichkeit und örtliche Verschiedenheit der einzelnen Landesrechte und Gesetze bedingt die Frage, nach welchen Grundsätzen bei Anwendung der Gesetze auf vorliegende juristische Thatsachen und Verhältnisse das zeitliche und räumliche Herrschaftsgebiet derselben zu bestimmen sei. Das Grundprinzip ist für beide Beziehungen dieser Frage dasselbe. Zum Schutze der Rechtssicherheit, zur Erhaltung des Vertrauens in die Gesetze und zur Wahrung seiner eignen Autorität liegt dem Staate die Fürsorge dafür ob, daß die unter der Herrschaft seiner Rechtsnormen begründeten Rechte und Rechtsverhältnisse in ihrem Bestand und ihrer Wirksamkeit gegen spätere willkürliche Entziehung oder Beeinträchtigung gesichert werden. Diese Erwägung führt in Bezug auf die Ermittelung des zeitlichen Herrschaftsgebietes der Gesetze zu dem der regelmäßigen Bestimmung der Gesetze entsprechenden Satze: daß dieselben nur die Aufgabe haben, die rechtliche Gestaltung der Gegenwart und Zukunft zu regeln, und daß daher ihre Normen nur diejenigen Zustände, Thatsachen und Verhältnisse ergreifen wollen, welche während ihrer Geltung sich verwirklichen. Im praktischen Resultate ergiebt dieses Prinzip, negativ ausgedrückt, das im § 2 des BGB.'s ausgesprochene Dogma, daß „Gesetze auf vorhergegangene Handlungen und vorher erworbene Rechte keinen Einfluß haben" (vgl. Nov. 66 § 4 i. f. l. 7 Cod.

1, 14; Siebenhaar, Ztschr. 19, 97 flg.). Dieser auf dem „Prinzip der Nichtrückwirkung" beruhende Rechtssatz schließt — wie verschieden auch der Rückwirkungsbegriff in Doctrin und Praxis aufgefaßt wird (vgl. Motive z. Entw. d. deutsch. BG. I. 20 flg.), — folgende Corollarien in sich:

1. Es ist präsumtiv nicht als der Wille neuer Gesetze anzusehen, daß ein während der Geltungszeit ältern Rechts eingetretenes Ereigniß oder Lebensverhältniß (Thatbestand), welchem nach diesem Rechte eine rechtliche Wirkung nicht beigelegt wurde, gleichwohl eine solche erzeugt habe, oder daß die mit einem Thatbestande nach der Weisung früheren Rechts verbundene Wirkung in diesem Zeitraume nicht eingetreten oder eine andere gewesen sei, oder daß ein zur Zeit des Erlasses neuer Gesetze vorhandener Rechtszustand durch Aufhebung oder Beeinträchtigung solcher Thatbestände und ihrer juristischen Folgen habe alterirt werden sollen, welche unter Herrschaft und Schutz der vorher bestandenen Rechtsordnung in allem thatsächlichen, was zu ihrer rechtlichen Begründung für eine bestimmte Person erforderlich war, vollendet und fertig zu Stande gekommen waren.

2. Es ist keine Rückwirkung, wenn das neue Gesetz sofort solche Verhältnisse ergreift, welche bisher bloß die Möglichkeit, Erwartung und Aussicht auf künftigen Rechtserwerb oder allgemein zukommende Befugnisse zur Erwerbung von erst in einer spätern Zeit bei Eintritt eines bestimmten Ereignisses realisirbaren Rechten gewähren. Dasselbe muß gelten von einem aus mehreren zeitlich aufeinanderfolgenden Thatsachen zusammengesetzten Thatbestande, der erst unter dem neuen Gesetze sich rechtlich vollendet; denn dieser gehört dem zur Zeit seiner Vollendung geltenden Gesetze an, falls er nicht von der Art ist, daß die unter Geltung des frühern Rechts eingetretenen Thatsachen schon eine die Aussicht auf künftigen Rechtserwerb schützende Willensgebundenheit erzeugten, wie dies in Folge einer Suspensivbedingung möglich ist.

Die gesetzgebende Gewalt hat aber die Macht, von dem Grundsatz der Nichtrückwirkung aus denkbar verschiedenen, politischen, sittlichen, socialen und wirthschaftlichen Motiven abzuweichen und die Grenzen seiner zeitlichen Wirksamkeit dergestalt frei zu bestimmen, daß seine Normen auch auf die der Vergangenheit angehörenden Verhältnisse erstreckt werden sollen. Sie ist in dieser Hinsicht, abgesehen von den allgemeinen durch Staatsverfassung und Staatszweck gezogenen Grenzen, durch keine andere Schranke, als das Gebiet des physisch Möglichen gebunden. Aber daß der Wille des Gesetzes hierauf gerichtet sei, ist als Ausnahme von der Regel nur dann anzunehmen, „wenn etwas Anderes (z. B. im Falle des § 21) bestimmt. oder „nach Maßgabe des Gesetzeszweckes" aus dem Inhalt der Norm zu schließen ist (§ 2 am Ende).

Auf der Grundlage des im § 2 des BGB.'s prinzipiell anerkannten Grundsatzes der Nichtrückwirkung, ist in den §§ 6—27 der PVO. eine Reihe von Detailvorschriften als Uebergangsbestimmungen über die zeitlichen Herrschaftsgrenzen des BGB.'s für die in Frage kommenden wichtigsten Thatbestände und Rechtsverhältnisse aufgestellt, welche im Wesentlichen auf den Gesichtspunkten beruhen, die in der Wissenschaft zu dem sog. Prinzipe der Nichtrückwirkung geführt haben. Soweit die aufgestellten Einzelbestimmungen keine Entscheidung enthalten, wird es Aufgabe der wissenschaftlichen Auslegung sein, das Herrschaftsgebiet der Normen unter Berücksichtigung der Vorschriften im § 2 a. E. und § 3 des BGB.'s festzustellen.

III. Von den vor dem Inkrafttreten des BGB.'s eingetretenen rechtlichen Thatsachen und Verhältnissen, welche aus den unter II. 1 angegebenen Gesichtspunkten von den Vorschriften desselben unberührt bleiben, hebt die Publikationsverordnung folgende hervor:

1. Die zur Schließung von Rechtsgeschäften, zur Errichtung von letzten Willen und Erbverträgen erforderliche Form und persönliche Fähigkeit (Handlungs- oder Geschäftsfähigkeit); §§ 6. 23, 1. 24, z. B. Verträge, welche über Gegenstände der im § 822 des BGB.'s bezeichneten Art unter der Herrschaft des ältern Rechts bloß mündlich abgeschlossen sind (OAGA. NF. 5, 341).

2. Die Rechtswirkungen, welche durch eine vor dem Inkrafttreten des BGB.'s vollendete Ersitzung oder Verjährung entstanden sind (§ 8; vgl. Wbl. 1872, S. 202 unter c und Wächter, Pand. I. § 32, Beil. I. 5).

3. Die Rechtswirkungen, welche bei einer zur Zeit des Inkrafttretens des BGB.'s noch laufenden Verjährung durch den vorher erfolgten Eintritt einer Unterbrechungsthatsache, die bis dahin als wirksam galt, nachher aber als solche nicht mehr anerkannt ist, entstanden sind (§ 15).

4. Sachenrecht. Die Frage, ob eine Thatsache, welche an sich geeignet ist, den Erwerb oder Verlust eines dinglichen Rechts (z. B. des Immobiliar-Eigenthums, der Ersitzung sog. irregulärer Servituten, der Fischereigerechtigkeit) zu begründen (Ztschr. 41, 307. 44, 232; WA. 2, 545), ist nach dem zur Zeit ihres Eintritts geltenden Rechte zu beurtheilen (§ 7, 1). — Entscheidung einer durch das Gesetz vom 30. Juni 1868 §§ 1. 2 in der Praxis entstandenen Zweifelsfrage (OAGA. NF. 5, 328; WA. 2, 223) durch das authentische Erl.-Gesetz vom 2. April 1870; Erledigung derselben durch die spätere Reichs- und Landesgesetzgebung; vgl. Francke, Gesetzgbg. d. K. S. II. 918.

5. Obligationenrecht. Hier sind nicht nur für die Frage, ob ein Forderungenrecht entstanden sei, sondern infolge einer auf landständischen Antrag aufgenommenen, von dem Entwurf der Publikationsverordnung abweichenden Vorschrift der PVO. v. 2. Januar 1863 auch für die

Beurtheilung des Inhalts und der Wirkungen desselben (Giltigkeit, Art der Wirksamkeit, Anfechtbarkeit, rechtliche Folgen, Umfang der Ersatzpflicht u. dgl.) ohne Unterschied des Entstehungsgrundes die Rechtsvorschriften maßgebend, welche zu der Zeit galten, wo die entscheidende Thatsache eintrat (§§ 18. 20; OAGA. NF. 7, 460; Ztschr. 35, 202; Wbl. 1868, 162). Es gehören hierher insbesondere die Fragen über die Widerruflichkeit von Schenkungen, über die Bedeutung des Irrthums, Betrugs, Zwanges bei Verträgen, über die Zulässigkeit der Einrede aus dem Macedonianischen Senatusconsult und der Anfechtung wegen laesio enormis, über die Wirkungen von conditio und dies, über den Grad der Culpahaftung, über die Voraussetzungen, unter welchen die Erfüllung einer unter der Herrschaft des ältern Rechts entstandenen Schuldverbindlichkeit als rechtswidrig verzögert erscheint, sowie über die Verwirkung einer Conventionalstrafe.

6. Familienrecht. Hier entscheidet nach § 26 der PVO. über die Verpflichtung zur Ausstattung einer sich verheirathenden Tochter das zur Zeit der Eheschließung geltende Recht. Diese Bestimmung hat ihre praktische Bedeutung im Hinblick auf die Vorschrift im § 1666 verbunden mit PVO. § 9 verloren. Für die Beurtheilung der Giltigkeit der Eheschließung ist selbstverständlich das zur Zeit derselben geltende Recht maßgebend.

7. Erbrecht. Für die Intestaterbfolge ist das zur Zeit des Todes des Erblassers geltende Recht als das den Erbfolgeanspruch begründende entscheidend, mithin das bisherige Recht, wenn derselbe vor dem Zeitpunkte des Inkrafttretens des BGB.'s gestorben ist (§ 22; vgl. § 2028).

IV. Als Thatbestände und Rechtsverhältnisse, welche, obwohl unter der Herrschaft des früheren Rechts entstanden, doch sofort mit dem Inkrafttreten des BGB.'s von den Vorschriften desselben aus den unter II. 2 angegebenen Gesichtspunkten ergriffen werden, bezeichnet die PVO. folgende:

1. auf dem Gebiete des Sachenrechts den Inhalt und die Wirkungen dinglicher Rechte (einschließlich der dem frühern Rechte unbekannten Vindikationsbeschränkungen; vgl. § 296 und dazu Schmidt, I. § 64, 13);

2. auf dem Gebiete der Forderungenrechte: a) diejenigen Erlöschungsgründe von unter der Herrschaft des ältern Rechts entstandenen Forderungen, welche erst durch das BGB. eingeführt sind (z. B. Verjährbarkeit, Präclusionsmöglichkeit) und deren thatsächlicher Grund erst nach Inkrafttreten des BGB.'s eingetreten ist (§ 19); b) die (in der Doctrin verschieden beantwortete) Frage der Begründung von Alimentationsansprüchen aus einer unter der Herrschaft des früheren Rechts stattgefundenen unehelichen Erzeugung, welche vor dem Inkrafttreten des

BGB.'s noch nicht rechtskräftig entschieden oder sonst definitiv festgestellt sind (§ 21; vgl. z. B. Ztschr. 29, 121. 411; OAGA. NF. 1, 537; Stobbe, PR. I. § 28. Nr. 13), — eine Bestimmung, die in Folge der Vorschrift des § 1862, welche die Unterhaltungspflicht des Stupretors nur bis zum 14. Jahre erstreckt, gegenwärtig ihre praktische Anwendbarkeit verloren hat.

3. Im Familienrecht soll a) hinsichtlich des für eine Ehe bestimmenden gesetzlichen Güterrechts nicht der bis zum Eintritt der Wirksamkeit des BGB.'s bestandene Rechtszustand, sondern (abweichend von der herrschenden Doctrin, Stobbe, a. a. O. Nr. 10, Note 36—39) sofort mit seinem Inkrafttreten das BGB. auch für die vor Eintritt seiner Wirksamkeit geschlossenen und nicht wieder geschiedenen Ehen (OLGA. 2, 382) insofern maßgebend sein, als die Bestimmungen desselben, durch welche das Nießbrauchs- und Verwaltungsrecht des Ehemannes an dem Frauenvermögen „geändert oder näher bestimmt ist", in Frage kommen (§ 25). Jedoch ist diese Abweichung von der herrschenden Ansicht weder rechtlich noch wirthschaftlich von großer Erheblichkeit, weil solche Modificationen des früheren Rechts nur in wenigen Beziehungen von untergeordneter Bedeutung (vgl. z. B. § 1677, 1. § 630 mit Haubold § 200 b) sich finden.

b) Die Frage, aus welchen Gründen eine unter der Herrschaft des bisherigen Rechts eingegangene Ehe nach dem Inkrafttreten des BGB.'s geschieden werden kann, soll mit Rücksicht auf die hierbei maßgebenden sittlichen Motiven in allen Fällen nach den Vorschriften des letztern entschieden werden (§ 27).

4. Im Gebiete des Erbrechtes ist das Recht des BGB.'s für die Beurtheilung der Intestaterbfolge in seinem Nachlaß entscheidend (§ 22, 2), wenn der Tod des Erblassers erst nach dessen Inkrafttreten erfolgte (vgl. oben III. 7). — Ebenso ist in Bezug auf testamentarische Verfügungen und bez. Erbverträge, auch wenn sie unter der Herrschaft des früheren Rechts errichtet sind, die Giltigkeit des Inhalts, insbesondere die Frage der Pflichttheilsberechtigung und des Erbfolgerechts nach den Grundsätzen des BGB.'s zu beurtheilen, wenn der Errichter solcher Verfügungen erst nach dem Inkrafttreten desselben verstorben ist (§§ 23, 2. 24; vgl. z. B Wbl. 1872, 211. 320; Ztschr. 36, 104; OAGA. II. NF. 3, 39).

5. Die in der Doctrin besonders streitige Frage, welchen Einfluß es auf eine unter der Herrschaft des früheren Rechts begonnene und noch im Laufe befindliche Verjährung oder Ersitzung habe, wenn vor deren Vollendung bisher bestandene Rechtssätze des Verjährungsrechts durch neue Verjährungsgesetze geändert werden, wird in den §§ 9—17 der Publicationsverordnung auf der Grundlage der unter II. 2 angedeuteten prinzipiellen Gesichtspunkte verschieden normirt, je nachdem die Frage der Zulässigkeit der Verjährung (Verjährbarkeit oder Unverjährbarkeit),

der Einfluß einer Veränderung ihrer Wirkungen oder Erfordernisse und der bloßen Aenderung der Zeitdauer zu beurtheilen ist:

a) Für die Frage der Verjährbarkeit oder Unverjährbarkeit eines Rechts sind die Vorschriften des BGB.'s als des neueren Rechts unbedingt entscheidend. Eine im älteren Rechte anerkannte Verjährungsmöglichkeit giebt denen, welche hiernach Aussicht auf künftigen Verjährungserwerb haben, kein Recht auf die Fortdauer dieses Zustandes, und die Zulassung einer bisher unzulässigen Verjährung durch neues Gesetz kann selbstverständlich erst von dem Zeitpunkte des Eintritts seiner Wirksamkeit an datiren (§§ 9. 10; Savigny, System VIII. 429. 430; Wächter, Pand. I. 167, Nr. 6—7).

b) Veränderungen des bisherigen Verjährungsrechts, welche die Wirkungen der Verjährung betreffen, ergreifen, wenn diese dadurch vermindert werden, aus dem gleichen Grunde, weil nicht schon durch den Beginn der Verjährung ein Recht auf die Vollendung derselben Verjährung erworben wird, die laufende Verjährung sofort mit dem Eintritt der Wirksamkeit des neuen zur Zeit ihrer Vollendung geltenden Rechts (§ 11 u. Comment. dazu). Dagegen giebt im Falle einer Vermehrung der bisherigen rechtlichen Verjährungsfolgen der § 12 demjenigen, welcher die Verjährung unter der Herrschaft des alten Rechts begonnen hat, die Wahl, dieselbe entweder mit den Wirkungen des alten Rechts zu vollenden oder eine neue mit den Wirkungen des neuern Rechts ausgestattete von dessen Inkrafttreten an zu beginnen. Leitend war hierbei wohl der Gesichtspunkt, daß sonst unter Umständen für den durch die Verjährung Betroffenen einer benachtheiligenden Rückwirkung des neuen Rechts Vorschub geleistet werden würde (vgl. Comm. zu § 12).

c) Veränderungen in den Erfordernissen der Verjährung, welche sich nicht bloß auf die Zeitdauer derselben beziehen, haben α) wenn sie dieselben vermindern, auf die laufende Verjährung den Einfluß, daß das Vorhandensein der Verjährungsrequisite für die unter dem bisherigen Rechte abgelaufene Verjährungszeit nach dessen Regeln, für die seit dem neuen Rechte abgelaufene Periode nach den Vorschriften dieses letzteren beurtheilt wird (§ 13, dazu Comment.; Wächter, Pand. I. 167, Nr. 3; and. Mg.: Unger, österr. Priv.R. I. § 21, Note 79). — β) Werden die Verjährungserfordernisse während des Laufes der Verjährung vermehrt, so ist die unter der Herrschaft des früheren Rechts abgelaufene Verjährungszeit für die Beurtheilung rechtlich irrelevant. Der Beginn des Verjährungslaufs ist erst vom Inkrafttreten des neuen Rechts (BGB.) an möglich, auch wenn das durch das neuere Recht erst eingeführte Requisit thatsächlich schon während des früheren Rechts vorhanden war (§ 14; Stobbe, PR. I. 28 [11]; Windscheid, I. § 32 [10]). γ) Eine Neuerung hinsichtlich der Unterbrechungsgründe (Einführung neuer, Abschaffung bestehender, vgl. Beispiele im Comm. zu § 15) hat gleichen Einfluß auf eine begonnene Verjährung, wie die Verminderung der Verjährungsrequisite. Der Eintritt eines erst durch das BGB. eingeführten Unterbrechungsactes unterbricht daher eine laufende Verjährung nur, wenn er erst unter der Herrschaft des neuen Rechts thatsächlich zur Existenz gelangte (§ 15; Wächter, a. a. O. Nr. 5).

d) Die Frage über den Einfluß einer bloß die Zeitdauer der Verjährung betreffenden Veränderung (Stobbe, PR. I. § 28, 4; Wächter, a. a. O. § 32 S. 164) hat die PVO. §§ 16. 17 verschieden und zwar bei Verlängerung derselben im Einklang mit der herrschenden Ansicht (Windscheid, § 32 [10]) dahin normirt, daß auf jede laufende Verjährung das neue Recht sofort mit dem Eintritt seiner Wirksamkeit Anwendung finden soll (§ 16). Dagegen hat die PVO. in Bezug auf die in der Theorie besonders streitige Frage des Einflusses einer Verkürzung der Verjährungsfrist (Stobbe, a. a. O., Wächter, a. a. O.) mit andern neueren Gesetzgebungen zum Schutz des durch Verjährung Verlierenden gegen unbillige Benachtheiligungen den Grundsatz befolgt, nach welchem es in die Wahl des Verjährenden gestellt wird, entweder die unter dem alten Recht begonnene Verjährung nach dessen Zeitmaße zu vollenden oder den Lauf der Verjährung erst vom Zeitpunkte des Inkrafttretens des neuen Rechts an nach der von diesem festgesetzten Verjährungszeit (ausschließlich der unter dem alten Recht bereits abgelaufenen) zu berechnen (§ 17; vgl. WA. 3, 457).

e) Die in der gemeinrechtlichen Doctrin sehr bestrittene Frage, ob derjenige, in dessen Person unter der Herrschaft des bisherigen Rechts die thatsächlichen Voraussetzungen eintraten, an welche das Gesetz unmittelbar die statusrechtliche Eigenschaft der Handlungs- und Geschäftsfähigkeit anknüpft, hierdurch einen rechtlichen Anspruch auf Unentziehbarkeit dieser Qualität für die Zukunft erlange, wenn ein späteres Gesetz andere Erfordernisse für deren Eintritt aufstellt (z. B. die damit gewährte abstrakte Möglichkeit der Begründung von Rechtsverhältnissen erst einer höhern Altersstufe beilegt [vgl. Windscheid, I. § 32 (4); Wächter, I. S. 158; and. Mg.: Stobbe, I. § 28, 2; Dernburg, Pand. I. 43, 3]), ist durch die Publikationsverordnung nicht entschieden, sondern als eine offene in den Bereich der Auslegung zu verweisen.

Bei Beurtheilung derselben wird aber immerhin die Erwägung von prinzipieller Bedeutung sein, daß die Handlungsfähigkeit als eine gesetzliche durch die Rechtsordnung unmittelbar verliehene statusrechtliche Eigenschaft der Personen nur die nach dem jeweilig geltenden Rechte zu bemessende allgemeine Voraussetzung für die abstrakte Möglichkeit bildet, kraft derselben concrete Rechte durch Verwirklichung der hierzu nach den Gesetzen erforderlichen Thatbestände an den in abstracto hierzu Berechtigten zu knüpfen und daß daher auch die Dauer dieser Befugnisse lediglich durch die fortdauernde Giltigkeit der sie ertheilenden Rechtsnorm bestimmt werden müsse. (Z. B. ein nach § 2066 des BGB.'s testamentsmündiger Vierzehnjähriger hat seinen gerichtlich übergebenen letzten Willen auf sein Verlangen in Person zurückerhalten, und es ist derselbe daher als widerrufen anzusehen [§ 2215, vgl. dtsch. Entw. § 1935]; er will nun, nach zurückgelegtem 15. Jahre zu einer Zeit, wo bereits durch neues Gesetz der Termin der Testamentsmündigkeit auf das 16. Jahr verlängert wurde, [vgl. deutsch. Entw. § 1912] ein neues Testament errichten; ist dies zulässig?) — Diese Frage ist aber von der anderen zu unterscheiden, ob unter der Herrschaft des jene persönliche Qualification für alle oder gewisse Klassen von Individuen begründenden Gesetzes ein concretes Recht für eine bestimmte Person wirklich entstanden und dadurch eine rechtswirksame Aenderung oder Aufhebung ihres Verhältnisses zur Gesammtheit, zu anderen Einzelpersonen oder zu Sachobjekten zu Stande gekommen sei. Diese Frage ist in Gemäßheit des oben unter II. 1 angegebenen Gesichtspunktes nach dem Rechte zu beurtheilen, welches zur Zeit des Eintritts der jene Rechtswirkung erzeugenden Thatbestände in Geltung war. Nichts weiter als eine ausdrückliche Anerkennung dieses Rechtssatzes, der auch von den Anhängern der Meinung, welche die Handlungsfähigkeit im Prinzip nach dem neuen Gesetz beurtheilt wissen wollen, als richtig anerkannt wird (Windscheid, a. a. O.; Wächter, Würt. PrR. II. S. 183; Schmidt, Vorles. I. 31; Siebenhaar, Comm. zu § 6), bezwecken die Vorschriften in §§ 6. 23. 24 d. PVO.

3. Nach ihren örtlichen Grenzen.

§ 9.

In Bezug auf die Frage, welches Ortes Recht zur Anwendung komme, wenn es sich um die richterliche Beurtheilung eines Rechtsverhältnisses handelt, für welches am Entstehungsorte desselben, oder an dem Orte, dem die Betheiligten angehören, oder mit welchem es in irgend einer Verbindung steht, ein anderes Recht gilt, als dem Entscheidungsorte, folgt das Gesetzbuch, wie sich aus § 6 ergiebt, dem Prinzip des neueren internationalen Privatrechts, daß der Richter, obwohl in der Regel zunächst zur Anwendung der Gesetze seines Staates berufen, doch auch die ausländische Gesetzgebung zu berücksichtigen habe, soweit die im modernen Rechtsbewußtsein zur Herrschaft gelangte Idee einer völkerrechtlichen Gemeinschaft aller Kulturstaaten (comitas gentium) zu der Forderung berechtigt, daß jeder Staat erworbene Rechte ohne Rücksicht auf den Entstehungsort derselben schütze und bei Beurtheilung ihrer Schutzwürdigkeit dasjenige Recht in Betracht ziehe, welchem das in Frage stehende Rechtsverhältniß räumlich angehört. Allein es anerkennt zugleich im § 19 eine nothwendige Beschränkung dieses universalen Prinzips der „internationalen Rechtsgemeinschaft und Reciprocität des Rechtsschutzes“ (Bruns) durch das territoriale, indem es dem ausländischen Rechte dann die Anerkennung versagt, wenn sich durch seine Anwendung der Richter mit solchen Satzungen des einheimischen Rechts in Widerspruch setzen würde, welche zufolge ausdrücklicher Anordnung oder nach ihrem Zwecke, namentlich wegen der ihnen zu Grunde liegenden besondern sittlichen Prinzipien oder wirthschaftlichen Motive eine absolute, ausschließliche Geltung beanspruchen (Windscheid, I. § 34; Dernburg, I. § 45; Stobbe, d. PR. I. § 29).

Abgesehen hiervon liegt das erwähnte Prinzip auch den sächsisch-rechtlichen Bestimmungen als Regel zu Grunde. Die Ausnahmen von jener Regel stellen sich dar als Ausführungen des internationalen Verkehrsprinzips.

Die Beantwortung der hiernach für die richterliche Beurtheilung des Einzelfalles maßgebenden Frage, welchen Gesetzen ein derselben unterliegender Thatbestand seiner Natur nach unterworfen ist, hat der Richter, soweit darüber in dem an seinem Sitz geltenden Rechte Bestimmungen enthalten sind, zunächst nach diesen zu entscheiden (Goldschmidt, Handb. I. 271; Stobbe, a. a. O. § 29 Nr. VI; ROHG. 17, 294). Daher müssen für den sächsischen Richter die einschlagenden Vorschriften des BGB.'s §§ 6—8 zur Richtschnur dienen. Diese geben ihm für die praktische Ausführung seiner Aufgabe, das örtliche Rechtsgebiet eines zu seiner Cognition gelangenden Rechtsverhältnisses zu bestimmen, eine Reihe von Weisungen, welche als leitende der Auslegung unterliegende Grundsätze zu betrachten sind. Dieselben sind zur Anwendung zu bringen, soweit nicht Abweichungen von der im § 6 aufgestellten Regel durch das öffentliche Recht (reichsgesetzliche Vorschriften) oder durch besondere Staatsverträge (sog. Justizconventionen, s. Verzeichniß derselben bei Krug, die Königl. sächsischen Staatsverträge, Leipzig 1856; Siebenhaar, Commentar I. S. 35; Verordnung zur Bekanntmachung der Uebereinkunft mit der badischen Regierung wegen gegenseitiger Leistung der Staatshilfe, GBl. von 1870, 251; ferner Bekanntmachung im Just.Minist.Bl. von 1870, 50, vgl. auch Ger.Verf.Ges. §§ 157—169; Grützmann, § 16) oder dadurch begründet sind, daß die an einem ihrer willkürlichen Bestimmung unterliegenden Rechtsverhältnisse Betheiligten gegenüber der sonst entscheidenden Vorschrift des sächsischen Dispositivgesetzes sich vertragsmäßig, gleichviel ob ausdrücklich oder nach ihrer aus den Umständen erkennbaren Absicht einem anderen Gesetze unterworfen haben (§ 18; Wbl. 1872, 114; RG. 9, 227). Nach Maßgabe jener die Anwendbarkeit fremden Rechts normirenden Vorschriften ist in gewissen Fällen die Staatsangehörigkeit des oder

der Betheiligten ihr Wohnsitz oder eine sonstige locale Verbindung mit den Rechtsnormen eines andern Gebietes maßgebend.

I. Die Staatsangehörigkeit entscheidet: 1) hinsichtlich der Rechts- und Handlungsfähigkeit einer Person (§ 7; Ztschr. 37, 73). Dieser allgemeine Rechtssatz erleidet aber eine dem Schlußsatze des § 84 der ADWO. nachgebildete wichtige praktische Modification. Im Interesse der Sicherheit des inländischen Verkehrs mit Ausländern und zum Schutze inländischer Gläubiger gegen Nachtheile, welche ihnen dadurch erwachsen können, daß sie nach den Gepflogenheiten des geschäftlichen Verkehrslebens nicht die Füglichkeit haben, sich in jedem Falle eines mit Ausländern erfolgten Geschäftsabschlusses sichere Auskunft über deren persönliche Geschäftsfähigkeit zu verschaffen, soll ausnahmsweise nur für die Frage, ob ein nach dem Gesetze seines Heimathsstaates handlungsunfähiger Ausländer in Sachsen verpflichtungsfähig, wenn er durch hier vorgenommene Geschäfte Verbindlichkeiten übernommen hat, das sächsische Recht entscheidend sein. (§ 8; Savigny, VIII. 149 flg.; vgl. Ztschr. 11, 400 flg.; Wbl. 1861, 68; WA. 1886, 39; Motive zu § 8 insbesondere über die Wirkung der außerhalb Sachsen erfolgten Entmündigung eines Verschwenders, auf dessen nachher im Inlande übernommenen Verbindlichkeiten vgl. den interessanten Rechtsfall im Wbl. 1870, 137, und vgl. jetzt CPO. §§ 593. 594. 621. 623. 627. Maßgebendes Recht hinsichtlich der Namensführung? RG. 5, 175.) — 2) Hinsichtlich des Rechts der Eingehung der Ehe (§ 13; Voraussetzungen der giltigen Eheschließung, persönliche Stellung der Ehegatten, Giltigkeit der Verlöbnisse); jedoch ist dieser Satz infolge der reichsgesetzlichen Bestimmungen des Reichspersonenstandsgesetzes vom 6. Februar 1875 § 41 durch das sächsische Gesetz vom 5. November 1875 hinsichtlich der Formerfordernisse der Eheschließung für die Zukunft dahin abgeändert worden, daß diese nach den Gesetzen des Eheschließungsortes beurtheilt werden sollen (WA. 1879, 385. 401), während es in Betreff der sonstigen Voraussetzungen einer giltigen Ehe und der Ehescheidung bei der Vorschrift im § 13 bewendet. — 3) Hinsichtlich der Eheauflösung, Ungiltigkeitserklärung, Ehescheidung (§ 13; WA. 1886, 460), jedoch mit neuerdings in der Spruchpraxis entstandener lebhafter Meinungsverschiedenheit über die Anwendbarkeit der Vorschrift des § 77 des Reichspersonenstandsgesetzes auf solche Fälle, wo der Ehemann Ausländer und Katholik ist und das Recht seines Heimathsstaates nur die beständige Trennung der Ehe von Tisch und Bett zuläßt (dafür RG. 3, 28; WA. 1881, 218; dagegen Sächs. Gesetz vom 4. März 1879 § 3 und OLGA. 6, 268). — 4) Hinsichtlich der aus der väterlichen Gewalt und der Vormundschaft entspringenden Rechtsverhältnisse (Existenz, Inhalt und Umfang derselben), und zwar ist im ersten Falle die Staatsangehörigkeit des Vaters, in diesem die des zu Bevormundenden Ausschlag gebend (§§ 15. 16). Competenz des sächsischen Richters zur Anlegung einer Abwesenheitsvormundschaft für einen Nichtsachsen? WA. 1876, 349 (bejahend); Wbl. 1871, 136 (verneinend).

II. Das Recht des Wohnsitzes, d. h. des Ortes, welchen Jemand mit dem durch entsprechende Handlungen bethätigten Willen, daselbst dauernden Aufenthalt zu nehmen, zum Mittelpunkte seiner Lebensthätigkeit macht (OAGA. 7, 246; NF. 2, 485; Ztschr. 29, 266; RG. 8, 145), ist maßgebend:

1) Für die Beurtheilung der vermögensrechtlichen Wirkungen der Ehe; es sind hier bestimmend die Gesetze des Wohnsitzes des Ehemannes zur Zeit der Eheschließung, und zwar auch dann, wenn später eine Wohnortsveränderung eingetreten ist (§ 14, 1. 2; Entscheidung einer gemeinrechtlichen Controverse: Stobbe, a. a. O. V.); eine solche ist jedoch auch bei einer Unterbrechung des Aufenthaltes an dem gewählten Orte nicht zu vermuthen (OAG. Ztschr. 43, 41). Auf die Frage der Giltigkeit von Schenkungen unter Ehegatten aber ist Domicilveränderung nicht einflußlos, weil das betreffende Verbot eine sittliche Tendenz hat und die Handlungsfähigkeit ergreift. Sie soll daher nach dem jeweiligen Domicilrechte des Ehemanns beurtheilt werden (BGB. § 14, 3; Stobbe, a. a. O. § 29 bei Note 17; ökonom. Folgen der Ehescheidung? RG. 5, 194).

2) Beim Eintritt eines Erbfalles (WA. 1887, 122) entscheidet über die Voraussetzungen und Wirkungen des Anfalls und der Erwerbung einer Erbschaft, nicht nur im Falle gesetzlicher und letztwilliger Erbfolge, sondern auch hinsichtlich des Pflichttheilsrechts, das am letzten Wohnsitz des Erblassers oder, wenn er deren mehrere hatte, am letzten Aufenthaltsorte geltende Recht (§ 17). Ueber den Fall, wenn er wegen Aufgabe seines bisherigen Domicils und nach unterlassener Wahl eines neuen ohne bestimmten Wohnsitz verstirbt, vgl. WA. 1877, 473.

III. Ueber das örtliche Rechtsgebiet anderer als der vorstehenden Verhältnisse, welche mit fremdem Rechte in Beziehung stehen, hat das BGB. folgende Grundsätze aufgestellt:

1) die formelle Giltigkeit von Geschäften unter Lebenden und von Todes wegen ist nach der auf dem alten Satze locus regit actum beruhenden Vorschrift des § 9, 1 zunächst nach den Gesetzen des Errichtungsortes zu beurtheilen. Nichtbeobachtung dieser Formvorschrift schadet jedoch dann nicht, wenn die durch das inländische Recht erforderte Form gewahrt und das im Gebiete des fremden Rechts errichtete Geschäft nach der entweder ausdrücklich erklärten oder aus den Umständen und Zwecken des gegebenen Falles erkennbaren Absicht der Betheiligten gerade im Inlande seine Wirksamkeit zu äußern bestimmt ist (§ 9, 2; vgl. RG.

1, 322). Dagegen kann die Form des Errichtungsortes nach Maßgabe des im § 19 aufgestellten Rechtsgrundsatzes dann nicht genügen, wenn eine in Sachsen bestehende singuläre Formvorschrift, wie z. B. die für Veräußerungsverträge von Immobilien und Folienrechten im § 822 getroffene, zufolge ihrer aus social- und rechtspolitischen, bez. wirthschaftspolizeilichen, dem gemeinen Besten dienenden Motiven entsprungenen Tendenz (Müller in Ztschr. 37, 292) die absolute Geltung eines zwingenden Prohibitivgesetzes in Anspruch nimmt, welche, wenn man das Prinzip des § 9, 1 hier für anwendbar hielt, leicht illusorisch gemacht werden könnte. (Vgl. Roth, bayer. Civilr. I. § 16 Note 65. 66; Unger, öster. Priv. I. § 23, Note 107; Seuffert, prakt. PR. § 17, Note 7 u. d. das. ang. Präjudizien. — A. M. jedoch ohne überzeugende Begründung Grützmann, I. § 55.)

2) Ueber das in der Doctrin bestrittene örtliche Rechtsgebiet der Obligationen hat (abgesehen von der Formfrage) das BGB. unter der nach § 18 selbstverständlichen Voraussetzung, daß der Wille der Betheiligten, welcher gerade auf diesem Verkehrsgebiete in erster Linie in Betracht kommt, nichts Abweichendes festsetzte, im § 11 bestimmt, daß für Forderungen, gleichviel aus welchem Grunde (Vertrag, Delict) sie entstehen, in ihrer räumlichen Beziehung nicht der zufällige (häufig nicht einmal feststellbare) Entstehungsort, auch nicht der (dem beliebigen Wechsel ausgesetzte) Wohnsitz, sondern im Anschluß an Savigny's Auffassung (Syst. VIII. 205), die der Obligation als dauernd inwohnende Beziehung auf den Erfüllungsort entscheidend sein solle. Welches dieser Ort sei, das richtet sich für den sächsischen Richter nach den einschlagenden Bestimmungen der §§ 702 flg. des BGB.'s. (ROHG. in Ztschr. 45, 172 u. Entsch. 17, 294; WA. 3, 395; Siebenhaar, C. I. 51; OLG. in WA. 1886, 558. 1887, 805.) Die Schwierigkeiten, welche daraus entstehen könnten, daß dasselbe Obligationsverhältniß in verschiedenen Richtungen verschiedenen Ortsrechten angehören kann (ROHG. in Ztschr. 45, 172; RG. 9, 185. 19, 132; WA. 1886, 246), hat der Richter nach seinem Ermessen zu lösen. — Das Recht des Erfüllungsortes entscheidet abgesehen von der Frage der Handlungs- und Geschäftsfähigkeit (oben I): a) bei Vertragsobligationen insbesondere über die materiellen Giltigkeitserfordernisse, den Inhalt (z. B. ROHG. 24, 388), die Wirkungen und die Klagbarkeit des Vertrags, daher consequenter Weise über die Zulässigkeit materieller Exceptionen (vgl. z. B. WA. 1885, 253. 1886, 241; RG. 12, 34), namentlich auch über die (im gemeinen Rechte sehr bestrittene, Savigny, a. a. O. 273 bis 275) von der jetzigen Praxis aber (aus der Erwägung, daß Klagverjährung ein Institut des materiellen den Inhalt des Anspruchs afficirenden, nicht aber des Prozeßrechts sei) vorherrschend bejahte Frage, ob ein Anspruch aus der

Obligation verjährt sei (Wbl. 1871, 421; OAGA. 8, 347; ROHG. 14, 258; RG. 1, 126. 2, 14. 9, 226; Seuffert, Arch. NF. 3, 35. 5, 87. 88. 7, 3). Ueber den Einfluß des Konkurses auf die Stellung der Obligationen in demselben, namentlich hinsichtlich der Priorität: Savigny, a. a. O. VIII. 282 flg.; RG. 1, 322. 8, 114; Seuffert, Arch. 22, 113. 41 (NF. 11), 322. — b) Bei den aus unerlaubten Handlungen (Delicten) entstandenen Forderungen bestimmt sich das örtliche Rechtsgebiet der richterlichen Beurtheilung (der maßgebende Erfüllungsort) in Gemäßheit des § 708, falls nicht die Beschaffenheit der Leistung etwas Anderes mit sich bringt, durch den Wohnsitz des Verletzten zur Zeit der Erfüllung. Die nach den Grundsätzen des Paulianischen Rechts zu beurtheilenden Ansprüche sind nur dann, wenn dem in Anspruch genommenen eine Betheiligung an dem fraudulosen Gebahren zur Last fällt, aus dem Gesichtspunkte der Delictsobligationen, sonst aber nach den über ungerechtfertigte Bereicherung geltenden Grundsätzen zu beurtheilen (ROHG. in WA. 1876, 394. 1878, 785 flg. 1880, 755). — c) Ausgenommen von dem der Vorschrift des § 11 zu Grunde liegenden Prinzip sind die Ansprüche aus solchen obligatorischen (ihrer rechtlichen Natur nach in der Doctrin verschieden beurtheilten) Rechtsverhältnissen, welche die Entschädigung einer unbescholtenen, wenn auch ohne Schwängerungserfolg verführten Jungfrau oder Wittwe (§§ 1551—1553) oder die Alimentation außerehelich erzeugter Kinder auf Alimentengewährung (§ 1858 flg.) zum Gegenstande haben. Die hierauf bezüglichen (in der ältern Praxis [Kori, Erört. 3, 13] nicht zweifellosen) Vorschriften nehmen wegen ihrer eminent sittlichen Bedeutung den Charakter absoluter Prohibitivgesetze in Anspruch und schließen daher, selbst wenn die Concumbenten Nichtsachsen sind und der Beischlaf im Auslande vollzogen wurde, die Anwendung fremden Rechtes in allen Fällen aus, wo vor dem inländischen Richter ein solcher Anspruch geltend gemacht wird (§ 12; WA. 1878, 800).

3) Für die Rechte an Sachen, ingleichen für den Besitz derselben ist nach der im § 10 des BGB.'s im Anschluß an die neuere Theorie getroffenen Entscheidung gemeinrechtlicher Zweifelsfragen (Stobbe, a. a. O. § 32) das Prinzip zur Geltung gelangt, daß die Gesetze des Ortes, „wo die Sachen liegen" (locus rei sitae), und zwar sowohl bei unbeweglichen als bei beweglichen, für Erwerb, Verlust, Inhalt und Ausübung des Rechts maßgebend sind. — Daß mit dieser Vorschrift hinsichtlich der dem Ortswechsel unterworfenen beweglichen Sachen nur das räumliche Gelegensein derselben zur Zeit der richterlichen Entscheidung habe gemeint und damit die Beachtlichkeit aller Rechtsacte schlechthin habe ausgeschlossen werden sollen, welche früher an einem ausländischen Orte an denselben einen Rechtserwerb begründet haben, dafür spricht weder der Wortlaut, noch die nach den sich ergebenden Consequenzen und den Prin-

zipien des internationalen Privatrechts vorauszusetzende legislatorische Absicht. Diesen zufolge wird, wenn die Cognition des sächsischen Richters über die rechtliche Bedeutung und Wirkung eines eine bewegliche zur Zeit innerhalb Sachsens befindliche Sache betreffenden Anspruchs angerufen wird, derselbe den vorher an dieser Sache in einem anderen Staatsgebiete nach dessen Rechtsvorschriften giltig erworbenen Rechten die Wirksamkeit dann versagen können, wenn er sich durch ihre Anerkennung mit zwingenden positiven Gesetzesvorschriften oder mit prinzipiellen Gedanken oder ethischen Motiven des inländischen Rechts in Widerspruch setzen würde (Wächter, Arch. f. civ. Pr. 25, 385; Pand. I. 151; Windscheid, I. § 35 Note 3; RG. 8, 113; Seuffert, Arch. NF. 1, 194). Ueber die Beurtheilung des örtlichen Rechts der Stromschiffe und der den internationalen Verkehr vermittelnden Transportvorkehrungen, welche fremde Orte nur vorübergehend und mit der Absicht der Rückkehr an den den Sitz ihrer Rechtsverhältnisse bildenden Ort berühren vgl. OAGA. NF. 8, 423; ROHG. 6, 80. 11, 24; WA. 1876, 385. 390, u. vgl. jetzt auch die Erklärung des Reichskanzlers, betr. die Pfändung v. Eisenbahnfahrbetriebsmitteln v. 17. März 1887 im RGBl. S. 153.

Zweite Abtheilung.

Von den Personen oder Rechtssubjekten.

I. Begriff der Persönlichkeit und der Handlungsfähigkeit.

§ 10.

I. Nach der dem heutigen gemeinen Recht entsprechenden Auffassung des BGB.'s ist die Persönlichkeit im juristischen Sinne, die Fähigkeit, Träger von Rechtsverhältnissen, d. h. von rechtlich bestimmten Beziehungen der Personen zu einander oder zu Sachgütern zu sein (Rechtsfähigkeit), eine allen Menschen in ihrer natürlichen Erscheinung zukommende Eigenschaft, welche nach Vernunft- und Sittengesetzen von der Rechtsordnung ohne Rücksicht auf Individualität und Willensbeschaffenheit der Einzelnen für Alle anerkannt werden muß (BGB. § 30). Die Zustände, an welche das römische und ältere deutsche Recht Rechtsunfähigkeit oder wenigstens eine graduelle Abstufung der privaten Rechtsfähigkeit anknüpfte (Sklaverei, Leibeigenschaft, Mangel der Staatsangehörigkeit, Familienstände), kennt unser Recht nicht mehr. Sklaverei und Leibeigenschaft sind absolut unzulässig und eine in Bezug auf diese nach auswärts geltendem Rechte begründete Gewalt erlöscht ipso jure, sobald das darin befindliche Individuum in Sachsen seinen Aufenthalt nimmt (BGB. § 31). Fremde (Nichtsachsen) haben in Sachsen im Allgemeinen gleiche private Rechtsfähigkeit wie Einheimische. Dieses im modernen Rechte vorherrschende Prinzip privatrechtlicher Gleichberechtigung ist, wie in andern Bundesstaaten des Deutschen Reiches, so auch in Sachsen infolge des durch die Reichsverfassung geschaffenen gemeinsamen Indigenates den nichtsächsischen Staatsangehörigen des Deutschen Reichs gegenüber dergestalt zur Geltung gelangt, daß die Anwendung von Rechtsregeln, die jene ungünstiger behandelten als den Inländer, prinzipiell ausgeschlossen ist (RVerf. Art. 3; Laband, Staatsr. I. § 19). Den gleichen Zweck verfolgt das im § 20 anerkannte Institut der sog. Retorsion, nach welchem Angehörige eines nicht zum Deutschen Reich gehörigen Staates nur dann in privater Beziehung gegen die sächsischen Staatsangehörigen zurückgesetzt werden sollen, wenn in ihrem Heimathsstaate unsere Angehörigen durch Gesetz, bez. unter wissentlicher Duldung des fremden Staates dessen eigenen Angehörigen gegenüber Zurücksetzung erfahren. Jedoch kann dieses Erwiderungsrecht, da es nur einem bestimmten politischen Zwecke dient, nicht ohne vorgängige Genehmigung des Justizministeriums ausgeübt werden (§ 3 d. Ein- u. Ausf.VO. v. 9. Jan. 1865), wie es auch im Konkurse an eine unter Zustimmung des Bundesrathes erlassene Verordnung des Reichskanzlers geknüpft ist. Die Staatsangehörigkeit berührt ebenso wie die Familienstellung nicht mehr die Privatrechtsfähigkeit, sondern höchstens die Handlungsfähigkeit (§§ 7. 8); ebenso die Rechtsstellung eines in väterlicher Gewalt oder unter Vormundschaft Stehenden (BGB. §§ 15. 16).

II. Von der Rechtsfähigkeit ist zu unterscheiden die Fähigkeit, mit rechtlichen Folgen auf dem Rechtsgebiete selbständig zu handeln, sogenannte juristische Handlungsfähigkeit. Diese ist nach dem BGB. wie nach dem gemeinen Recht von dem Vorhandensein der natürlichen Handlungsfähigkeit, d. h. der durch die natürliche Beschaffenheit der Person bestimmten Fähigkeit zu einer durch den Willen bestimmten That bedingt. Die allgemeine Voraussetzung dieser natürlichen Handlungsfähigkeit ist Willensfähigkeit, das Vermögen freier und überlegter Selbstbestimmung (vgl. WA. 4 [1877], 299). Diese fehlt denjenigen, welchen die erforderliche Willenskraft und namentlich das zur Erkenntniß der Bedeutung ihrer Handlungen erforderliche geistige Vermögen abgeht, insbesondere den im Kindesalter Stehenden und den wegen krankhafter Störung der Geistesthätigkeit oder sonstiger, wenn auch vorübergehender Zustände für die Dauer derselben des freien Gebrauchs der Vernunft Beraubten (BGB. § 81; Gesetz vom 20. Febr. 1882). Andere Personen außer diesen haben natürliche Handlungsfähigkeit und mit dieser ist in der Regel auch die juristische verbunden; allein aus besonderen Gründen (Mangel des zum ungefährdeten selbständigen Auftreten im Rechtsverkehre erforderlichen Grades geistiger Reife und geschäftlicher Erfahrung) kann die an sich vorhandene juristische Handlungsfähigkeit beschränkt, d. h. dem Berechtigten in Bezug auf gewisse Rechtsgeschäfte versagt sein. Dies ist der Fall:

1) bei gewissen natürlich handlungsfähigen Personen, welche wegen mangelnder Altersreife (Minderjährige nach zurückgelegtem siebenten Lebensjahre) oder wegen ihrer Familienstellung, oder wegen körperlicher, die freie Willensäußerung ausschließender oder wenigstens hindernder Gebrechen oder Fertigkeitsmängel (Taubstummheit, Taubheit, Stummheit, Geistesschwäche), oder wegen verschwenderischer Lebensweise (Prodigialität) unter Alters- oder Zustandsvormundschaft stehen oder zu stellen sind. (BGB. § 81, 2. 787; pr. J. 1, 21. — Vgl. § 1638. 1641. 1822. 1981 flg. verb. mit Gesetz vom 20. Febr. 1882.)

2) bei solchen nicht bevormundeten Personen, welche zwar im Besitz der juristischen Handlungsfähigkeit sind, aber aus besonderen Rechtsgründen, z. B. wegen Eröffnung des Konkursverfahrens zu ihrem Vermögen (KO. § 5) oder eines schon vorher als konkursmäßige Maßregel erlassenen allgemeinen Veräußerungsverbotes (KO. § 98) oder wegen ihrer eigenthümlichen Rechtsstellung als Fideicommißinhaber (§ 2514) gewissen Beschränkungen in der rechtlichen Verfügung über das Objekt des Geschäftes unterliegen.

3) Der Einfluß dieser graduell verschiedenen Mängel der Handlungsunfähigkeit auf den rechtlichen Erfolg von Geschäften, welche von einem mit solchem Mangel Behafteten entweder selbst oder ihm als Betheiligten gegenüber von Dritten vorgenommen werden, ist ein verschiedener: a) Willenserklärungen (Verträge oder andere Rechtsgeschäfte) natürlich Handlungsunfähiger sind, selbst wenn sie die Annahme einer Schenkung bezwecken, nichtig, auch wenn nur einer der Betheiligten handlungsunfähig ist (§§ 89. 786. 2069 [aufgehoben durch Gesetz vom 20. Febr. 1882, III]). — b) Um Personen, deren Handlungsfähigkeit beschränkt ist, gegen die Folgen von vorgenommenen nachtheiligen Rechtsgeschäften möglichst zu schützen, unterscheidet das BGB. § 787, im Einklang mit der Mehrheit der Rechte (vgl. auch pr. J. 1, 21), „Versprechen, welche blos zu ihren Gunsten gereichen", d. h. Rechtsacte, durch welche für sie lediglich Rechtserwerb oder Befreiung von Verbindlichkeiten bewirkt wird, und Uebernahme von Verpflichtungen, also Rechtsgeschäfte, welche jenen rein lucrativen Charakter nicht haben. In der Vornahme der ersteren sind sie, weil ihnen dadurch nur Gewinn in Aussicht steht, ganz unbeschränkt. Zu Geschäften der letztern Art bedürfen sie der Einwilligung ihres gesetzlichen Vertreters, in deren Ermangelung der Vertrag zwar giltig, die Wirksamkeit desselben aber von der Genehmigung des Vertreters, oder nach Wegfall des Hindernisses der vollen Handlungsfähigkeit des früher hierin Beschränkten von seiner eigenen Genehmigung

abhängig ist. Die Bestimmungen des deutschen Entwurfs §§ 64 flg. beruhen im Wesentlichen auf gleichen Gesichtspunkten (Mot. I. 131 flg.); jedoch hat derselbe für die Fälle, wo dritte Personen gegenüber einem Handlungsunfähigen oder beschränkt Handlungsfähigen ein Rechtsgeschäft ohne dessen Zuthun errichten, an welchem dieser, weil es auf seine Rechtslage verändernd einwirkt, betheiligt ist, im § 66 bestimmt, daß dasselbe jenem gegenüber unwirksam, für diesen aber nur dann giltig sein soll, wenn es für ihn lediglich lucrative Folgen hat. Dieser Satz ist eine Generalisirung des vom BGB. im § 734, 1 hinsichtlich der Mahnung anerkannten Prinzips.

II. Die Entstehung der natürlichen Persönlichkeit.

§ 11.

I. In Bezug auf die vom BGB. in §§ 32, 1 u. 33 in Uebereinstimmung mit dem gemeinen Recht aufgestellten Voraussetzungen des Beginns der die Rechtsfähigkeit begründenden natürlichen Persönlichkeit (Windscheid, § 52) sind folgende Bestimmungen des BGB.'s zu bemerken:

1) Das BGB. § 32, 1 rechnet wie das römische und germanische Recht die besondere Persönlichkeit und Rechtsfähigkeit des lebenden Kindes von dem Augenblicke seiner „Geburt" an. Die gemeinrechtliche Streitfrage, mit welchem Momente die Geburt als vollendet, d. h. die vollständige Trennung von der Mutter als erfolgt anzusehen sei, hat dasselbe in gleicher Weise wie die Bestimmung der Grenze zwischen normaler Körperbildung und Monstrosität als eine der Physiologie angehörige technische Frage der Beurtheilung der ärztlichen Sachverständigen überlassen (spezielle Motive zum BGB. S. 167; vgl. Motive zu Entw. d. deutsch. BGB. I. 28). Mißgeburten und solche Geburten, welche, weil sie nicht ausgereift, d. h. nicht wenigstens bis zum siebenten Monat der Schwangerschaft ausgetragen sind und deshalb der Fähigkeit zur selbständigen Lebensfortsetzung außerhalb des Mutterleibes entbehren (Fehlgeburten [abortus] im Unterschiede von Frühgeburten), als Todtgeborene zu betrachten sind (Windscheid, a. a. O. Not. 8; Wächter, Pand. I. § 40; Dernburg, Pand. I. § 50), gelten als nicht empfangen (§ 32, 3. 33). Das Erforderniß der Lebensfähigkeit (Wächter, Pand. I. § 40, bes. S. 196), d. h. einer solchen physischen Beschaffenheit des Geborenen, daß es so lange im Mutterleibe gelebt hat, als nöthig ist, um zur selbstständigen Fortsetzung den mütterlichen Leib entbehren zu können, wird im BGB. nicht hervorgehoben; es ist aber insoweit als anerkannt anzusehen, als ein unreifer, d. h. vor dem siebenten Monate der Schwangerschaft geborener Fötus (Fehlgeburt, abortus), welcher aus diesem Grunde unfähig ist, außerhalb der Mutter zu leben, auch wenn bei seiner Geburt

sich Lebenssymptome gezeigt haben sollten, doch als todtgeboren und deshalb der Rechtsfähigkeit nicht theilhaftig zu betrachten ist (§ 32, 3). Unter der Voraussetzung aber, daß das geborene Wesen nicht als unreife Frühgeburt zur Welt gekommen, hat der § 34 im Einklang mit anderen deutschen Gesetzgebungen für den Fall eines Zweifels darüber, ob ein Kind lebendig oder todt geboren worden sei, eine rechtliche Vermuthung dafür aufgestellt, daß es, wenn seine Geburt erwiesen, zur Zeit derselben auch wirklich gelebt habe. Der Entwurf des deutschen BGB.'s hat aus praktischen Gründen sowohl von der Aufstellung des Erfordernisses der Lebensfähigkeit, als von dem des Nichtvorhandenseins der Monstrosität abgesehen (Motive I. 28).

2) Die Bestimmung in § 32, 2, welche den Zweck hat, den erst empfangenen noch ungeborenen Menschen in seinen denkbaren privatrechtlichen Interessen für den Fall, daß er später lebend zur Welt kommt, zu schützen, entspricht ihrem Sinne nach der römischen Rechtsparömie „nasciturus pro jam nato habetur quotiens de ejus commodis agitur“ (Windscheid § 52). Der deutsche Entwurf hat einen solchen Satz nicht aufgenommen, weil derselbe vielfach angefochten und die Versuche, ihn zutreffend zu beschränken, bisher mißlungen seien. Man hat ihm bei den betreffenden Lehren gerecht zu werden versucht (Motive I. 29).

II. In manchen Fällen muß gesetzlicher Vorschrift zufolge ermittelt werden, wie lange das Leben eines Menschen präsumtiv dauern werde, oder wie lange es präsumtiv gedauert haben würde, wenn er nicht vorher auf unnatürliche Weise umgekommen wäre. Die hierüber von Ulpian in l. 68 pr. D. 35, 2 zur Veranschlagung des Werthes von Rechten, welche dem Berechtigten auf Lebenszeit zugewendet sind, zum Zwecke der Berechnung der falcidischen Quart aufgestellten Grundsätze (Windscheid, § 652 Note 34) haben sich neueren statistischen Erhebungen zufolge für die Gegenwart nicht mehr als zutreffend erwiesen (Meisel, Ztschr. 1850, S. 45 flg.). Das BGB. hat daher im § 35 für die Beurtheilung solcher Rechtsverhältnisse, bei welchen die Ermittelung des Werthbetrages lebenslänglicher Bezüge der Berechtigten in Frage kommt (z. B. §§ 1492. 2449. 2591; Reichs-Haftpflichtgesetz vom 7. Juni 1871; Sächs. Subhastationsordnung vom 15. August 1884 § 6 Abs. 2; dazu Schurig, Kommentar, S. 55—58 unter Nr. 7), eine den durchschnittlichen Mortalitätsverhältnissen der Gegenwart mehr entsprechende Tabelle über die wahrscheinliche menschliche Lebensdauer aufgestellt, und zwar soll diese nicht bloß im erbrechtlichen, sondern überhaupt in allen Rechtsverhältnissen, wo etwas auf die muthmaßliche Lebensdauer ankommt, zur Anwendung kommen (Langenn und Kori, Erörterungen praktischer Rechtsfragen III. S. 103; ROHG. 11, 441). Anders der deutsche Entwurf nach Mot. I. 32.

III. Die Endigung der Persönlichkeit.

§ 12.

Den Beweis des Todes oder des zu einem bestimmten Zeitpunkt erfolgten Todes einer Person, welchen in der Regel derjenige zu führen hat, der daraus Rechte herleitet, hat das sächsische Recht wegen der häufigen großen Schwierigkeiten desselben durch gesetzliche Bestimmungen theils erleichtert, theils gänzlich erlassen.

I. Die Beweiserleichterungen, welche 1) in Fällen einer gewaltsamen die Beweisführung erschwerenden Todesart die älteren sächsischen Gesetze (Reskript vom 26. Juli 1703 u. vom 12. Juni 1815) gewährten, um einem überlebenden Ehegatten die anderweite Verehelichung möglich zu machen (§ 1708) und welche das BGB. unberührt ließ, haben durch die Bestimmungen des Reichsgesetzes vom 6. Februar 1875 über die Eheschließung ihre praktische Bedeutung verloren; 2) hat das BGB. § 45 die durch § 118 des Erbfolge-Mandates für die Intestaterbfolge aufgestellte singuläre Todespräsumtion wegen hohen (90jähr.) Alters in der Art erweitert, daß, wenn bei concurrirenden Ansprüchen Mehrerer auf dasselbe Recht der Anspruch des Einen überhaupt oder seinem Umfange nach von der Existenz des Andern abhängt (vgl. §§ 2295—2297), dieser als weggefallen angesehen werden soll, wenn er das neunzigste Jahr erfüllt hat und sein Leben ungewiß ist. — Die römisch-rechtliche sog. Commorienten-Präsumtion hat das BGB. in § 2007, 2 beseitigt.

II. Ersetzt wird der Beweis des Todes dadurch, daß die gesetzlichen Gründe zur Vermuthung seines erfolgten Eintrittes und zur Beantragung richterlicher Todeserklärung vorhanden sind.

Das Institut der gerichtlichen Todeserklärung ist in den sächsischen Ländern in einer für die gesammte deutsche Rechtsentwickelung einflußreichen Weise durch Gesetzgebung (Mandat über Edictalcitationen in Civilsachen extra concursum vom 13. Novbr. 1779 und Mandat von demselben Tage über die Verkürzung der curae absentium, sowie Befehl vom 16. Juni 1790) und durch Gerichtsgebrauch ausgebildet worden. (Bruns in Jahrb. des gemeinen Rechts 1, 157.) Im Unterschiede von dem gemeinen Rechte, welches die Vermuthung, daß ein Verschollener nach Erreichung des siebzigsten Lebensjahres nicht mehr am Leben sei, nach dessen öffentlichem Aufgebot und nach gerichtlicher Todeserklärung in Wirksamkeit treten läßt, knüpfte das bisherige sächsische Recht zunächst nicht an das Lebensalter des Verschollenen, sondern an die Dauer der nachrichtslosen Abwesenheit an und ließ nach Ablauf der gesetzten Frist Todeserklärung durch gerichtliches Urtheil eintreten. Das Lebensalter wurde nur insofern berücksichtigt, als die Abwesenheitsfrist gekürzt wurde, wenn der Verschollene vor oder nach dem Beginn der nachrichtslosen Abwesenheit ein gewisses Alter erreicht hat oder erreicht haben würde (vgl. Mand. weg. curae absent.). Das BGB. §§ 37—44 hat sich an die Grundsätze des bisherigen Rechtes mit einigen wenigen Aenderungen angeschlossen. (Ebenso der deutsche Entw. §§ 5—24; Motive I. 33 flg.). Was das beim Aufgebot eines Verschollenen einzuhaltende prozessualische Verfahren betrifft, so haben sich die bisher bestandenen partikularrechtlichen Bestimmungen hierüber durch die Vorschriften der RCPO. §§ 823 flg. erledigt. Die Fälle aber, in welchen das gerichtliche Aufgebotsverfahren zulässig ist, ingleichen die Frage, von wem und unter welchen Voraussetzungen es beantragt werden kann, endlich die Nachtheile, welche die Nichtanmeldung des Gesuchten nach sich ziehen, bestimmen sich (Motive zu § 823 der RCPO.) nach wie vor nach den Landesgesetzen.

1) Die Voraussetzungen der Todespräsumtion sind nach dem BGB. folgende:

a) Der in nachrichtsloser Abwesenheit sich befindende muß sächsischer Staatsangehöriger sein.[1] Als verschollen gilt er erst, wenn seit seinem Verschwinden, d. h. seit der letzten Nachricht von seinem Leben und Aufenthalt und, wenn dieses in seine Minderjährigkeit fällt, vom Zeitpunkt seiner Großjährigkeit an 20 Jahre,[2] wenn er aber vor seinem Verschwinden oder während seiner Abwesenheit das 70. Jahr erfüllte oder sich in einer besonders dringenden Todesgefahr (im Kriege oder auf einem untergegangenen Schiffe) befunden hat, seitdem ein Zeitraum von fünf Jahren verflossen ist (§§ 38—41). Nach der singulären Bestimmung des infolge des letzten französischen Krieges erlassenen Spezialgesetzes vom 25. Juni 1874 tritt hinsichtlich derjenigen, welche als Soldaten oder in einem anderen Amts- oder Dienstverhältnisse bei der bewaffneten Macht am letzten Krieg gegen Frankreich theilgenommen haben, wenn sie infolge des Krieges vermißt werden, die Todespräsumtion noch früher als nach § 40 des BGB.'s, nämlich schon dann ein, wenn seit dem Friedensschluß keine Nachricht von ihnen eingegangen ist. Als Todestag für solche Vermißte gilt nach §§ 1 und 2 des Gesetzes vom 25. Juni 1874 der 30. Juli 1871.

b) Es muß ein Antrag auf Todeserklärung von einem Betheiligten (§ 42) gestellt sein. Als Betheiligte betrachtet die Praxis nur die Erben oder Ehegatten des Abwesenden, nicht aber den Abwesenheitsvormund desselben (OAGA. Zweite F. 6, 339; WA. 1878, 302). (Zum Theil abweichend der deutsche Entwurf § 11.)

---

[1] Nach dem deutschen Entwurf § 5 muß er ein Deutscher sein.

[2] Der deutsche Entwurf hat den Zeitraum nachrichtsloser Abwesenheit (in Uebereinstimmung mit Preußen, Bayern und andern Staaten) auf 10 Jahre festgesetzt und eingehende Bestimmungen über die Voraussetzungen des Eintritts der Verschollenheit nur für die Kriegs- und Seeverschollenheit festgesetzt (§§ 6—8).

c) Es muß durch ein richterliches rechtskräftiges Erkenntniß die Todeserklärung ausgesprochen werden (§ 43, 1). Diesem hat nach einer seit der zweiten Hälfte des vorigen Jahrhunderts ziemlich konstanten sächsischen Praxis ein gerichtliches Aufgebotsverfahren, welches sich jetzt nach der RCPO. regelt, voraufzugehen. (Ebenso der deutsche Entw. § 10, 1.)

Die gemeinrechtliche Streitfrage, mit welchem Momente die Todespräsumtion beginne, also der Tod als eingetreten zu betrachten sei (Windscheid, I. § 53), ob erst von der Rechtskraft der Sentenz an, oder schon mit Ablauf der Verschollenheitsfrist, hat das BGB. § 43, 2 im Sinne der letzteren Alternative entschieden. (Abw. der deutsche Entw. § 21, Mot. I. 47).

2) Die Wirkung der gerichtlichen Todeserklärung besteht in der Begründung einer einfachen, den Gegenbeweis zulassenden Rechtsvermuthung für den erfolgten Tod des Verschollenen (§ 44; ebenso deutscher Entw. § 21). Bis zu dem präsumtiven Todestage wird nach der von der romanistischen Lebenspräsumtion beeinflußten sächsischen Rechtsanschauung der Verschollene als lebend behandelt (arg. § 37). Hieraus ergiebt sich:

a) Der Präclusiveffekt, welcher nach älterem Recht, wenn der für gestorben Erklärte nicht binnen Jahresfrist seit der Urtheilsverkündigung zurückkehrte, mit der Wirkung einer praesumptio juris et de jure sich anknüpfte, ist durch das BGB. beseitigt. Nach dem jetzigen Rechtszustand tritt der zurückgekehrte Verschollene in seine vermögens- und familienrechtlichen Verhältnisse (vgl. §§ 1709. 1710) wieder ein. Es kann deshalb derjenige, dem das Vermögen des Verschollenen ausgeantwortet wurde, hinterher immer noch in die Lage kommen, dasselbe wieder herausgeben zu müssen. Er hat in diesem Falle die Rechte eines bonae fidei possessor. Dispositionsakte und Rechtsgeschäfte, welche zwischen ihm und dritten Personen in Bezug auf dieses Vermögen in der Zwischenzeit vorgenommen sind, unterliegen in ihren rechtlichen Wirkungen analogen Grundsätzen, wie sie für solche Rechtsakte nach § 2322 gelten, wenn sie zwischen gutgläubigen Dritten und einem Erben vorgefallen sind, der sich gehörig als solcher legitimirt hat, aber einem später auftretenden Erben hat weichen müssen, d. h. sie haben auch diesem gegenüber Giltigkeit. (Im Prinzip übereinst. dtsch. Entw. §§ 2089. 2090, 2077; OAGA. NF. 3, 461.)

b) Bis zum präsumtiven Todestage besteht ein dem Verschollenen zustehendes Nießbrauchsrecht, ebenso dauert die für ihn angelegte Abwesenheitsvormundschaft fort und es können ihm bis dahin auch Erbschaften anfallen und von seinem Vertreter angenommen werden (§§ 656. 1990. 1993).

c) Die Erbberechtigung desjenigen, an welchen eine dem Verschollenen deferirte Erbschaft nach dessen Wegfall gelangt, fällt diesem erst mit dem

Zeitpunkt der in Kraft tretenden Todespräsumtion an, wird also nicht auf den Zeitpunkt des Beginns der Verschollenheit zurückbezogen.

IV. Einfluß besonderer Zustände auf die privatrechtliche Stellung der Personen, insbesondere ihre Rechts- und Handlungsfähigkeit.

1. Natürliche Zustände.

§ 13.

I. Das Geschlecht. Die Geschlechtsverschiedenheit hat jetzt nicht mehr die Bedeutung für die Rechtsverhältnisse der Personen, welche ihr nach früherem sächsischen Recht (Haubold § 153) zu Ungunsten der Frauenspersonen unter dem Einflusse der erst durch Gesetz vom 10. Nov. 1828, bez. 18. Januar 1838 aufgehobenen Geschlechtsvormundschaft zukam. Der Grundsatz der Gleichstellung beider Geschlechter gilt jetzt als Regel. Aber dennoch sind die privatrechtlichen Wirkungen des Geschlechtsunterschiedes nicht gänzlich beseitigt. Als eine Nachwirkung der ehemaligen Geschlechtsvormundschaft erscheinen diejenigen Beschränkungen, welche durch die Ehe für die Ehefrau aus dem Gesichtspunkt der ehelichen Vormundschaft (Gerber, § 245; Stobbe, d. PR. IV. § 215) in Bezug auf Handlungs- und Verpflichtungsfähigkeit eintreten (§§ 1638. 1640. 1642). Andere Aeußerungen privatrechtlicher Zurücksetzung der Frauen haben ihren Grund in Rücksichten auf die eigenthümliche Natur beider Geschlechter und auf Schicklichkeit und Sitte. Daher ihre regelmäßige Unfähigkeit zur Ausübung gewisser öffentlicher Functionen, zur Vormundschaftsführung, zum Solemnitätszeugniß bei Testamentserrichtung (§§ 1885. 2103. 2113) und zur Uebernahme des Schiedsrichteramts (§ 1419, jetzt modificirt durch RCPO. § 858 Abs. 3), daher ferner ihre Sicherung gegen die Gefahren privatrechtlicher Selbständigkeit durch gesetzliche Maßnahmen, insbesondere durch das Erforderniß gerichtlicher Form für die giltige Eingehung gewisser Rechtsgeschäfte, namentlich der Intercessionen der Ehefrauen für ihre Ehegatten (§ 1650). In Fällen geschlechtlicher Mißbildung soll, wenn dadurch das Geschlecht des Individuums zweifelhaft wird, nach der dem römischen Recht (l. 10 D. 1, 5) entsprechenden Bestimmung in § 46, 2 der „Zwitter“ dem überwiegenden Geschlechte beigezählt werden.

II. Das Alter. Von rechtlicher Bedeutung für die Handlungsfähigkeit sind nach dem BGB. folgende Altersstufen:

1) Die Periode der rechtlichen Selbstständigkeit, Volljährigkeit, d. i. der vollen juristischen Handlungsfähigkeit. Diese beginnt nach einem altsächsischen Rechtssatze (Sachsenspiegel, I. Buch, Art. 42), welcher seit 1. Januar 1876 durch das Reichsgesetz vom 17. Febr. 1875 gemeines

Recht Deutschlands geworden ist, mit dem erfüllten 21. Lebensjahr. Diejenigen, welche diese Altersstufe noch nicht erreicht haben, heißen nach dem Sprachgebrauche des Gesetzbuchs, wenn sie das Kindesalter überschritten haben, Minderjährige (§ 47). Es kann jedoch die an die Erfüllung dieser Altersstufe geknüpfte rechtliche Selbstständigkeit auch schon früher, und zwar (abweichend von dem römischen Rechte) ohne Rücksicht auf das Geschlecht, mit dem 18. Lebensjahre im Wege landesherrlicher Concession erlangt werden (venia aetatis, 1967 flg.; Verordnung vom 3. Aug. 1868 unter Nr. 6).

2) Innerhalb der Periode der rechtlichen Unselbstständigkeit (Minderjährigkeit) werden vom BGB. zwei Altersstufen unterschieden:

a) das Kindesalter, d. i. der (wie nach gemeinem Rechte) bis zum vollendeten siebenten Lebensjahre sich erstreckende Zeitraum, für welchen wegen des noch unausgebildeten Willensvermögens der auf dieser Stufe sich Befindenden (nach der Terminologie des BGB.'s „der im Kindesalter Stehenden") die Willensfähigkeit und daher sowohl die Geschäftsfähigkeit (§§ 81, 1. 89. 786. 787), als die Delictsfähigkeit (§§ 81, 1. 116. 119) verneint wird, und zwar die erstere auch hinsichtlich der (römisch-rechtlich in dem Falle der l. 3 C. 7, 32 anerkannten) Möglichkeit des Besitzerwerbes durch eigne Handlungen (§ 193, 2);

b) die zwischen dem vollendeten Kindesalter und der erreichten Volljährigkeit in der Mitte liegende Lebensperiode beschränkter Handlungsfähigkeit, in welcher, der vorhandenen Willensfähigkeit ungeachtet, die geistige Entwickelung die gehörige Reife, den normalen Grad der Besonnenheit und Einsicht in die Lebensverhältnisse noch nicht völlig erreicht und deshalb eine fürsorgliche Beschränkung des selbständigen Auftretens im Rechtsverkehr geboten ist. Die in diesem Alter Befindlichen können, wie die impuberes infantia majores des römischen Rechts (pr. J. 1, 21) selbständig, ohne Mitwirkung ihres gesetzlichen Vertreters (§§ 1821. 1910. 1911), nur solche zweiseitige Rechtsgeschäfte mit rechtlichem Erfolg vornehmen, wodurch sie lediglich Rechte erwerben oder von Verbindlichkeiten befreit werden (s. § 10. II, 3). Geschäfte, welche diesen Charakter nicht haben, sondern Verpflichtungen für sie begründen, sind, wenn sie dieselben ohne Zustimmung ihres Vertreters eingehen, zu ihren Gunsten nur dergestalt wirksam, daß sie für den, welchem sie sich verpflichtet haben, obwohl er gebunden ist, keinen Erfüllungsanspruch begründen, ihnen selbst aber nach erlangter Handlungsfähigkeit oder schon vorher ihrem gesetzlichen Vertreter die Befugniß geben, dieselben durch Genehmigung mit rückwirkender Kraft als für sich verbindlich anzuerkennen oder durch Verweigerung der Genehmigung für nichtig zu erklären. Als eine das Rücktrittsrecht begründende Verweigerung der Genehmigung gilt es für den anderen Vertragschließenden, wenn ihm ungeachtet einer von ihm an den andern Theil bez. an dessen Vertreter erlassenen Aufforderung innerhalb einer dreißigtägigen Frist eine bestimmte Erklärung nicht zukommt (§ 787; Windscheid § 82, 8. § 321, 23). Die nach dem gemeinen Recht für den Grad der Handlungs- und Verpflichtungsfähigkeit der Minderjährigen bedeutsame Alterszwischenstufe der puberes und impuberes kennt das BGB. nicht mehr als eine Altersstufe von durchgreifender Bedeutung. Es räumt aber ausnahmsweise auch noch nicht volljährigen, in ihrer Handlungsfähigkeit beschränkten Personen, wenn sie gewisse Zwischenstufen zwischen Kindesalter und Großjährigkeit (bez. 14. 16. 18. 20 J.) erreicht haben, eine erweiterte Fähigkeit zum wirksamen juristischen Handeln in gewissen Rechtsverhältnissen (Siebenhaar, Lehrb. § 26 [6]) ein (BGB. §§ 787. 193. 689. 119. 776. 1914. 2076. 1804. 1785. 1794. 1570. 1589. 1968. 2113). Insbesondere sind Minderjährige, welche das Kindesalter überschritten haben, deliktsfähig, indem sie für den von ihnen durch unerlaubte Handlungen angerichteten, nicht bloß als zufälligen sich darstellenden Schaden nach allgemeinen Grundsätzen haftpflichtig sind (arg. § 1824 verb. m. § 47 u. § 81, 1—2).

Außerdem ist durch besondere Bestimmungen in einzelnen sächsischen Gesetzen (namentlich in der Gesindeordnung vom 10. Jan. 1835 §§ 9—11, im Berggesetz vom 17. Juni 1868) ausnahmsweise den unter Vormundschaft oder in väterlicher Gewalt stehenden Minderjährigen die selbständige Abschließung gewisser Dienst- und Arbeitsverträge gestattet. Inwiefern zufolge reichsgesetzlicher Bestimmungen in einzelnen Beziehungen auf dem Gebiete des Strafrechts, des Eheschließungsrechtes, des Rechtes zur Verwendung jüngerer Personen zu gewerblicher Beschäftigung gewisse, zwischen dem Kindesalter und der Großjährigkeit liegende Altersstufen von privatrechtlicher Bedeutung sind, darüber vgl. namentlich RGew.O. vom 1. Juli 1883 § 135 und Mandry, civilrechtlicher Inhalt der Reichsgesetze S. 4 u. flg.

III. Den Einfluß, welchen der körperliche und geistige Gesundheitszustand eines Menschen auf seine Privatrechtsverhältnisse zu äußern vermag, knüpft auch das BGB. an gewisse körperliche Gebrechen und an die den normalen Vernunftgebrauch ausschließenden Störungen des Geisteslebens („Geistesgebrechen"). Worin im Einzelnen diese Einwirkungen bestehen, wird passender bei den einschlagenden Lehren erörtert (vgl. vorläufig §§ 81. 193. 1592. 1595. 1624. 1742. 1743. 1981. 1982. 2069—2071. 2095. 2098. 2102. 2203). Die Möglichkeit der Berücksichtigung sog. lichter Zwischenzustände (dilucida intervalla), wie sie bei intermittirenden Geisteskrankheiten vorkommen, und während welcher der die Handlungsfähigkeit Geisteskranker ausschließende Zustand als nicht vorhanden angesehen wird, war in prinzipieller Uebereinstimmung mit dem gemeinen Rechte (l. 2 C. 4, 38. l. 9 C. 6, 22) im bisherigen sächsischen Rechte mit der Beschränkung anerkannt, daß solche Personen bei einer vorgängigen richterlichen bez. gerichtsärztlichen Untersuchung ihres Geisteszustandes im Besitze ihres Vernunftgebrauches befunden würden. Das zur Ergänzung des § 81 des BGB.'s ergangene, die Entmündigung (CPO. § 593 flg.) und die Bevormundung Geisteskranker rc. betr. Gesetz vom 20. Februar 1882 Nr. I. III erklärt alle wegen Geisteskrankheit Entmündigte für handlungsunfähig im Sinne des § 81 des BGB.'s, ohne dabei auf dilucida intervalla Rücksicht zu nehmen, und hebt außerdem (III) die im § 2069 des BGB.'s in Ansehung der letztwilligen Verfügungen besonders anerkannte Möglichkeit der Berücksichtigung lichter Zwischenzustände ausdrücklich auf. Hiermit ist die Annahme begründet, daß wenn Entmündigung wegen Geisteskrankheit eintritt, durch den bezüglichen Richterspruch nicht nur der die Handlungsunfähigkeit bedingende thatsächliche Zustand klar gestellt, sondern auch im Interesse der Rechtssicherheit an die Entmündigung der Ausschluß der Berücksichtigung sog. dilucida intervalla sowohl bei Rechtsgeschäften unter Lebenden als von Todes wegen als Wirkung geknüpft sein solle.

IV. In Ansehung der Begriffe Verwandtschaft und Schwägerschaft, sowie der verschiedenen Arten derselben und ihrer Gradberechnung folgt das BGB. unter Ablehnung der nach dem früheren Rechte noch für die Berechnung der Seitenverwandtschaft in eherechtlicher Beziehung gegoltenen, sog. kanonischen Computationsweise (Schmidt I. S. 61; Curtius, I. § 72 [e]) im Wesentlichen den römisch-rechtlichen Grundsätzen. Vgl. §§ 48—50 mit 2020. 2032.

2. Sittliche und religiöse Zustände.

§ 14.

I. Die bürgerliche Ehre. Der durch die sittliche Integrität bedingte Anspruch der Person auf den Vollgenuß der Achtung, welche der Staat ihr dadurch zollt, daß er sie in Rechten und Pflichten den übrigen Genossen der bürgerlichen Gesellschaft gleichstellt, äußerte nach älterem Rechte einen wesentlichen Einfluß auf die Privatrechtsfähigkeit des Menschen, indem sowohl das römische als das deutsche und sächsische Recht (Schott, inst. p. 126 flg.) an gewisse Verbrechen, Vergehen und unsittliche Handlungs- und Lebensweisen die Entziehung oder Schmälerung der vollen Ehrenhaftigkeit und den Eintritt bestimmter unmittelbarer oder mittelbarer Rechtsnachtheile anknüpfte.

1) Den Verlust der Ehre (Ehrlosigkeit) kannte das ältere sächsische Recht nur entweder als besondere Strafe oder als die Folge einer anderen Strafe, ließ sie aber in beiden Fällen nur auf Grund eines hierauf gerichteten richterlichen Erkenntnisses eintreten (Hommel, rhaps. obs. 210

reg. 7; Curtius, I. §§ 206. 207). Allein die Infamie im Sinne des gemeinen Rechts wurde bereits in Folge der Strafgesetzgebung vom 30. März 1838, welche für keines der nach ihr strafbaren Verbrechen die Infamie als Strafe festsetzte, beseitigt (Haubold § 113).

2) Nach dem gegenwärtigen, durch das deutsche Strafgesetzbuch geschaffenen Rechtszustande ist der Verlust der bürgerlichen Ehrenrechte in einer auf germanischen Rechtsanschauungen beruhenden, mit der römischen Strafe der Infamie unvereinbaren Weise geregelt und hierdurch, wie schon nach dem früheren sächsischen Rechte diese Strafe völlig beseitigt. Es kennt Ehrenstrafen nur noch als verstärkende Zusätze zu gewissen Hauptstrafen (sog. Nebenstrafen), auf welche in der Regel nur in Verbindung mit anderen Strafen erkannt werden kann (Berner, deutsch. Strfr. § 117; Binding, Grundr. § 73). Hiernach ist Verlust der bürgerlichen Ehrenrechte Zusatzstrafe für strafbare Handlungen, welche sich nicht mehr ipso jure mit gewissen Hauptstrafen verknüpft, sondern durch den Richter in jedem Einzelfalle nach seinem in gewisse Grenzen eingeschlossenen Ermessen durch strafrichterliches Urtheil besonders ausgesprochen werden muß. Diese Aberkennung ist nur bei einigen Vergehen obligatorisch (StGB. §§ 161. 181 u. 302 d), bei anderen fakultativ (StGB. § 32, 1). Bei Verurtheilung zur Todesstrafe oder lebenswieriger Zuchthausstrafe kann sie auf Lebenszeit, sonst nur auf kürzere Zeit innerhalb der gesetzlichen Maximalgrenzen erfolgen (§ 32, 2 u. 36).

Die Hauptwirkungen, welche sich an den Verlust und die Minderung der bürgerlichen Ehrenrechte kraft Strafurtheiles anknüpfen, äußern sich auf dem öffentlich-rechtlichen Gebiete, aber nicht immer in gleichem Umfange, indem an Verurtheilung zur Zuchthausstrafe und Gefängnißstrafe auch eine nicht alle, sondern nur einzelne Ehrenrechte ergreifende Ehrenminderung sich anknüpfen kann (StGB. §§ 31. 33. 34 Nr. 1—4. 35; Milit.StGB. §§ 15. 31. 42; Binding a. a. O. § 80 bes. II; Berner, § 118 Nr. 3). Die Verhältnisse des Privatrechts berührt der Verlust der bürgerlichen Ehrenrechte in Bezug auf die Fähigkeit zur Sollennitätszeugschaft bei Aufnahme von Urkunden (vgl. § 34 unter 5 mit BGB. § 2102), zur Uebernahme von Vormundschaften (vgl. § 34 unter 6 mit BGB. § 1885) und nach reichsgesetzlicher Bestimmung (Genoss.-G. vom 4. Juli 1868 § 38; RGew.O. vom 21. Juni 1869 §§ 83. 86) in Bezug auf das Theilnahme- und Stimmrecht bei eingetragenen wirthschaftlichen Genossenschaften und bei Innungen. — Die Ehrenminderung, welche sich ehedem auch in Sachsen an die uneheliche Geburt wegen der damit verbundenen Anrüchigkeit anknüpfte und für die damit behafteten Personen mehrfache Zurücksetzungen im Vollgenuß der bürgerlichen Rechte zur Folge hatte (Schott, inst. p. 128 § 3 unter b; Curtius, I. § 209) ist bereits durch das Mandat vom 23. März 1831, welches sie rücksichtlich der bürgerlichen und Ehrenverhältnisse den ehelich Geborenen gleichstellte, beseitigt worden.

Die Bestimmung im § 1740, nach welcher die wegen einer vorsätzlichen strafbaren Handlung erfolgte Verurtheilung eines Ehegatten zu einer mindestens dreijährigen Freiheitsstrafe für den unschuldigen Theil ein Scheidungsgrund sein soll, beruht nicht unbedingt auf dem Gesichtspunkt der dadurch bewirkten Ehrenminderung (vgl. z. B. StGB. § 205 flg. verb. m. § 32), sondern auf anderen dem sittlichen Wesen der Ehe entlehnten Motiven. (S. deutsch. Entw. Mot. IV. 576.)

3) Die von der Ehrenminderung kraft Strafurtheils verschiedene **Verächtlichkeit** (turpitudo), d. h. der durch schimpfliche Lebens- oder Handlungsweise hervorgerufene Mangel der vollen sittlichen Unbescholtenheit und socialen Achtung und die dadurch entstehende Minderung des öffentlichen Vertrauens kann zwar von Einfluß sein in Verhältnissen, wo Unbescholtenheit eines Individuums durch eine rechtsgeschäftliche Verfügung zur Voraussetzung des Eintrittes von gewissen Rechtswirkungen gemacht ist oder wo nach gesetzlicher Vorschrift (BGB. § 1381; Gesindeordnung vom 7. März 1835 § 96, 7; RGew.O. § 123 Nr. 1—2; HGB. Art. 64, 6) der Mangel dieser Eigenschaft zur sofortigen einseitigen Lösung von Vertragsverhältnissen berechtigt, oder wo es für die richterliche Beurtheilung auf die freie Würdigung der Ehrenhaftigkeit und Vertrauenswürdigkeit ankommt. Allein eine allgemeine privatrechtliche Zurücksetzung bewirkt sie nicht mehr, zumal das sächsische Recht den Fall, in welchem eine solche nach gemeinem Rechte (in Bezug auf den Pflichttheil) eintrat (l. 27 C. 3. 28), nicht mehr kennt.

II. Die Verschiedenheit des **christlich-religiösen Bekenntnisses** begründete schon vor der Verf.Urkunde v. 4. Septbr. 1831 § 33 für die Mitglieder der bis dahin aufgenommenen christlichen Kirchengesellschaften (**Schmidt**, Vorl. I. § 20 A) in Sachsen keinen Unterschied im Genusse der bürgerlichen Rechte. Seitdem erlangten auch die Deutsch-Katholiken durch das Gesetz vom 2. November 1848 und die bestätigten Statuten vom 21. Februar 1849 und vom 17. Septbr. 1859 die Rechte einer anerkannten christlichen Religionsgenossenschaft, und das sog. Dissidentengesetz vom 20. Juni 1870 entzog auch den mit dem impedimentum mixtae religionis und ex disparitate cultus zusammenhängende Vorschriften des BGB.'s ihre praktische Bedeutung. Die mannigfachen privatrechtlichen Beschränkungen insbesondere, welchen noch bis in die neuere Zeit die **Israeliten** in Sachsen unterworfen waren (**Schmidt** a. a. O. unter B), sind infolge der durch die Reichsgesetzgebung (vgl. Gesetz über Freizügigkeit vom 1. Novbr. 1867 § 1 Abs. 1—3 und dazu sächs. Ausf.VO. vom 5. Juli 1867 §§ 6—7, sowie Gesetz betr. die Gleichberechtigung der Confessionen vom 3. Juli 1869; vgl. auch Personenstandsgesetz vom 6. Febr. 1875 §§ 39. 76) zur Durchführung gelangten Grundsätze weggefallen.

V. Die juristischen Personen.

1. Allgemeines, Begriff und Arten.

§ 15.

Die für die juristischen Personen und insbesondere für die praktisch bedeutsamste Art derselben, die korporativen Personenvereine geltenden Rechtsnormen beruhen theils auf reichsgesetzlichen Bestimmungen theils auf den landesgesetzlichen Vorschriften des bürgerlichen Gesetzbuchs theils auf den zu dessen Ergänzung und weiterer Ausführung bestimmten sächsischen Specialgesetzen vom 15. Juni 1868 und vom 25. März 1874 nebst Ausf.VO. vom 23. Juli 1868 u. 25. März 1874.

I. Die Reichsgesetzgebung ist auf diesem Gebiete besonders fruchtbar gewesen. Sie hat in verschiedener Weise und aus verschiedenen Motiven juristische Personen entweder unmittelbar in's Leben gerufen, wie z. B. die Persönlichkeit des Reiches (arg. Ges. v. 25. Mai 1873 § 1 u. 12) und die Reichsbank (Ges. v. 14. März 1875 § 12); oder gewissen, dem öffentlichen Rechte angehörigen socialen Vereinigungen (z. B. den Krankenkassen, Berufsgenossenschaften, neueren Innungen, gewerblichen Hilfskassen, sowie den für Erwerbszwecke gebildeten Aktiengesellschaften und gewissen, zu ähnlichen Zwecken geeinigten Genossenschaften) das Recht verliehen, durch Erfüllung gewisser gesetzlicher Erfordernisse (sog. Normativbestimmungen) den Anspruch auf Anerkennung als juristische Person zu erlangen.

II. Das bürgerliche Gesetzbuch hat in dem mit „juristische Personen" rubrizirten Abschnitte, ohne eine Begriffsbestimmung derselben aufzustellen, das Recht der Persönlichkeit beigelegt: dem Staate (als der historisch gegebenen Ursprungsform dieses Begriffes), sowie denjenigen Personenvereinen, Anstalten und Vermögensmassen, welche vom Staate als juristische Personen anerkannt sind (§ 52, 1). Als den diesen Arten der juristischen Personen charakteristischen Inhalt bezeichnet es die ihnen inwohnende Fähigkeit, als solche selbständig Vermögensrechte und Vermögenspflichten zu haben. Es setzt also das Wesen der juristischen Persönlichkeit im Einklang mit der gemeinrechtlichen Doctrin (Windscheid, § 57, Note 1; Dernburg, Pand. § 65) in die selbständige Vermögensfähigkeit.

1) Diese Gliederung weist unverkennbar auf die in der romanistischen Doctrin übliche Unterscheidung von universitates personarum (Körperschaften, korporative Personenmehrheiten) und universitates bonorum (personificirte Vermögensmassen und Anstalten) hin. Bei beiden Arten wird das Recht der Persönlichkeit (außer dem menschlichen Individuum) mittelst einer logischen Abstraktion an gewisse, auf wirklich existirenden realen Unterlagen beruhende, durch sociales oder wirthschaft-

liches Bedürfniß in's Leben gerufene Organisationen angeknüpft, welche zur Erreichung ihrer bald auf die Förderung öffentlicher Wohlfahrtszwecke, bald auf die Befriedigung privater (ökonomischer oder idealer) Interessen angelegten Ziele eines nach außen hin wirkungsfähigen, einheitlichen Organs als ihres Willensträgers und Verkehrsvermittlers bedürfen. Dieses einheitliche Vertretungsbedürfniß ist ein allgemeines für alle Arten der juristischen Personen, gleichviel ob das reale Substrat derselben eine Mehrheit von einzelnen natürlichen Personen (Personengesammtheit, Korporation) ist, oder ob es auf einer in der Gestalt einer besonderen öffentlichen Einrichtung verkörperten Anstalt mit oder ohne Vermögensattribut (Windscheid § 57; Dernburg § 59), oder auf einer durch Verfügung ihres Urhebers zu einem bestimmten Zwecke gewidmeten, das Recht der Persönlichkeit in sich tragenden, mit selbständiger Verwaltungs- und Verwendungseinrichtung ausgestatteten Vermögensmasse (Stiftung) beruht (Roth, bayer. CR. I. 32; Jhering, Jahrb. 1, 189).

2) Die einzelnen Bestimmungen des Gesetzbuchs sind entschieden romanistisch gefärbt. Sie beschränken sich auf einige allgemeine Sätze. Diese betreffen im Wesentlichen nur die Ersetzung der den juristischen Personen als solchen mangelnden Handlungsfähigkeit durch eine in einem denkenden und wollenden Organe bestehende und zur Berathung und Beschlußfassung über ihre Angelegenheiten geeignete Vertretung (§§ 53 u. 55), ferner den auf dem Prinzip der Sonderung des Privatvermögens der einzelnen Mitglieder von dem Vermögen der Gesammtpersönlichkeit beruhenden Satz, daß die Sonderrechte der einzelnen Genossen weder durch Beschlüsse dieser Vertretung, noch der Mitglieder beeinträchtigt werden dürfen (§ 54), sowie die zur Beschlußfassung der Mitglieder nöthigen Erfordernisse (§ 55), endlich die Gründe der Aufhebung juristischer Personen und die Wirkungen derselben in Bezug auf das Schicksal ihres Vermögens (§§ 56. 57).

Diese allgemeinen Rechtssätze, deren weitere Ausführung und Entwickelung nach der Absicht des Gesetzgebers der künftigen politischen Gesetzgebung überlassen bleiben sollte (vgl. Landt. Mittheil. II. Kammer v. 1866—1868 Bd. 4 S. 3606 flg.), erwiesen sich jedoch nicht als ausreichend, um eine besondere Regelung der privatrechtlichen Stellung jener vielgestaltigen korporativ angelegten Personenvereine entbehrlich zu machen, welche durch den aus dem modernen Wirthschaftsleben erwachsenen Associationstrieb in den mannigfaltigsten Richtungen mit manchen Verschiedenheiten und individuellen Besonderheiten ihres juristischen Thatbestandes geschaffen wurden und bei ihrem wachsenden Einfluß nicht nur auf die Entwickelung des gewerblichen, industriellen und mercantilen Lebens, sondern auch auf die Förderung idealer (religiöser, politischer, geistig-sittlicher) Zwecke die regelnde und schützende Fürsorge der Gesetzgebung in besonderem Grade anregten.

III. Eine legislative Folge hiervon war in Sachsen das Gesetz vom 15. Juni 1868, die juristischen Personen betreffend. Dasselbe bezweckte in erster Linie die rechtliche Regelung der Verhältnisse dieser mit dem zunehmenden Vereinswesen zur Entfaltung gelangten Personenvereinigungen („Genossenschaften"), zu deren Lebensbedingungen in den meisten Fällen ebenfalls ein selbständiger Vermögensbereich gehört, obwohl sie nach ihrer eigenartigen, durch das Verkehrsbedürfniß bedingten inneren Einrichtung sich nicht völlig in den Rahmen der juristischen Personen romanistischen Stils einfügen ließen. Es sollte die Bestimmungen des Gesetzbuchs über juristische Personen zeit- und bedürfnißgemäß ergänzen und weiter ausführen; es stellte sich besonders die Aufgabe, die gewerblichen und wirthschaftlichen Associationen der gedachten Art durch Erleichterung der bisher zur Erlangung der Persönlichkeit nothwendigen Erfordernisse thunlichst zu fördern und ihre privatrechtliche Stellung unter angemessenen Modificationen des romanistischen Prinzips der strengen Sonderung und Selbständigkeit des Korporationsvermögens und des Privatvermögens der einzelnen Genossen auf einer neuen, den Anschauungen und Bedürfnissen des heutigen Verkehrslebens mehr entsprechenden Grundlage zu normiren (Landt. Mittheil. I. K. v. 1866—1868 Bd. 2 S. 1677. 1685). Es umfaßte zugleich die eigentlichen Erwerbsgenossenschaften von nicht geschlossener Mitgliederzahl, unterwarf sie aber eigenthümlichen Bestimmungen, deren praktische Bedeutung infolge der Einführung der deutschen Aktien- und Genossenschaftsgesetzgebung im Wesentlichen aufgehoben wurde. Dagegen schloß es von seinem Anwendungsbereiche aus alle auf dem öffentlichen Rechte beruhenden und diejenigen das öffentliche Recht mit berührenden privaten juristischen Personen, deren Rechtsverhältnisse bereits in besonderen Gesetzen ihre Regelung erhalten hatten, „weil es unthunlich erschien, die privaten Personenvereine mit korporativ angelegtem Charakter und die öffentlich rechtlichen Korporationen bei der Verschiedenheit ihrer Verhältnisse nach gleichen Grundsätzen zu behandeln." Zu den dem Anwendungsbereiche dieses Gesetzes entrückten juristischen Personen gehören folgende:

1) Der Staat als Vermögenssubjekt (Fiskus), d. h. als eine Anstalt, in welcher das Staatsvermögen in seinen privatrechtlichen Beziehungen sich als personificirt darstellt (Windscheid § 57, 3; Dernburg, Pand. I. § 60; Gerber, Grundzüge, S. 1 flg.; Leuthold, sächs. Verw.R. § 9 Anm. 8; vgl. auch Motive z. deutsch. Entw. I. 124). Die gemeinrechtlich dem Fiskus zustehenden zahlreichen Privilegien (Dernburg, Nr. 3—6) sind im sächsischen Rechte erheblich vermindert (vgl. §§ 237. 243. 258. 294. 393. 2618). Der auf einem fiskalischen Specialrecht beruhende, zur Verhütung einer mit einer geordneten Finanzverwaltung unverträglichen „confusio diversorum officiorum" dienende

Rechtssatz in l. 1 C. 4, 31: „compensationi in causa fiscali ita demum locum esse, si eadem statio quid debeat“, ist im § 994, 2 aus Gründen administrativer Zweckmäßigkeit aufrecht erhalten (ebenso im deutschen Entw. § 289, Mot. II. 114).

2) Die Stadt- und Landgemeinden (Städte-Ordn. v. 2. Febr. 1832 § 28; dazu das Publ.Ges. von dems. Tage § 14 verb. m. Rev.StO. v. 24. April 1873 §§ 4 u. 9; Landgem.Ordn. v. 7. Novbr. 1838 § 55 u. § 6 d. rev. LGO. v. 24. April 1873, auch StOrdn. für mittl. Städte v. dems. Dat. Art. I; vgl. Leuthold, sächs. Verw.Rt. § 14 S. 148 flg.).

3) Einige andere, dem Staatsorganismus angehörige communale Verbände, namentlich die Provinzial- und Kreisstände (Verfass.Urk. § 61) und die Bezirksverbände (Ges. v. 21. April 1873 § 1, GVOBl. S. 284).

4) Gewisse, dem Staate zugehörige, von ihm zur Förderung des Gemeinwohles in das Leben gerufene und organisirte und unter seiner Garantie stehende Anstalten und Einrichtungen, welche selbständig funktionirend entweder wie die Landes-Immobiliarbrandversicherungsanstalt die Sicherung der Privatwirthschaft gegen Brandunglück (Gesetz v. 25. Aug. 1876 u. AVO. v. 18. Nov. dess. J. nebst Abänd. im Ges. v. 13. und 18. Oct. 1886 u. AVO. u. Bek. v. 14. 15. 19. Oct. 1886) oder, wie die Landrenten- und Landeskulturrentenbank (Ges. über Errichtung d. Ldrntbk. v. 17. März 1832 § 2 u. 13; Ges. über Erricht. d. LKultur-Rtbk. v. 26. Nov. 1861 § 2) und die Altersrentenbank (Ges. v. 2. Jan. 1879 § 2) bez. die Förderung der Landeskulturinteressen und die freie Entwickelung der landwirthschaftlichen Betriebsamkeit oder die Verschaffung einer gegen bestimmte Einlagen zu erlangenden festen Jahresrente bezwecken.

5) Die Genossenschaften zur Regulirung von Wasserläufen, wenn ihnen die Rechte der juristischen Persönlichkeit ausdrücklich ertheilt sind (Ges. v. 15. Aug. 1855 § 12, 2).

6) Die zum gewerbsmäßigen Betriebe eines Bergwerks sich vereinigenden Berggewerkschaften, unter Voraussetzung der ausdrücklichen staatlichen Genehmigung ihrer Statuten (Berggesetz. v. 16. Juni 1868 § 9), ingleichen die bestehenden Revierknappschaftskassen und diejenigen Unterstützungskassen, deren Statuten genehmigt sind (§ 84, 4 des angef. Ges.); ebenso die Bergbegnadigungsfonds (vgl. AVO. zum allgem. Berggesetz § 166).

7) Solche Schützengesellschaften, welche schon vor dem 1. Febr. 1817 bestanden, oder im Genusse von Schützenbeneficien sich befanden, oder durch ausdrückliche Bestätigung der Staatsregierung als juristische Personen anerkannt waren. (Vgl. Cod. Aug. 3 Forts. I. S. 772; Minist. VO. v. 19. Oct. 1870; Ztschr. 35, 380; Just.Min.Bl. 1870, 40.)

8) Die Kirchengemeinden (Ges. v. 30. Mai 1844 § 1, welches

sie den politischen Gemeinden hinsichtlich der Vertretung in Rechtsstreiten gleich behandelt verb. mit Kirch.- u. Synod.-Ordn. v. 30. März 1868 § 1), ferner die Schulgemeinden (Volksschulgesetz vom 26. April 1873 § 9, 3). Die Universität und die damit verbundenen Stipendien-Anstalten (arg. Mandat v. 4. Juni 1829 § 14 Nr. 4; auch Weber, sächs. Kirchenrecht I. 1, S. 244. 357 [1. Aufl.]).

Die genannten Körperschaften mit juristischer Persönlichkeit stehen, soweit nicht reichsgesetzliche Bestimmungen modificirend eingegriffen haben, unter den von besonderen Landesgesetzen für sie ergangenen Bestimmungen. (Braugenossenschaften, Dissidentenvereine, Vereine zur Unterhaltung von Kinderbewahranstalten und andere als die unter 7 bezeichneten Schützengesellschaften fallen unter das Gesetz von 1868; Leuthold, a. a. O. S. 88 Anm. 9).

IV. Der ursprüngliche Geltungsbereich des Gesetzes von 1868, welcher, wie bereits bemerkt, auch die eigentlichen Erwerbsgenossenschaften und die nicht auf Handelsunternehmungen gerichteten Aktiengesellschaften umfaßte (Landtags-Mittheil. I. K. v. 1866—1868. 2. Bd. Motive zu § 1. S. 1678), erfuhr durch die Reichsgesetzgebung mehrfache erhebliche Einschränkungen.

Von besonderer Bedeutung für den Entwickelungsgang der Landesgesetzgebung wurde in dieser Hinsicht diejenige Gestaltung, welche durch reichsgesetzliche Normirungen theils der privatrechtlichen Stellung der auf Förderung des Credites, Erwerbes oder der Wirthschaft ihrer Mitglieder abzweckende Associationen von nicht geschlossener Mitgliederzahl (sog. Erwerbs- und Wirthschaftsgenossenschaften, Bund.Ges. v. 4. Juli 1868, sächs. AVO. zu dems. v. 23. Juli desselb. J.), theils den Vereinigungen auf dem Gebiete des Handelsrechts und insbesondere des Aktienwesens durch die sog. Aktiennovellen (RGesetz, betr. d. Commanditgesellsch. auf Aktien u. d. Aktiengesellschaften v. 11. Juni 1870 u. RGesetz v. 18. Juni 1884) gegeben wurde. — Die Hebung mehrfacher in der Rechtsanwendung hervorgetretener Zweifel und Meinungsverschiedenheiten über Umfang und Tragweite der derogatorischen Einwirkungen dieser Reichsgesetze auf das Geltungsgebiet des Gesetzes vom 15. Juni 1868 und insbesondere über die Frage, ob und wie weit ein Nebeneinanderbestehen der Bestimmungen beider Gesetzgebungen, soweit sie sich auf die Erwerbs- und Wirthschaftsgenossenschaften von nicht geschlossener Zahl beziehen, möglich sei (vgl. Hagen, Abh. in Ztschr. 38, 1 flg.; WA. v. 1874, 159 und bes. die General-Verordnung des Justizminister. v. 27. März 1874 i. JMBl. S. 27), bezweckte das Gesetz vom 25. März 1874 (betr. die theilweise Aufhebung des Ges. v. 15. Juni 1868) nebst AVO. von demselben Tage. Es setzte die Bestimmungen des erwähnten Gesetzes „in Ansehung der Aktiengesellschaften und derjenigen Genossenschaften von nicht geschlossener Mitgliederzahl, welche die Förderung des Credits, des Erwerbs und der Wirthschaft ihrer Mitglieder mittelst gemeinschaftlichen Geschäftsbetriebes bezwecken," außer Wirksamkeit, auch insoweit, als sie bisher noch in Wirksamkeit bestanden. Nur einige wenige Vorschriften von vorwiegend publizistischer Natur (§§ 27, 1 u. 4. 72, 2. 78, 1) wurden aufrecht erhalten. — Hierdurch ist mit dem Inkrafttreten der erwähnten Reichsgesetze

1) die künftige Bildung der Erwerbs- und Wirthschaftsgenossenschaften von nicht geschlossener Mitgliederzahl, soweit solche unter den Bereich der in dem letzteren bezeichneten Arten der Unternehmensgegenstände fallen, dem bisherigen Anwendungsgebiete des Landesgesetzes vom 15. Juni 1868 entzogen und die Erlangung einer solchen Rechtsstellung, wie sie ihnen das Landesgesetz durch Eintrag in ein öffentliches Register anweist, von der Voraussetzung der Beobachtung der nach dem Reichsgesetz maßgebenden Vorschriften abhängig gemacht worden. Um den Uebergang aus dem alten in den neuen Rechtszustand und den Ausgleich von Collisionen zwischen den Rechtsverhältnissen bereits vorhandener Associationen dieser Art und den reichsgesetzlichen Anforderungen zu erleichtern, wurden Seitens des Justizministeriums instructionelle Weisungen ertheilt, durch welche ihnen insbesondere die nach dem Reichsgesetze unentbehrliche fernere Möglichkeit der Erlangung amtlicher Nachweisungen über ihre Mitglieder und jeweiligen Vertreter für die Zukunft gewährt bez. ihre Reorganisation auf reichsgesetzlicher Grundlage gefördert werden sollte (AVO. v. 25. März 1874 § 3, angef. Gener.VO. d. Justizminist. v. 27. März 1874). Ueber die Frage, ob eine Genossenschaft des sächsischen Rechts nach dem Ges. v. 15. Juni 1868 durch Beschluß der Generalversammlung, wenn die Statuten eine dies zulassende Bestimmung enthalten, in eine „eingetragene Genossenschaft" des Reichsgesetzes umgewandelt werden könne, vgl. die (bejahenden) Entsch. des Reichsgerichts Bd. 13, 104 u. WA. 1886, 504. 1888, 459.

Im Wesentlichen werden demnach korporativ angelegte Vereine von unbeschränkter Mitgliederzahl, welche nicht die vom Reichsgesetze (4. Juli 1868) bezeichneten wirthschaftlichen oder Erwerbszwecke des Geschäftsbetriebes verfolgen, namentlich die auf freier Zusammenschließung beruhenden, die Verfolgung politischer religiöser sittlicher geistiger und socialer Zwecke anstrebenden Vereine mit sog. idealen Tendenzen den landesgesetzlichen Vorschriften unterstellt bleiben.

2) Die Bestimmungen des angeführten sächsischen Gesetzes vom 15. Juni 1868 über „Genossenschaften mit beschränkter Haftpflicht" (Abschn. II B unter A A und B B §§ 39—55 und §§ 56—60) beschränkten sich

a) soweit sie die „Aktiengesellschaften" betrafen, nur auf diejenigen Aktienunternehmungen, welche sich nicht mit Handelsgeschäften befaßten, sondern andere Zwecke verfolgten und nicht unter den Anwendungsbereich der Normen des Handelsgesetzbuchs fielen (Landt.-Mittheil. I. K. v. 1866—1868 Bd. 2 S. 1682—83). Diese haben sich durch die oben bezeichneten sog. Aktiennovellen erledigt; denn nach den Vorschriften der letzteren (vgl. Art. 174 u. 208, 1 d. HGB.'s) gehört zum Begriffe der Aktiengesellschaft nicht mehr, daß dieselbe ein Handelsgewerbe oder überhaupt Handelsgeschäfte betreibe. Auch diejenigen Aktiengesellschaften, welche keine Handelsgeschäfte treiben, unterliegen dem Handelsrecht (Gareis, dtsch. HR. § 35 S. 234). Demnach muß, wenn nicht die Tendenz der einschlagenden reichsgesetzlichen Anordnungen illusorisch gemacht werden soll, die Bildung aller aktienartigen Vereine, wenn sie den Charakter, d. h. die wesentlichen Eigenschaften des juristischen Begriffes der Aktiengesellschaften an sich tragen, von der Erfüllung der reichsgesetzlichen Normativbestimmungen abhängig gemacht werden (vgl. d. sächs. Ges. v. 25. März 1874 nebst AVO. dazu v. dems. Tage, u. Laband in Goldschmidt's Ztschr. Bd. 16 [NF. I.] S. 276 flg.).

b) Die Bildung anderer Vereinigungen außer den Aktiengesellschaften im Sinne der §§ 56 flg. des citirten sächsischen Gesetzes, bei welchen die Mitglieder nicht die zu den wesentlichen Momenten des Begriffes dieser Gesellschaften gehörende Aufbringung eines (Grund-)Kapitales (Gareis, a. a. O. S. 234) zusichern und nur eine beschränkte Haftpflicht für die Leistung einmaliger oder wiederkehrender Beiträge übernehmen, ist, selbst wenn die über die Beiträge ertheilten Quittungen als Aktien bezeichnet wären, durch die reichsgesetzlichen Normen nicht als ausgeschlossen zu betrachten, es müßte denn durch dieselben eine Umgehung der für Aktiengesellschaften geltenden Vorschriften beabsichtigt sein (Laband in Goldschmidt's Ztschr. Bd. 16 S. 277). Schon die Bestimmungen im § 58 des Ges. vom 15. Juni 1868 hatten den Zweck, zu verhüten, daß nicht unter der Form der Bildung einer Genossenschaft mit beschränkter Haftpflicht diese Vorschriften umgangen würden. Vereinigungen, welche andere als Erwerbszwecke verfolgen, z. B. die Errichtung eines Gebäudes, die Begründung eines Gesangvereins oder Kunstvereins u. dgl., und die hierzu erforderlichen Geldmittel durch Zusammenbringung eines Kapitals bez. durch eine auf wiederkehrende bestimmte Jahresbeiträge beschränkte Leistungspflicht zu beschaffen suchen, sind hiernach nicht behindert, wenn sie die im citirten Gesetz aufgestellten Normativbedingungen erfüllen, nach demselben die Rechte einer mit juristischer Persönlichkeit ausgestatteten Genossenschaft zu erlangen. Der Umstand allein, daß sie jene Kapitalzusammenbringung nur durch einmalige Beiträge zu erreichen trachten, dürfte sie nicht ohne Weiteres zu Aktienunternehmungen im Sinne des Reichsgesetzes stempeln (a. M. Grützmann, I. 82), weil Betheiligung Mehrerer an anderen als Erwerb und Gewinn bezweckenden genossenschaftlichen Interessen nur mit **einmaligen** Beiträgen, auch wenn sie ohne persönliche Haftpflicht für die Verbindlichkeiten der Genossenschaft erfolgt, doch im Einzelfalle auch auf anderen Tendenzen als der Beschaffung eines durch „Einlagen" zu realisirenden, die Basis einer echten Realassociation bildenden Grundkapitals im Sinne des Aktienrechts (**Gareis**, a. a. O. 232 bes. Note 4) beruhen können.

2. Entstehung der juristischen Personen.

a) Der korporativen Personenvereinigungen.

§ 16.

I. In der älteren Doctrin war die Ansicht vorherrschend, daß nur Personenvereine mit öffentlichen auf dauernde Förderung des Staatswohles oder gemeinnütziger Zwecke gerichteten Aufgaben und einer selbständig organisirten Rechtssubjektivität, welche ein in ihrem Bestande und Vermögen von dem Willen der Mitglieder und deren Privatvermögen getrenntes und unabhängiges Dasein führten, zur Erlangung der juristischen Persönlichkeit geeignet seien.

In der gegenwärtigen gemeinrechtlichen Wissenschaft und Praxis dagegen hat sich unter dem Einflusse des im modernen Wirthschaftsleben in vielgestaltigen Erscheinungsformen zur Entfaltung gelangten Vereinswesens und Associationstriebes ein ziemlich allgemeines Einverständniß darüber gebildet, daß zur Erwerbung der Persönlichkeitsrechte jeder Personenverein von korporativ angelegtem Zwecke befähigt sei, welcher durch Zusammenschließung einer Vielheit zu einer über ihr stehenden ideellen Einheit die Erreichung erlaubter Ziele mit einem zusammengebrachten oder zu erwerbenden Vermögen anstrebt. Ueber die rechtliche Natur derselben und insbesondere über die Frage, ob zur Erschaffung solcher Institutionen der bloße gehörig ausgesprochene Zusammenschließungswille genüge oder ob prinzipiell dazu die Verleihung der Persönlichkeit durch einen besonderen staatlichen Anerkennungsakt erforderlich sei, gehen die Ansichten auseinander (**Windscheid** § 60; **Dernburg**, Pand. I. § 63; **Stobbe**, d. PR. I. § 52).

II. Das Gesetzbuch steht grundsätzlich auf dem letzteren Standpunkte. Es verleiht § 52 das Recht der Persönlichkeit und damit die selbständige Vermögensfähigkeit dem **Staate** als solchem, als der durch die geschichtliche Entwickelung des menschlichen Gemeinlebens gegebenen Urform des zu rechtlichem Gesammtbewußtsein und zu einheitlicher Willensfähigkeit erhobenen Volkes. Für andere korporativ angelegte Personenvereine, ebenso wie für die Stiftungen erfordert es zur Entstehung der Persönlichkeit die auf Ertheilung derselben gerichtete Anerkennung der zuständigen Staatsbehörde.

Diese kann, je nach der Artverschiedenheit jener Vereinigungen, auf verschiedene Weise zum Ausdruck gelangen. Sie kann gegeben sein entweder durch einen allgemeinen Rechtssatz, welcher ein für allemal gewisse Kategorien von Instituten als solche mit dem Rechte der Persönlichkeit beleiht. Sie kann aber auch in einer speziellen, auf ein bestimmtes Einzelsubjekt beschränkten Verleihung (Concession) sich äußern (Concessionsprinzip, Hagen, a. a. O. S. 23. 24). Eine solche kann im gegebenen Falle für jede neu zu begründende juristische Person einer gewissen Art erforderlich sein. (Vgl. z. B. Gesetz vom 15. Aug. 1855 über Berichtigung von Wasserläufen § 12, 2.) Sie kann aber auch ohne eine solche ausdrückliche Kundgebung zufolge einer von Rechtswegen eintretenden Wirkung thatsächlich dadurch erfolgen, daß durch einen behördlichen Akt festgestellt wird, eine Vereinigung, welche die juristische Persönlichkeit erwerben will, habe gewisse im Gesetz bestimmte auf die Ordnung der inneren Organisation und die Sicherheit des Verkehrs mit Dritten gerichtete Voraussetzungen erfüllt, an welche ohne Weiteres kraft gesetzlicher Bestimmung die Entstehung des Rechts der Persönlichkeit geknüpft ist (System der sog. Normativbestimmungen).

In Sachsen galt früher vorwiegend das Concessionsprinzip (Hagen, a. a. O. S. 24; OAGA. a. F. I. 213; Vereinsgesetz v. 22. Novbr. 1850 § 18). Das sächsische Gesetz vom 15. Juni 1868 aber hat das System der Normativbestimmungen in weiterer Ausdehnung zur Geltung gebracht (ebenso die Reichsgesetzgebung bei Regelung der Rechtsverhältnisse der Erwerbs- und Wirthschaftsgenossenschaften, vgl. Motive zum deutschen Entw. I. 84).

III. In Ansehung der dem Geltungsbereiche des vorgenannten sächsischen Partikulargesetzes entrückten juristischen Personen (vor. § unter III) ist die Frage nach den Erfordernissen der Existenz und Erlangung der juristischen Persönlichkeit, soweit nicht reichsgesetzliche Normen maßgebend sind (vgl. Mandry, civilr. Inhalt der RG. §§ 13—15), nach Maßgabe der darüber in besonderen landesrechtlichen Satzungen enthaltenen Normen zu beurtheilen (§ 1 des angef. Ges.).

So insbesondere 1) hinsichtlich der politischen und anerkannten kirchlichen Gemeinden. Sie gelten kraft allgemeinen Rechtssatzes als juristische Personen. Wenn aber neue Bildungen bez. Aenderungen ihrer bisherigen Bezirke hervortreten, so nehmen dieselben an diesem Rechte nur Theil, wenn sie mit Genehmigung des Staates oder auf Initiative desselben entstanden sind (vgl. rev. Landgem.O. §§ 3. 4—8. 89. 97; Revid. StädteOrdn. §§ 4—8. 135; Kirch.Ges. vom 15. August 1873 §§ 5. 19; Kirch.Vorst.Ordn. vom 30. März 1868 § 18, 6 u. § 24). Ferner 2) hinsichtlich der Berggewerkschaften. Diese erlangen nach dem Gange der neueren sächsischen Gesetzgebung (Gesetz über den Regalbergbau vom 22. Mai 1851 und Berggesetz vom 16. Juni 1868 § 9) ohne Weiteres durch ausdrückliche staatliche Statutengenehmigung die juristische Persönlichkeit. Die sogenannten Braugenossenschaften sind infolge der durch die neuere Entwickelung des sächsischen und deutschen Gewerberechts (S.Gew.O. vom 15. Oct. 1861 § 43; RGew.O. § 7, 1) herbeigeführten Aufhebung der bisherigen ausschließlichen Gewerbeberechtigungen (des städtischen Brauurbars, vgl. Städte-Ordn. v. 2. Febr. 1832 § 106) lediglich als freie Vereinigungen zu betrachten, auf welche, soweit sie die Rechte einer juristischen Person erlangen oder, falls sie diese bereits nach früherem Rechte erlangt haben, Aenderungen ihrer Brauordnungen eintreten lassen wollen, die Bestimmungen des Gesetzes vom 15. Juni 1868 Anwendung finden (Ztschr. 31, 548; vgl. auch über die rechtlichen Verhältnisse der städtischen Braugenossenschaften Krug, Ztschr. 22, 385 flg.; Leuthold, sächs. Verw.R. § 9 [9] S. 88).

IV. Nach dem Gesetz vom 15. Juni 1868 über die juristischen Personen erlangen alle in seinen Anwendungsbereich fallenden Personenvereinigungen unter dem Namen „Genossenschaften" die juristische Persönlichkeit erst durch ihre Eintragung in das von dem Gerichte, unter welchem die Genossenschaft ihren Sitz hat, zu führende Genossenschaftsregister (§§ 4. 6 unter b § 16 u. 70). Zur Eintragung wird erfordert, daß der Verein ausgesprochenermaßen juristische Persönlichkeit haben will und daß das Statut bei der vorgängigen richterlichen Prüfung seines Inhalts als ein den gestellten Anforderungen entsprechendes, nichts Gesetzwidriges enthaltendes und auf Grund giltiger Beschlußfassung zu Stande gekommenes sich erweist (§ 72 angef. Ges.). Die vor der Eintragung von Einzelnen für die künftige Genossenschaft eingegangenen Verbindlichkeiten gelten bis zu ihrer Uebernahme Seitens der nachher eingetragenen Genossenschaft nur als Selbst- und Gesammtschuldverbindlichkeiten ihrer Begründer (§ 15 angef. Ges.; vgl. HGB. Art. 211).

Gehören aber solche gewillkürte Einigungen zu der Kategorie derjenigen, welche sich auf öffentliche Angelegenheiten (vgl. Vereinsges. v. 22. Nov. 1850 § 2 u. § 19 u. AVO. v. gleichen T. § 1) beziehen, d. h. solche Angelegenheiten, welche die Religion, Politik, Staatseinrichtungen, die Kirche, das Schul- und Gemeindewesen, den Handel und das Gewerbe in ihrer wirthschaftlichen Bedeutung überhaupt und in ihrer Einwirkung auf das Gemeinwohl, oder die Beförderung gewisser Richtungen des Volkslebens betreffen (Leuthold, a. a. O. § 55 [1]; Hagen, a. a. O. S. 27), so setzt ihre Eintragbarkeit in das Genossenschaftsregister die vorgängige hierzu ertheilte Genehmigung des Ministeriums des Innern voraus (§ 72, 2 angef. Ges.).

b) Der Stiftungen und Anstalten.

§ 17.

1) Die in der Doctrin auch hinsichtlich der Stiftungen und wohlthätigen Anstalten bestehende Meinungsverschiedenheit darüber, ob zur Entstehung ihrer Rechtssubjektivität eine Verleihung der juristischen Persönlichkeit durch einen besonderen Akt der Staatsgewalt erforderlich sei, oder ob dazu kraft eines allgemeinen Rechtssatzes die gehörig erfolgte, rechtsgeschäftlich (durch Disposition inter vivos oder mortis causa) bewirkte Aussetzung von Vermögen zu bestimmten Zwecken genüge, machte sich auch in der älteren sächsischen Rechtsprechung und Litteratur geltend (Wochenbl. v. 1841 S. 286; von 1847 S. 30 und die das. angeführten Schriften; auch Kori in Ztschr. II. 301; Curtius, Hdb. § 429 Anm. a).

2) Nach der Vorschrift des BGB.'s in § 52, 1 kann die Erforderlichkeit der Staatsanerkennung zur Entstehung der selbständigen juristischen Persönlichkeit auch für Stiftungen Anstalten und Vermögensmassen nicht bezweifelt werden.

3) Auch das die juristischen Personen betreffende Gesetz vom 15. Juni 1868 beruht auf dieser Voraussetzung. Es hat aber für die nach seinem Inkrafttreten sich bildenden juristischen Personen dieser Gattung hinsichtlich der Modalität, in welcher die staatliche Anerkennung zu erfolgen hat, je nach der Verschiedenheit des Zwecks der in Frage kommenden Stiftungen und Anstalten verschiedene Anordnungen getroffen. Hierdurch ist der ehemals auch in Sachsen bestandenen (vom Gesetzbuch aber nicht mehr hervorgehobenen) Rechtsverschiedenheit zwischen milden Stiftungen (piae causae) und Stiftungen zu anderen Zwecken noch eine praktische Bedeutung erhalten (Schmidt, Vorl. I. 84 flg.), insofern bei Stiftungen, welche zu dauernden kirchlichen, mildthätigen oder gemeinnützigen Zwecken selbständig errichtet sind, die Genehmigung derselben und ihres Zweckes durch die competente Verwaltungsbehörde, d. h. dasjenige Ministerium genügt, zu dessen Geschäftskreise die Angelegenheiten derselben ihrem Zwecke nach gehören (vgl. VO. v. 7. Novbr. 1831 § 4 E. II; Kirch.Ges. v. 16. April 1873 § 5 Nr. 20. 21. 24. 28, § 7 d. e; Ges. v. 15. April 1873 § VII), während Stiftungen ꝛc., welche anderen Zwecken gewidmet sind, die Rechtspersönlichkeit erst durch die von den gedachten Behörden erfolgte ausdrückliche Anerkennung als juristische Person erlangen (Ges. v. 15. Juni 1868 § 6 unter a).

3. Endigung der juristischen Person.

§ 18.

Die juristische Person hört auf, wenn das mit der Rechtsfähigkeit bekleidete Substrat derselben wegfällt. Dieses kann nach Maßgabe der

Vorschriften im § 56 des BGB.'s verbunden mit den diese ergänzenden Bestimmungen der §§ 29. 30. 71. 78 des Gesetzes vom 15. Juni 1868 eintreten

1) hinsichtlich der Personenvereine: a) durch staatliche Entziehung der Rechtssubjektivität, welche aus legalen Gründen (wegen Verfolgung gesetzwidriger Zwecke, wegen mangelnder Genehmigung ihrer Richtung auf öffentliche Angelegenheiten, wegen Zahlungsunfähigkeit) durch eine vom Gericht zu fassende, aber nur der Anfechtung durch Beschwerde an die vorgesetzten Aufsichtsbehörden — das Oberlandesgericht (Gesetz vom 1. März 1879 § 1) und Justizministerium — unterliegende Entschließung erfolgen kann (§§ 78. 79 Gesetz vom 15. Juni 1868). Die Endigung der juristischen Persönlichkeit der Privatgenossenschaften hat deren Auflösung zur Folge (§ 30 c); b) durch das Aussterben und bei Privatgenossenschaften, insbesondere auch durch das Ausscheiden sämmtlicher Mitglieder (§ 29); c) durch Verzichtleistung bez. Auflösungsbeschluß, zu welchen bei juristischen Personen des öffentlichen Rechts die Genehmigung des Staates (der zuständigen Aufsichtsbehörde) erforderlich ist (§ 56 BGB.), während bei Privatgenossenschaften im Sinne des mehrgedachten Gesetzes von 1868 die legale Beschlußfassung der Mitglieder und Eintragung der Auflösung im Genossenschaftsregister genügt (§§ 30 b u. 71); d) durch Ablauf der im Statute für die Dauer der Genossenschaft bestimmten Zeit (§ 30 a). Dieser Endigungsgrund, welcher gegenüber dem der bisherigen Doctrin geläufigen Begriffe der juristischen Person in ihrer normalen, auf die Dauer angelegten Gestaltung etwas Außergewöhnliches hat und im § 56 des BGB.'s nicht erwähnt ist, hat erst durch das Gesetz vom 15. Juni 1868 mit Rücksicht auf das Verkehrsbedürfniß gewisser moderner Genossenschaftsbildungen mit korporativ angelegten Tendenzen eine berechtigte gesetzliche Anerkennung erhalten (vgl. auch Hagen, a. a. O. S. 18 flg.; Dernburg, Pand. I. § 65).

e) Die Frage, wem das Vermögen einer erloschenen juristischen Person zufällt, hat α) der § 57 des BGB.'s im Anschluß an das auf alten Doctrinen fußende gemeine Gewohnheitsrecht (Gierke, deutsch. Genossenschaftsr. III. 237. 499) dahin bestimmt, daß in Ermangelung anderer Verfügungen und soweit es nicht zur Deckung der Schulden erforderlich ist, der Fiskus (in Gemäßheit der über erblose Verlassenschaften geltenden Vorschriften, §§ 2618—2620) der Anfallberechtigte sein soll. — Hierdurch ist aber anerkannt, daß das Recht des Staates auf das vacant werdende Korporationsvermögen nur ein eventuelles ist, welches durch abweichende Bestimmungen und Verfügungen der Körperschaft über das künftige Schicksal ihres Vermögens, soweit solche durch den Gründungsvertrag, die Verfassung oder durch statutenmäßige Beschlüsse getroffen sind, ausgeschlossen werden kann. — β) Das Gesetz vom 15. Juni 1868 verlangt in § 11 Nr. 4 für die unter seinen Bereich fallenden Privatgenossenschaften, daß die Statuten der Erwerbsgesellschaften die Vorschriften darüber enthalten müssen, welche Grundsätze im Falle der Auflösung hinsichtlich der Vertheilung und Verwendung des Vermögens zur Anwendung kommen sollen, soweit nicht das Gesetz selbst (§ 34) hierüber Bestimmungen enthält. Weiter ist im § 81 angeordnet, daß statutarische Bestimmungen dieses Inhalts auch in den Fällen maßgebend sein sollen, wenn eine gerichtliche Entziehung des Rechts der Persönlichkeit der Grund der Genossenschaftsauflösung (s. oben a) ist.

2) In Ansehung der Stiftungen steht in Sachsen dem Staate über alle Arten derselben und deren Vermögen grundgesetzlich (§ 60 der Verfassungsurkunde) das Schutz- und Oberaufsichtsrecht zu, kraft dessen sie seiner besonderen Obhut, seiner schützenden und erhaltenden Fürsorge unterstellt sind (vgl. Ges. v. 23. Aug. 1876 § 32). Den zuständigen Aufsichtsbehörden (vgl. AVO. zum Ges. v. 15. Juni 1868 v. 23. Juli dess. J. § 3 u. auch Ztschr. NF. 17, 539) liegt es ob, darüber zu wachen, daß das Vermögen und Einkommen derselben auf die Dauer der Erreichbarkeit der stiftungsmäßigen Zwecke unter keinem Vorwande zum Staatsvermögen gezogen oder zu anderen als jenen Zwecken verwendet werde. Daher können Stiftungen überhaupt nur erst mit Eintritt der Unmöglichkeit der ferneren Erreichung ihres Zweckes aufhören. Aber auch wenn die hierzu erforderlichen Voraussetzungen vorliegen, kann die Erlöschung derselben nur durch eine Verfügung der competenten Verwaltungsbehörde herbeigeführt werden (§§ 6 u. 9 des Ges. v. 15. Juni 1868 u. angef. AVO.). Die Verwendung des in solchem Falle verfügbaren Stiftungsvermögens zu anderen als dem ursprünglichen Stiftungszwecke (sogen. jus reformandi, Keller, Pand. § 40) ist nur dann statthaft, wenn sie zu ähnlichen, der Absicht des Stifters entsprechenden Zwecken unter Zustimmung der Betheiligten und, falls die Stiftung allgemeine Landesanstalten betrifft, mit Bewilligung der Landstände erfolgt.

4. Rechtsverhältnisse der juristischen Personen.

a) Rechtsstellung.

§ 19.

I. Die Rechtsfähigkeit der juristischen Person erstreckt sich nur auf die „Fähigkeit, Vermögensrechte zu haben" (BGB. § 52, 2 und vgl. oben § 15 II). In dieser besteht für das bürgerliche Recht ihr wesentlicher Inhalt. Obwohl mit Verschiedenheiten im Einzelnen, reicht im Allgemeinen der Umfang ihrer Vermögensfähigkeit soweit wie die der natürlichen Personen. Sie sind fähig, Besitz, Eigenthum und andere

Rechte zu erwerben und Verpflichtungen einzugehen, sie können als Kaufleute Handelsgeschäfte betreiben und sich in das Firmenregister eintragen lassen, vor Gericht klagen und verklagt werden u. s. w. — Der römischrechtliche Satz, daß ein von einer juristischen Person erworbenes Nießbrauchsrecht nicht länger als hundert Jahre Bestand haben solle (l. 56 D. 7, 1) ist im § 656 des BGB.'s anerkannt. Dagegen ist die gemeinrechtliche Beschränkung ihrer Erbeinsetzungsfähigkeit (Windscheid § 535 Nr. 10—15) im § 2074 selbst für den Fall beseitigt, wenn die eingesetzte juristische Person zur Zeit der Errichtung der letztwilligen Verfügung noch nicht, sondern erst später, gleichviel ob vor oder nach des Erblassers Tod, zur Existenz gelangte.

II. Subjekt der der juristischen Person zustehenden Vermögensrechte ist die vorgestellte Persönlichkeit als solche, gleichviel, ob sie einem Personenvereine oder einem Vermögensinbegriffe in der Gestalt einer Stiftung beigelegt ist; nicht sind es bei jenen die einzelnen dabei betheiligten physischen Personen, bei diesen die zu ihrer Verwaltung eingesetzten Personen oder diejenigen, zu deren Bestem dieselben gereichen. Daher ist

1) das Vermögen der Korporation („Stammvermögen" derselben) als ein von dem Vermögen der einzelnen Mitglieder gesondertes zu unterscheiden; daher kann in der Regel wegen vermögensrechtlicher Ansprüche der Gemeinde gegen dritte Personen nicht von den Einzelnen, sondern nur von der juristischen Person der Gemeinde durch das zu ihrer Vertretung verfassungsmäßig legitimirte Organ Klage erhoben und andererseits nur diese verklagt und gegen ihr Vermögen Zwangsvollstreckung verlangt werden. Daher sind ferner Gläubiger wegen der von ihnen rechtskräftig erstrittenen Ansprüche nicht berechtigt, behufs zwangsweiser Realisirung des Judicates sich an die einzelnen Mitglieder zu halten, da nicht diese, sondern nur die ideelle Gesammtheit ihnen haftpflichtig ist. Zwar kann der Fall eintreten, daß von den Einzelnen nach Maßgabe der Gemeindeverfassungen zur Tilgung bez. Verzinsung von Gemeindeverbindlichkeiten durch verhältnißmäßige Umlagen und Beiträge die Mittel zu beschaffen sind. Dann sind aber nicht diese den Gläubigern zunächst verpflichtet, sondern die durch die gesetzmäßigen Organe zu vertretende Gemeinde. (Vgl. in Allg. Rev. Städte-Ord. und Rev. Landgem.-Ord. vom 24. April 1873: insbes. StO. §§ 4. 9. 12. 25. 98. 99. 106. 113 u. LGO.: §§ 3. 9. 10. 12. 13. 16. 29. 72, 1. 2. 4, 97; vgl. WA. 1876, 476. 1882, 36; Vertragsschließungsbefugniß: OLGA. 4, 264; Ztschr. 45, 36; WA. 1878, 778. 1886, 785 (aus ält. Zeit: Ztschr. 24, 266).

2) Auch das Gesetz vom 15. Juni 1868 hat in Ansehung der unter sein Anwendungsgebiet fallenden privatrechtlichen, mit juristischer Persönlichkeit ausgestatteten Personenvereine (Genossenschaften) die der romanistischen Doctrin geläufige Unterscheidung zwischen Genossenschaftsvermögen,

welches den Zwecken der einheitlich organisirten Personenverbindung als solcher dient und dem Vermögen der einzelnen, die Genossenschaft bildenden Mitglieder insoweit aufrecht erhalten, als es eine Haftpflicht der letzteren als solcher in der Regel nur dem genossenschaftlichen Verbande, nicht Dritten gegenüber statuirt (vgl. l. 7 § 1 D. 3, 4) und nur ausnahmsweise unter der Voraussetzung die Uebernahme einer directen Haftpflicht derselben gegenüber den Genossenschaftsgläubigern zuläßt, wenn über die Bedingungen des Eintritts dieser Haftpflicht, sowie über deren Umfang und Dauer statutarisch die gehörigen Bestimmungen getroffen sind (§ 11 Nr. 11, 2. Abs.; vgl. auch Reg.-Motive in Landt.-Mitth. I. K. 2. Bd. v. 1866/68. S. 1681 zu § 30).

Dagegen hat jener Grundsatz der römischen Doctrin, welcher von dem Prinzip der strengen Sonderung des Vermögens der juristischen Person und ihrer einzelnen natürlichen Mitglieder ausgeht und auch im § 54 des BGB.'s zur Anerkennung des theoretischen Satzes geführt hat, daß Sonderrechte der Mitglieder durch Mehrheitsbeschlüsse nicht beeinträchtigt werden können (vgl. Motive z. deutsch. Entw. I. 109) infolge des, in der fortschreitenden Entwickelung des modernen Associationswesens hervorgetretenen wirthschaftlichen und Creditbedürfnisses und der unter dem Einfluß deutschrechtlicher Anschauungen erfolgten Abschwächung des Gegensatzes von Korporation und Gesellschaft durch das genannte Gesetz insofern erhebliche Modificationen erfahren, als dieses den einzelnen Mitgliedern der Genossenschaft in Bezug auf das Genossenschaftsvermögen nicht blos quotative Antheilsrechte (am geschäftlich erzielten Reingewinn und im Auflösungsfalle an dem zur Vertheilung kommenden Vermögensbestande) einräumt (§§ 17. 34. 45. 47), sondern auch unter Umständen eine antheilige (bzw. solidarische) Haftpflicht der Genossenschaftsmitglieder für die von der Genossenschaft als solcher eingegangenen Verbindlichkeiten anerkennt (vgl. § 11 Nr. 6 u. § 61).

Nach der dem sächsischen Gesetze von 1868 zu Grunde liegenden Auffassung beruht die das Wesen der Genossenschaft treffende Unterscheidung nicht in den denkbar sehr mannigfaltigen Zwecken der Personenvereinigung, sondern in dem Umfange der den einzelnen Mitgliedern gegen die Genossenschaft obliegenden Haftpflicht, nach welcher sich dann die denkbaren Hauptarten genossenschaftlicher Verbände gliedern lassen. Diese kann im Sinne des Gesetzes eine verschiedene sein, je nachdem sie sich entweder nur auf gewisse, im Voraus bestimmte Beiträge zu dem gemeinsamen Zwecke beschränkt, oder die unbeschränkte Verpflichtung auferlegt, nach sich herausstellendem Bedarf, soviel als der Genossenschaftszweck erheischt, durch verhältnißmäßige Einschüsse beizusteuern (vgl. die angef. Reg.-Motive zu Abschn. II des Gesetzes, und Hagen, a. a. O. S. 31 flg.). Nach diesem Gesichtspunkte, welcher den Eintheilungsgrund für die verschiedenen Arten der Genossenschaft bildet, unterscheidet das gedachte Gesetz zwei Hauptgruppen derselben: Genossenschaften mit beschränkter Haftpflicht und solche mit unbeschränkter Haftpflicht (§ 11 Nr. 6), von denen für jede Art mehrfache Eigenthümlichkeiten gesetzlich normirt sind. So für Genossenschaften mit beschränkter Haftpflicht, — zu welchen (nach den Reg.-Mot. a. a. O. S. 1683) außer den im § 56 beispielsweise erwähnten Genossenschaften gewisse wohlthätige, besonders die auf Gegenseitigkeit beruhenden Versicherungsgenossenschaften mit fester Prämie gehören, — besonders die Vorschriften in den §§ 56. 57. 59. 60 des angef. Gesetzes; für Genossenschaften mit unbeschränkter Haftpflicht aber (§ 61 flg.), zu welchen zuvörderst die auf Gegenseitigkeit beruhenden Versicherungsgesellschaften gehören und welchen, obwohl sie ihre Mitglieder zunächst nur zu bestimmten Beiträgen verpflichten, doch im Bedürfnißfalle die Erhöhung derselben vorbehalten wurde (Reg.-Mot. a. a. O. 1684) — die Bestimmungen in den §§ 62. 63. 64. 65 (51). 66—68; vgl. d. Casuistik b. Grützmann § 23 II. Nr. 1—3.

3) Subjekt der Stiftung ist das zur Förderung und Erreichung ihres Zweckes gewidmete und selbständig gestellte Vermögen in seiner Einheit (universitas bonorum), nicht der Zweck, dem es dient (Roth, Jahrb. f. Dogm. I. 203; Stobbe, II. § 62). Die Vermögensfähigkeit derselben äußert sich in der aus ihrer Stellung als selbständiger Rechtspersönlichkeit sich ergebenden Berechtigung zur Verwaltung des Stiftungsvermögens und in ihrer Erwerbsfähigkeit innerhalb der durch den stiftungsmäßigen Zweck gegebenen Schranken (Roth, a. a. O. 214 flg.).

b) Vertretung und Verfassung.

§ 20.

Alle juristischen Personen bedürfen, weil ihnen die natürliche Handlungsfähigkeit abgeht, zur Vermittelung ihrer Theilnahme am Rechtsverkehr und zur Verwaltung und Führung ihrer Angelegenheiten eines durch natürliche Personen gebildeten Organs, welches ihren Gesammtwillen zum Ausdruck bringt.

Die Bestellung dieses Organs, der Inhalt seiner Machtbefugnisse, überhaupt die ganze innere Einrichtung und Gestaltung (Verfassung, Organisation) der einzelnen korporativen Personenverbände bestimmt sich — abgesehen von den reichsgesetzlich begründeten Körperschaften — entweder durch die einzelstaatlichen Organisationsgesetze, oder durch den nach Maßgabe der landesgesetzlich vorgeschriebenen Normativbestimmungen in dem Grundvertrage (Statut) zum Ausdruck gelangten Willen der Mitglieder.

1) Jenes ist der Fall bei den dem öffentlichen Rechte angehörigen oder durch Spezialgesetze bereits vor dem Gesetz vom 15. Juni 1868

geregelten juristischen Personen, Stiftungen und Anstalten, welche dem Anwendungsbereiche dieses Gesetzes nach § 1 desselben entrückt sind (vgl. § 15).

2) Bei den unter das sächsische Genossenschaftsgesetz fallenden Personenvereinen aber, welche die Rechte der juristischen Persönlichkeit erlangen wollen („Genossenschaften"), wird — abgesehen von anderen, auf geordnete innere Organisation und Verkehrssicherheit abzielenden, normativen Erfordernissen (§ 11 Nr. 1—11) vorausgesetzt,

a) die in dem Gründungsvertrag anzuordnende (jederzeit widerrufliche) Bestellung eines besonderen Vertretungsorgans (Vorstandes), welches aus einer oder mehreren Personen bestehen kann, gesetzlich als Vertreter der Genossenschaft im Verkehr sowohl Dritten wie ihren Mitgliedern gegenüber gilt und im Wesentlichen eine gleich selbständige Rechtsstellung einnimmt, wie der Vertreter einer geschäftsunfähigen Person. Im Einklang mit dem Gange der neueren Rechtsentwickelung (vgl. z. B. HGB. Art. 209; Reichsgenoss.-Gesetz § 17, 1; Hilfskass.-Ges. § 16, 1 u. a.) betrachtet auch das sächsische Gesetz (§ 11 Nr. 7, § 18) das Vorhandensein einer solchen Vertretung als ein so wesentliches Erforderniß, daß es in Fällen, wo es einer juristischen Person an einem solchen Vertreter fehlen sollte, für die Dauer dieses Zustandes und bis zur Herstellung einer statutenmäßigen Vertretung das zuständige Gericht (§§ 4 u. 16) ermächtigt, einstweilen eine solche auf Kosten der Körperschaft zu bestellen (§ 76).

b) Die Rechte und Pflichten des Vorstandes gegenüber der korporativen Gesammtheit bestimmen sich in erster Linie nach den statutenmäßigen Satzungen der Verfassung oder den Beschlüssen der Genossenschaft. Insbesondere ist er dieser verpflichtet, die ihm durch jene auferlegten Beschränkungen (z. B. hinsichtlich der Art und des Gebietes der Geschäfte) pünktlich innezuhalten (§ 20). Im Allgemeinen erscheint es zulässig, auf die Rechtsstellung des Vorstandes gegenüber der Körperschaft, weil diese wenigstens ein auftragsähnliches Verhältniß bildet, die einschlagenden Bestimmungen über das Auftragsverhältniß und bez. die Stellvertretung (§ 788) zu rechtsähnlicher Anwendung zu bringen, soweit nicht die Verfassung, Natur und Zweckbeschaffenheit der Genossenschaft entgegenstehen.

Als rechtmäßige Richtschnur für die zur Förderung der Gemeinschaftsinteressen verpflichtete Geschäftsverwaltung des Vorstandes wird der präsumtive, aus den Gesetzen, dem Grundvertrage und ordnungsmäßigen Gesammtheitsbeschlüssen erkennbare Wille der Körperschaft zu betrachten sein (arg. § 1303 BGB.).

c) Die Vertretungsmacht des Vorstandes als des gesetzlichen Vertreters des mit juristischer Persönlichkeit begabten Personenvereines (vgl. CPO. § 50) erstreckt sich im Allgemeinen nach Maßgabe des Begriffs der gesetzlichen Vertretung auf alle innerhalb seiner Befugnißgrenzen liegenden Rechtshandlungen und Geschäfte, welche derselbe, wenn er als solcher handlungsfähig wäre, selbst vornehmen könnte. Jedoch hat der Vorstand, wenn er aus mehreren Personen besteht, bei Abgabe verpflichtender Erklärungen im Zweifel nur Collectivvollmacht (§ 21 des angef. Ges.). — Eine Bestimmung über die Legitimation des Vorstandes hat das sächsische Gesetz nicht zum Gegenstande einer der besonderen Normativbestimmungen (§ 11 Nr. 1—11) gemacht. Es hat aber jeder Genossenschaft die Verpflichtung auferlegt, die Personen ihrer Vorstandsmitglieder und die bei diesen eintretenden Veränderungen unter Beifügung der erforderlichen Legitimationen bei dem Registergerichte behufs der Eintragung in die betreffende Rubrik des Genossenschaftsregisters anzuzeigen (§ 16. 71; AVO. v. 23. Juli 1868 § 10 u. AVO. zum Ges. v. 25. März 1874 von dems. Dat. § 3 am Ende), ihr aber nachgelassen, in ihrem Statut eine von den gesetzlichen Vorschriften abweichende Form und Art der Legitimationsertheilung anzuordnen.

Einschränkungen der jederzeit, — unbeschadet der aus bestehenden Verträgen begründeten Entschädigungsverbindlichkeiten, — widerruflichen (§ 18, 3) Vertretungsvollmacht sind, wenn sie der Vorstand nur der Genossenschaft gegenüber übernommen hat, ohne rechtliche Wirksamkeit gegen Dritte (§ 20, 2). Veränderungen in dem Personenstande des Vorstandes insbesondere haben solche nach der im Anschluß an das HGB. Art. 233, 1 aufgenommenen Bestimmung des § 19 Dritten gegenüber erst dann, wenn sie in das Genossenschaftsregister eingetragen sind oder, falls die Vorstandslegitimation statutarisch durch öffentliche Bekanntmachung zu bewirken ist, diese letztere erfolgt oder durch die Umstände die Annahme begründet ist, daß der Dritte beim Geschäftsabschlusse davon Kenntniß gehabt oder hätte haben müssen (§ 19 verb. m. HGB. Art. 46, 2, u. 233, 2).

d) Dem Vorstand kann durch das Statut eine zur Beaufsichtigung seiner Geschäftsführung in allen Verwaltungszweigen, sowie zur Prüfung der Bücher, Schriften und Kassenbestände der Genossenschaft berechtigte und verpflichtete Controlbehörde (Aufsichtsrath, Ausschuß) zur Seite gestellt werden. Diese vertritt nicht die Genossenschaft nach Außen gegenüber Dritten. Sie ist vielmehr wie in außergerichtlichen, so in gerichtlichen Angelegenheiten ein Organ der Gesammtheit der Mitglieder gegenüber dem Vorstande und hat das Recht, die Generalversammlung zu berufen, auch wenn es das Interesse der Genossenschaft erheischt, Vorstandsmitglieder bis zu der bald einzuholenden Entscheidung der Generalversammlung zu suspendiren und in solchen Fällen für die zur ordnungsmäßigen Fortführung des Geschäftsbetriebes erforderliche Aushilfe zu sorgen (§ 28; vgl. RGen.Ges. § 28, 2—4).

e) Während nach außen hin die Genossenschaft durch ihren Vorstand vertreten wird, welcher, wenn die Verfassung nichts Anderes bestimmt, bei seiner Thätigkeit an die Mitwirkung der Mitglieder nicht gebunden ist, wird nach innen der Wille der Gesammtheit durch den Willen aller Mitglieder zum Ausdruck gebracht. Diese Willensäußerung erfolgt regelmäßig durch Beschluß in einer Versammlung aller Genossenschaftsmitglieder (Generalversammlung). Sie ist das Vertretungsorgan der ganzen Genossenschaft in ihren inneren Angelegenheiten und, insoweit als ihre Beschlüsse für den Vorstand bindend sind, zugleich das oberste Vertretungsorgan der ganzen Körperschaft. — Zu den normativen Erfordernissen des genossenschaftlichen Grundvertrages gehört auch die Bestimmung darüber, welche Gegenstände der Beschlußfassung der Generalversammlung vorbehalten sind, und wie die Beschlußfassung, falls sie nach einem von der allgemeinen Gesetzesvorschrift (BGB. § 55) abweichenden Modus stattfinden soll, zu geschehen hat, sowie über die Art der Zusammenberufung und das Stimmrecht der Mitglieder (§ 11 Nr. 8. 9).

Das Gesetz bestimmt, von wem und wann die Generalversammlung berufen werden kann und bez. muß. Jedenfalls aber ist in der Regel der Vorstand hierzu und zur Leitung derselben berechtigt. In dem Falle eines hierauf von dem zehnten Theil der Mitglieder gerichteten Antrags ist er hierzu verpflichtet (Näheres: §§ 22. 28. 77).

Regelmäßige Voraussetzung der Giltigkeit eines Beschlusses ist die Mittheilung des Berathungsgegenstandes bei der Einberufung, wenn dieser nicht blos formelle Beschlüsse (wie z. B. Wahl berathender Ausschüsse u. dgl.) betrifft (§ 23, 1). Ist Verfassungsänderung oder Auflösung des ganzen Vereins in Frage, so ist nach § 23, 2 diese Mittheilung zwingende Norm. — Zur Beschlußfähigkeit gehört die Anwesenheit der Mehrheit, welche nach der Zahl der erschienenen ordnungsmäßig Eingeladenen bemessen wird. Die ursprüngliche Vorschrift des BGB.'s § 55, welche wenigstens das Erschienensein der Hälfte aller Mitglieder erforderte, erwies sich praktisch als unzuträglich und wurde deshalb hinsichtlich der nicht öffentlichrechtlichen und der bereits vor dem Gesetzbuch bestandenen juristischen Personen durch Gesetz vom 27. Januar 1865 dahin modificirt, daß auch eine geringere Zahl Erschienener beschlußfähig sein sollte, eine Vorschrift, welcher das Gesetz vom 15. Juni 1868 § 11 Nr. 8 für die unter seinen Bereich fallenden juristischen Personen auch noch den Charakter der zwingenden Norm entzogen hat.

f) Die Frage, ob Personenvereine, welche nach diesem Gesetze die Rechte juristischer Personen erlangt haben, für Ersatz des Schadens haftbar seien, welchen ihr Vorstand oder ein Mitglied desselben durch eine in Ausübung der ihnen obliegenden Verrichtungen begangene, ihre Ersatzpflicht begründende Widerrechtlichkeit einem Anderen zugefügt haben, ist durch das erwähnte Gesetz nicht entschieden. Auch das BGB.

bietet hierüber keine maßgebenden allgemeinen oder besonderen Rechtssätze (Körner i. Ztschr. 43, 341 u. ROHG. i. Ztschr. 45, 65).

Auf dem Gebiete der öffentlich rechtlichen juristischen Personen ist in Ansehung des sächsischen Staatsfiskus zufolge der dem Rescripte vom 18. October 1796 und dem Generale vom 20. Juni 1817 § 15 zu Grunde liegenden Rechtsansicht eine solche Verpflichtung für seine Beamten unter der Voraussetzung von jeher anerkannt worden, daß die Schadensstiftung bei der Ausführung der ihnen obliegenden Geschäfte durch ein von ihnen verschuldetes und nach civilrechtlichen Vorschriften (BGB. §§ 1506. 1507) zu vertretendes Verhalten verursacht wurde. (Curtius, III. 1 S. 130; Opitz, sächs. Staatsr. I. 254 Note 2; OAGA. NF. 19, 281; II. NF. 3, 26; OLGA. 6, 163. Insbesondere über Haftung des sächs. Militärfiscus die interessanten Rechtsfälle in WA. 5, 633 u. OLGA. 6, 533 flg.)

Aber auch in Bezug auf die juristischen Personen des Privatrechts zeigt sich, obwohl dieselben als willenlose Wesen an sich delictsunfähig sind, in der neueren Rechtsentwickelung mit Rücksicht auf ein dringendes Verkehrsbedürfniß ein entschiedener Zug zur Anerkennung einer privatrechtlichen Haftpflicht derselben für die unerlaubten Handlungen ihrer Vertreter, weil dieselbe eine Forderung der Verkehrssicherheit sei und die Tragung der durch die gewährte künstliche Vertretung möglicherweise entspringenden Nachtheile als ein billiger Gegensatz und Ausgleich für die Vortheile erscheine, welche ihnen aus der durch den Vertreter vermittelten Verkehrs- und Geschäftsthätigkeit zu Gute kommen, überdies auch in gar vielen Fällen die Verweisung des Beschädigten auf Belangung des Vertreters ökonomisch von sehr zweifelhaftem Erfolge sein würde (ROHG. 8, 206. 21, 286. 287; WA. 6, 70; Seuffert, Arch. 25, 284; Deutscher Entwurf § 46; dazu Mot. I. 102 flg.).

3. Die Organisation, Vertretung und Verwaltung von Stiftungen, Anstalten und Vermögensmassen regelt sich, abgesehen von einigen allgemeinen, in den §§ 52. 53. 56. 57 u. 2074 d. BGB.'s aufgestellten Vorschriften, welche durch das spätere Gesetz vom 15. Juni 1868 §§ 3—9 ergänzt worden sind, nach den bei ihrer Fundation getroffenen oder (bei Stiftungen aus älterer Zeit) durch Herkommen festgestellten Bestimmungen, in deren Ermangelung die zur Anerkennung oder Genehmigung der Stiftung zuständige Staatsbehörde hierüber die erforderlichen Anordnungen zu treffen hat (Ges. v. 1868 § 8. Ueber d. ältere Recht: Haubold, PR. 165; Curtius, II. §§ 429. 558. 572; IV. § 1726). Der Wirkungskreis und die Vertretungsmacht der Stiftungs-Vertreter und Verwalter ist aber insoweit enger begrenzt als die anderer juristischer Personen, weil sie an den Zwecken, für welche ausschließlich das Stiftungsvermögen bestimmt ist, ihre natürliche Schranke finden (vgl. Roth, Jahrb. f. Dogm. I. 214).

Die privatrechtlichen Sonderrechte, welche den Stiftungen und gemeinnützigen Anstalten ehedem in Bezug auf die Wiedereinsetzung in den vorigen Stand, auf die Verjährungszeiten, sowie hinsichtlich des Erwerbes aus letztwilligen Verfügungen zustanden, sind dem Gesetzbuch fremd. Dagegen ist das subsidiäre gesetzliche Erbrecht gewisser Heil- und Versorgungsanstalten, wie es durch das Erbfolge-Mand. von 1829 § 129 anerkannt war, aufrechterhalten (BGB. §§ 2057 flg.); auch ist gewissen Arten von juristischen Personen ein gesetzlicher Rechtsgrund zur Erwerbung einer Hypothek an den Grundstücken ihrer Verwalter und Kassenbeamten und ein bevorzugtes Befriedigungsrecht im Konkurse eingeräumt (BGB. § 393 verb. m. Hypoth.G. v. 1843 § 38, 4 u. RKonk.O. § 54 Nr. 3; v. Wilmowsky, Comment. [3] S. 247 Anm. 7—8).

4) Die in der Doctrin bestrittene, praktisch nicht belangreiche Frage, ob der „ruhenden Erbschaft" juristische Persönlichkeit zukomme, ist nach der ihr im BGB. (§§ 2246 flg.) zu Theil gewordenen Behandlung und nach dem Gesetz vom 15. Juni 1868 richtiger zu verneinen. Ihre Ausstattung mit der Fähigkeit zu Erwerbungen und Verpflichtungen, zu Vermögensvermehrungen und Verminderungen, soweit diese ohne Vermittelung einer Willenshandlung des Berechtigten oder Verpflichteten oder ohne das Dasein gewisser persönlicher Eigenschaften möglich sind, dient nur dem vorübergehenden Zwecke, die Erhaltung des Nachlaßvermögens als des einheitlichen Produkts aus der ökonomischen Thätigkeit des Erblassers für den Erben in dem Bestande und Umfange zu ermöglichen, welchen es ohne Verzögerung des Erbantrittes haben würde. Die Erreichung dieses Zweckes verlangt zwar die bez. von Amtswegen oder auf Antrag zu bewirkende richterliche Bestellung einer einstweiligen (nach Analogie des vormundschaftlichen Wirkungskreises ausgestatteten, nur in Bezug auf die Veräußerungsbefugniß beschränkteren) Vertretung (§§ 2247. 2248 verb. §§ 1940. 1941; WA. NF. 9, 664.) Aber dieser Zweck allein ist nicht ausreichend, um darauf hin für sie die Qualität einer juristischen Person im regelmäßigen Sinne in Anspruch zu nehmen. Sonst müßte ein Gleiches auch hinsichtlich des im § 32, 2 bestimmten Falles (nasciturus) gelten. Ueberdem würde sie für die Dauer ihres Ruhens nach dem mehrgedachten Gesetz vom 15. Juni 1868 nur als eine „Vermögensmasse" der im § 6a erwähnten Art in Betracht kommen können und dann jedenfalls der ausdrücklichen Staatsanerkennung zur Erlangung der Persönlichkeit bedürfen.

c) Rechtsverhältniß der Altgemeinden.

§ 21.

Im Zusammenhang mit der historischen Entwickelung des deutschen Grundeigenthums aus dem urzeitlichen Rechtsgebilde der Markgenossenschaften hat sich auch in Sachsen unter der Bezeichnung „Altgemeinden, Altberechtigte, begüterte oder kleine Gemeinden" namentlich in Dörfern und kleineren Landstädten mit vorwiegendem Landwirthschaftsbetrieb in Bezug auf das Korporationsgut häufig der Unterschied zwischen dem eigentlichen Kämmereigut als dem im Eigenthum der Gemeinde als öffentlichrechtlicher (politischer) Korporation befindlichen Vermögen und demjenigen Sondervermögen erhalten, welches der ausschließlichen Nutzungsberechtigung einzelner Gemeindeglieder oder gewisser Kreise derselben gebührt. („Allmendgut": v. Gerber, dtsch. PR. § 51; Stobbe, dtsch. PR. § 55; Siegel, dtsch. RG. § 140; Maurer, Einl. z. Gesch. der Mark-, Hof-, Dorf- u. Stadtverf. § 84 flg.; Renaud, Ztsch. f. dtsch. R. 9, 3; Roth, bayr. CR. I. § 39; Sohm in der Festschr. d. Leipz. Juristenfak. zu Windscheid's Jubiläum S. 148; Körner in Ztschr. NF. 4, 485 flg. 19, 69; Siegmann, sächs. Hypoth.Ordn. 58 flg.; Weiske, prakt. Unters. 3, 183; Schmidt, Vorl. 1, 75; Grützmann, I. § 113; Schurig, Subhast.Ordn. 38 flg.)

Die Entscheidung der Frage, welches Rechtsverhältniß diesen Nutzungs- und Erträgnißgemeinschaften zu Grunde liege, hat wie im gemeinen, so auch im sächsischen Rechte verschiedene Beurtheilungen erfahren, indem von der einen Seite an diesen (meist aus Liegenschaften und Gerechtigkeiten bestehenden) besonderen Arten von Gemeindegütern Eigenthum der Gemeinde als politischer Körperschaft, beschränkt durch Nutzungsberechtigungen eigenthümlichen Inhalts, — von der anderen Seite aber Eigenthum der nutzungsberechtigten Genossenschaft der Altberechtigten selbst, entweder als einer selbständigen Korporation oder als einer Vermögensgemeinschaft zu (römischem) Miteigenthum oder zu gesammter Hand angenommen wurde (vgl. die angeführten Schriftsteller und jetzt insbesondere Sohm, a. a. O. S. 150 flg.).

Nach der dogmengeschichtlichen Entwickelung dieser Frage im sächsischen Rechte erscheinen diese Berechtigungsgemeinschaften als ein hauptsächlich durch die Praxis geschaffenes Rechtsgebilde gemischter Natur, dessen Ausgestaltung durch den zusammenwirkenden Einfluß prozessualer und materiellrechtlicher Motive geleitet wurde.

1) Schon vor dem Erscheinen der Landgemeindeordnung vom 7. Nov. 1838 entstand in der Rechtsanwendung die prozeßrechtliche Frage, in welcher Art und Form nach Maßgabe der einschlagenden Vorschriften der Erl.Proz.Ordn. zu Tit. 7 § 4 die Vertretung und Legitimation der Altgemeinden in Rechtsstreitigkeiten zu bewirken sei: ob durch Syndicen mittelst ordnungsmäßiger, nur bei „Gemeinden und anderen universitates zulässiger Syndicatserrichtung" oder durch sonstige „Gevollmächtigte, wie sie zur gerichtlichen Vertretung der (nicht pro universitate zu achtenden, Erl.PO. IV. 2; Schott, institt. jur. sax. p. 111 § 7

Note 2) Hüfner, Pferdner, Kossäten, Hintersassen u. dgl. jedesmal zu erscheinen haben".

Die durch Gerichtsbrauch zur Geltung gelangte, in ihrer Begründung aber nicht einwandsfreie Rechtsansicht behandelte die Altgemeinden hinsichtlich ihrer Prozeßfähigkeit nach den in der Erl.PO. für die juristischen Personen („Gemeinden und andere universitates") aufgestellten Rechtssätzen, weil man nach dem Zuge jener Zeit, in welcher sich ein festes juristisches Bewußtsein über die Abgrenzung des Verhältnisses der politischen zu den Altgemeinden weder begrifflich noch gesetzlich ausgebildet hatte, im Zweifel, d. h. wenn nicht ein abweichendes Herkommen nachweisbar war, die sämmtlichen innerhalb der Dorfflur mit Feld- oder Hausgrundstücken „angesessenen" Einwohner zugleich als die politische Gemeinde und die Träger der juristischen Persönlichkeit derselben (universitas) betrachtete. (Näheres: Schott, a. a. O. und S. 113 § 11; Hommel, rhaps. obs. 461; Haubold § 455a; Curtius, I. § 269; Hänsel, Excurse 3, 114; Körner, a. a. O. 486. 488. 512. 513; Erk. d. OAG. in Ztschr. 9, 82 u. 19, 71.)

Mit dieser Ansicht trat jedoch die Landgemeindeordnung vom 7. Nov. 1838 in einen praktisch tief greifenden Gegensatz. Sie brachte den Unterschied zwischen Altgemeinde und Gemeinde im staatsrechtlichen Sinne, welcher vor ihrem Erscheinen sachlich zwar nicht unbekannt, aber hinsichtlich der Personen, welche die politische Gemeinde bildeten, noch nicht begrifflich genau abgegrenzt war (Körner, a. a. O. S. 486. 487), durch eine gesetzlich präcisirte Begriffsbestimmung des personalen Bestandes der politischen Gemeinde zu klarem und festem Ausdruck. Indem sie ihn auf alle selbständigen Mitglieder einer Landgemeinde erstreckte, welche entweder innerhalb derselben Grundstücke besitzen oder ohne Grundbesitz daselbst dauernd wohnhaft sind (§§ 24. 25), knüpfte sie daran eine besondere, auf die politischen Gemeinden beschränkte Organisation derselben theils in Bezug auf die Vertretung und Leitung ihrer Angelegenheiten (§§ 6. 36 flg. 38 e), theils in Bezug auf die Verwaltung des diesen neugeschaffenen (politischen) Corporationen zugehörigen Vermögens, während sie die besonderen Vermögensrechte, welche einzelnen Klassen von Gemeindemitgliedern, namentlich den Altgemeinden, wenn auch unter der sprachgebräuchlich üblichen Bezeichnung „Gemeindegut" an gewissen Gemeindegrundstücken oder Gerechtigkeiten gebührten, von dem Begriffe Gemeindevermögen ausdrücklich ausschied und Streitigkeiten darüber, ob die Gegenstände dieser Sonderberechtigungen Eigenthum der politischen oder der Altgemeinde seien, ohne Aufstellung einer Präsumtion für das Eine oder Andere, auf den Rechtsweg verwies (§§ 6. 55. 59).

Die durch diese legislativen Neuerungen in der Rechtsanwendung hervorgerufenen Zweifel betrafen hauptsächlich die Frage, ob den nutzungsberechtigten Altgemeinden hinsichtlich ihres Gebahrens mit den Gegenständen ihrer gemeinschaftlichen Antheilsberechtigung die Eigenschaft einer juristischen Person („Gemeinde oder universitas“) zukomme und ob in dessen Folge ihre Vertretung bei Rechtsstreitigkeiten nach den maßgebenden Vorschriften der Erl.Proz.O. a. a. O. zu erfolgen habe. Diese Frage wurde durch die Rechtsprechung der ehemaligen obersten sächsischen Spruchbehörde (Ztschr. NF. 9, 82) und einen auf Grund derselben mittelst Bekanntmachung vom 23. Febr. 1850 veröffentlichen normativen Rechtssatz im bejahenden Sinne entschieden, weil die LGem.Ordn. als ein rein politisches Gesetz mit seinen Anordnungen sich nicht auf die Angelegenheiten einzelner Klassen von Gemeindegliedern, namentlich der Altberechtigten beziehe (§ 6) und daher aus der hinsichtlich der politischen Gemeinden erfolgten Außerkraftsetzung der prozeßrechtlichen Vertretungsvorschriften nicht ohne Weiteres auch die Aufhebung des bisher in dieser Hinsicht für die Altgemeinden bestandenen Rechtszustandes gefolgert werden dürfe. Auf diese das Auftreten im Prozesse betreffende Seite bezog sich vorzugsweise die von der Praxis geübte Behandlung der Altgemeinden nach den für universitates geltenden Grundsätzen (Ztschr. NF. 18, 178).

2) In Bezug auf die innere, die rechtliche Natur der altgemeindlichen Antheilberechtigung, insbesondere die Verwaltung und Veräußerung des gemeinschaftlichen Vermögens, sowie das Recht auf Theilung desselben zu provociren, betreffende Seite hat die Praxis (obwohl nicht ohne einzelne Schwankungen; vgl. WA. NF. 10, 232—234) den Consequenzen des von ihr für das prozessuale Auftreten der Altgemeinden aufgestellten korporativen Gesichtspunktes keine Folge gegeben.

3) Auch das Bild, welches der Gang der Gesetzgebung in dieser Hinsicht bietet, ist juristisch kein bestimmt ausgeprägtes. Zwar ergiebt sich sowohl aus den Motiven zu § 56 des Entwurfs zur Landgemeindeordnung vom 7. Nov. 1838 (welcher wörtlich in den § 55 dieses Gesetzes übergegangen ist — Körner, a. a. O. S. 499—501; Landtagsakten v. J. 1836 I. 2. S. 345. 374), als auch aus den Motiven zum Gesetz vom 15. Juni 1868 § 2 (Landtagsmittheil. v. 1866/68 I. K. Bd. 2 S. 1678), daß man Bedenken trug, die Altgemeinden wegen der ihnen mangelnden Organisation und ihrer durch den historischen Entwickelungsgang gegebenen gemischten Natur „den Körperschaften“ und „juristischen Personen im Sinne des Gesetzes von 1868 beizuzählen“ und daß man nur aus Zweckmäßigkeitsgründen (zur Vermeidung der praktischen Schwierigkeiten, welche bei Veräußerungen gemeinsamen Vermögens durch die Erforderlichkeit einstimmiger Beschlußfassung entstanden) das Beschlußfassungsrecht der Altgemeinden nach Maßgabe der für juristische Personen im § 55 des BGB.'s aufgestellten Normen gestaltet habe. Im Uebrigen wurde schon vor dem Erscheinen der Landgemeindeordnung in den Motiven zu dem Entwurfe

des Ablösungs- und Gemeinheitstheilungsgesetzes vom 17. März 1832 (Landtagsakten von 1830 III. S. 1060) das Rechtsverhältniß der Altgemeinden aus dem Gesichtspunkte „bloßer Genossenschaften“ aufgefaßt, denen an gewissen Gegenständen des späterhin sog. Gemeindeeigenthums ein ausschließlich auf die Nachbesitzer der ursprünglich berechtigten Angesessenen übergehendes Gesammteigenthum von beschränktem, fideicommißähnlichen, der communio und dem condominium zwar verwandten, ihnen aber nicht gleichbedeutenden Rechtsinhalte zustehe. Die angeführten Motive zur LGem.O. kennzeichneten die altgemeindlichen Vermögensgemeinschaften als „nicht korporative Eigenthumsgenossenschaften auf privatrechtlicher Grundlage“, deren Mitglieder zu einander im Verhältniß der consortes (?) ständen, und wenn ihnen die Eigenthumszuständigkeit am Gemeinlande von der politischen Gemeinde bestritten würde, ihre deßfallsigen Ansprüche im Rechtswege auszuführen hätten.

Auch auf dem Gebiete des durch das Hypothekengesetz vom 6. Nov. 1843 umgestalteten Grundbuchsrechts wurde den auf altgemeindliches Besitzthum (sog. Gemeindeland) bezüglichen Angelegenheiten eine eigenthümliche Behandlung zu Theil. Von der Bestimmung des Hyp.Ges. § 153, wonach Grundstücke, welche der ganzen Gemeinde als politischer Korporation zugehören, in der Regel von der Folienertheilung ausgeschlossen sein sollen, wurden diejenigen Grundstücke ausgenommen, welche zwar Gemeindegrundstücke heißen, aber nur einer einzelnen Klasse von Gemeindemitgliedern zugehören (vgl. AVO. v. 15. Febr. 1844 § 43). Für die grundbücherliche Eintragung der Eigenthümer des sog. Gemeindelandes aber wurde die von der regelmäßigen Form des Besitzereintrags (Hyp.Ges. §§ 16, 6 u. 171; AVO. § 59) abweichende Bestimmung getroffen, daß dieser nicht durch Namenbezeichnung der Besitzer, sondern nur durch Bezugnahme auf die Foliennummern der ihnen zugehörigen Gemeindelandsgrundstücke erfolgen solle (Heyne, Comment. z. Hyp.Ges. II. 115 Nr. 3, 7; Schema zur AVO. S. 87. 88; Siegmann, Hyp.Ordn. 58 flg.; Wachler, Ger.Ordn. 64, OLGA. 10, 455). Diese Eigenthümlichkeit der Eintragungsmodalität dürfte aber schwerlich auf das Bestehen eines nach § 16 unter 6 des Hyp.Ges. zu behandelnden Ober- und Untereigenthumsverhältnisses zurückzuführen sein (Grützmann I. 379), weil, wenn wirklich die Eigenthümer der Altgemeindegrundstücke als „Untereigenthümer“ (?) zu behandeln wären, zu ihrer ordnungsmäßigen Eintragung die namentliche Nennung derselben im Besitzereintrag gehören, nicht aber die bloße Bezeichnung ihrer altgemeindeberechtigten Grundstücke genügen würde (vgl. Schema zur AVO. S. 91 flg.). Vielmehr scheint jener singulären Eintragungsweise der (der historischen Entwickelung des Institutes entsprechende) Gedanke zu Grunde zu liegen, daß die Rechte der im Grundbuche nach den Foliennummern ihrer Besitzungen aufgeführten Eigenthümer ihre reale Grundlage in diesen Besitzungen haben, sodaß die fraglichen Antheilberechtigungen am Gemeindelande als an das Eigenthum der im Eintrag bezeichneten altberechtigten Grundstücke geknüpft erscheinen (vgl. Windscheid, Pand. I. § 50 Note 1; OLGA. 10, 455 Nr. 29).

Bei diesem Stande des positiven Quellenmaterials wird erklärlich, daß die Ansichten über die Rechtsnatur der altgemeindlichen Vermögensgemeinschaften — deren gesetzliche Regelung einem allgemeinen Bedürfnisse abhelfen würde — zur Zeit noch immer auseinandergehen, indem für dieselbe von der einen Seite der Gesichtspunkt des Miteigenthums nach idealen Antheilen, bez. der Vermögensgemeinschaft (§§ 328 flg. 1392) zur Anwendung gebracht wird (Ztschr. 18, 178; OAGA. NF. 5, 107; Schmidt, Vorl. I. 75; Grützmann, I. 381; Siebenhaar, Lehrb. S. 64, 1), — während sich von der anderen Seite die neuerdings auch von dem Königl. OLGericht (OLGA. 10, 456—457) adoptirte Auffassung geltend gemacht hat, daß sie als privatrechtliche Genossenschaften zu betrachten sind, deren Grundstücke nicht im Miteigenthume der einzelnen Mitglieder, sondern im Eigenthume der Gemeinschaft bez. im Nutzungsrechte der einzelnen Genossen sich befinden und deren Rechtsverhältniß nach Analogie derjenigen Antheilsberechtigungen zu beurtheilen ist, welche bei Grundstückszusammenlegungen hinsichtlich des den betheiligten Grundstücksbesitzern an Wirthschaftswegen und Abzugsgräben zugewiesenen gemeinschaftlichen Eigenthums (Ger.Ordn. § 113; Gesetz vom 29. April und 15. April 1861 § 61) stattfinden (Schurig, Comment. z. Subh.O. S. 38 und Nachtrag dazu S. 54).

Diese Auffassung verdient Beachtung. Denn bei Beurtheilung der Rechtsnatur der Altgemeinden ist nicht zu übersehen, daß innerhalb dieser eigenartigen privatrechtlichen, auf Vermögensgemeinschaft beruhenden Gemeindeverhältnisse (trotz der tiefgreifenden im Landeskulturinteresse durch neuere Partikulargesetzgebung geschaffenen Aenderungen des geschichtlichen Ursprungszustandes) eine Reihe von eigenthümlichen Rechtsverhältnissen auch jetzt in Sachsen erfahrungsgemäß noch fortlebt, welche, soweit das rechtliche Wesen der in den urzeitlichen Markgenossenschaften vorgebildeten „deutschen Genossenschaften" durch neuere Untersuchungen erkennbar geworden (vgl. bes. Sohm, a. a. O. S. 11. 13—18. 23—26. 30. 32—33. 36), mehr auf diese als ihre Entstehungsquelle zurückverweisen, als daß sie in der Korporations- oder Miteigenthumstheorie römischen Stils einen befriedigenden Erklärungsgrund fänden. Dies gilt insbesondere von den Schranken, welche den einzelnen Altberechtigten in Bezug auf die Verfügungsfreiheit über ihre Grundstücksantheile am Gemeindelande (Veräußerung, Verpfändung), sowie in Bezug auf die Befugniß, die ihnen als Altgemeindemitgliedern zuständigen Rechte am Gemeindelande an eine nicht mit altgemeindeberechtigten Grundstücken angesessene Person zu übertragen, durch das Erforderniß der Genehmigung der übrigen Gemeinschaftsmitglieder gezogen sind, und ebenso auch von dem sich hie und da noch findenden, zu Gunsten der Altberechtigten bestehenden Vorkaufsrechte (Sohm, a. a. O. S. 13 flg.; Kind, quaest. for. II. c. 75; Gerber, d. PR. § 177. — Außerdem Schurig, a. a. O. S. 39; WA. NF. 10, 229 flg.).

Ueber die rechtliche Stellung der Altgemeinden und namentlich über die Legitimation ihrer gesetzlichen Vertretung besonders im Prozesse vgl. die Ausführung in WA. NF. 10, 229 flg.

Dritte Abtheilung.

Von den Sachen oder den Rechtsobjekten.

Sachbegriff. Allgemeine rechtlich bedeutende Eigenschaften.

I. Begriff der Sachen.

§ 22.

Von denjenigen Eigenschaften und Unterscheidungen der Sachen, deren Bedeutung sich nicht blos auf das eine oder andere Rechtsinstitut beschränkt, sondern in verschiedenen Rechtsgebieten hervortritt, ist diejenige der Körperlichkeit, d. i. der räumlichen Begrenztheit eines unpersönlichen Gegenstandes der Außenwelt, für den Sachbegriff und für das Sachenrecht entscheidend. Diese Auffassung liegt auch der Terminologie des bürgerlichen Gesetzbuchs zu Grunde. Das Wort „Sache" wird in demselben nur in der Bedeutung „körperliche" Sache gebraucht. Seine Bestimmungen ergeben, daß, wenn eine Norm in Bezug auf Sachen aufgestellt ist, darunter nur körperliche Gegenstände verstanden werden sollen (vgl. Motive zu § 58 d. BGB.). Die quellenmäßige römische Eintheilung der res (der möglichen Bestandtheile eines Vermögens) in res corporales (körperliche Sachen einschließlich des nur an diesen sich verkörpernden Eigenthumsrechts) und in res incorporales (Vermögensrechte anderer Art außer dem Eigenthum, Windscheid § 42, 4) hat das BGB. nicht aufgenommen. Daß dasselbe gewisse nur in der Vorstellung bestehende Berechtigungen (res, quae in jure consistunt), namentlich die sog. Folienrechte (gewisse Bergbau- und Abbaurechte, und das Bau- u. Kellerrecht, BGB. §§ 59, 2. 661; Allg. Berggesetz v. 16. Juni 1868 § 48 nebst AVO. v. 2. Decbr. 1868; GO. § 108; Just.Min.Bl. 1867 S. 48) hinsichtlich der Voraussetzungen der Ertheilung eines besonderen Grundbuchsfoliums, hinsichtlich des Erwerbes, der Veräußerung, Verpfändung u. s. w. nach Analogie der unbeweglichen Sachen (Grundstücke) behandelt, beruht nicht auf einer Anerkennung jener römischen Unterscheidung, sondern auf dem Gedanken, daß trotz der Beschränkung des Sachenbegriffes auf körperliche Gegenstände die Rechtsordnung unbehindert ist, aus praktischen und wirthschaftlichen Beweggründen gewisse dingliche Berechtigungen, welche ihrer Beschaffenheit nach eine dauernde Ausübung auf sachlicher Grundlage möglich machen, nach Analogie der (körperlichen) Sachen als Gegenstände von Rechtsverhältnissen zu behandeln (Windscheid § 137 Note 2; Motive z. dtsch. Entw. III. 32).

II. Fähigkeit der Sachen, Gegenstand von Rechten zu sein (Verkehrsfähigkeit).

1. Allgemeine, die Verkehrsfähigkeit beeinflussende Gründe.

§ 23.

Aus der Bestimmung der Sachenwelt, der Befriedigung menschlichen Bedürfnisses zu dienen, ergiebt sich die sowohl nach gemeinem als nach sächsischem Recht anerkannte Regel, daß alle Arten von Sachen fähige Gegenstände des Eigenthums und des privatrechtlichen Verkehrs (in commercio) sind, soweit nicht Ausnahmen hiervon bestehen (BGB. § 58). Die Entziehung der Verkehrsfähigkeit, als eine nicht zu vermuthende Ausnahme von der Regel, setzt besondere Gründe voraus. Diese beruhen entweder in der Naturbeschaffenheit der Sachen, welche sie der menschlichen Einzelbeherrschung thatsächlich entzieht, oder in ihrer durch die Rechtsordnung anerkannten und geschützten Bestimmung für gottesdienstliche und religiöse Zwecke oder für den öffentlichen und gemeinen Gebrauch des Publikums, oder in Gründen der öffentlichen Wohlfahrt. Die positivrechtlichen Ausnahmen der hier in Frage kommenden Art gehören dem öffentlichen Rechte an. Daher hat das bürgerliche Gesetzbuch davon abgesehen, dieselben zn bestimmen (Motive zu § 58). — Die rechtliche Bedeutung einer solchen Entziehung kann nach ihren Wirkungen eine absolute sein; in der Regel aber ist sie nur eine relative und beschränkte und entzieht namentlich die dem öffentlichen Verkehr dienenden Sachen wenigstens insoweit nicht dem Verkehr, als nicht die in der Rechtsordnung begründete Bestimmung der Sache hindernd in den Weg tritt (Windscheid, Pand. § 146, 19; Koch, Pr. Ldr. I. 8, 73).

2. Einfluß der natürlichen Beschaffenheit gewisser Sachen und der Bestimmung für gottesdienstliche oder religiöse Zwecke.

§ 24.

Im heutigen Rechtsverkehr sind

I. wegen ihrer von der Rechtsordnung unabhängigen, natürlichen Beschaffenheit dem Privateigenthum und der Möglichkeit, an ihnen individuelle Rechte zu begründen, absolut entzogen: die freie Luft (zu unterscheiden von der Luftsäule über einem Grundstücke, BGB. § 218) und die fließende Wasserwelle (aqua profluens), soweit nicht einzelne Quantitäten davon durch mechanische Ausscheidung (Ausschöpfung, Einschließung in Röhrenleitungen, in Behältern — zu unterscheiden von künstlichen Abflußanlagen, z. B. Mühlgräben, Ztschr. 36, 46; OAGA. 2 NF. 1, 472) zu selbständigen Objekten individueller Beherrschung geworden sind.

II. Zufolge positiver, auf öffentlichrechtlichen Motiven beruhender Gesetzesvorschriften ist die Verkehrsfähigkeit gewisser Sachen eine beschränkte oder erschwerte, weil sie, so lange ihre öffentliche Zweckbestimmung dauert und soweit es mit dieser ihrer Bestimmung unvereinbar ist (BGB. § 58), nicht Gegenstand des Privatverkehrs und der Rechtserwerbung einer Privatperson sein können und daher in der Regel auch weder der freiwilligen noch der nothwendigen Veräußerung unterliegen. Hierher gehören:

1) die dem Gottesdienste unmittelbar geweihten und die zum gottesdienstlichen Gebrauch bestimmten Sachen (Gebäude, Geräthschaften, res ecclesiasticae, sacrae, dedicatae), sowie die öffentlichen Begräbnißstätten (Kirch- oder Friedhöfe) und die verschiedenen Arten der Kirchenstände, Kirchenstühle und Kirchenkapellen. — Das Eigenthum an den Kirchengebäuden, öffentlichen und Privatkapellen, sowie an den Kirchenstühlen steht in der Regel (Ausnahmen: Seuffert, Arch. 37, 131) den einzelnen kirchlichen Anstalten als den Eigenthumssubjekten des Kirchenvermögens zu (Friedberg, KR. 3. Aufl. § 175 S. 459, § 177 Not. 16; BGB. arg. § 2165). Auch die Kirchhöfe sind regelmäßig Eigenthum der Kirche (confessionelle), unterliegen aber, auch wenn sie im Eigenthum der politischen Gemeinde stehen (kommunale), in beiden Fällen der Oberaufsicht und Genehmigung des Landesconsistoriums (Friedberg, a. a. O. S. 228 Note 29, S. 468 Note 20; Kirchenges. v. 15. April 1873 § 5 Nr. 23 (GVOBl. S. 380) verb. mit Ges. d. Publ. d. Kirchges. betr. v. 16. April 1873 Nr. VI (GBl. S. 375).

Die Veräußerung der Gegenstände des Kirchenvermögens unterliegt den durch die kirchliche Gesetzgebung gezogenen Schranken. (Vgl. über das ältere Recht v. Weber, sächs. Kirch.R. 1. Aufl. I, 1 S. 338. 422. II, 3 S. 878. Neuere Bestimmungen: in dem angef. Kirchengesetze v. 15. April 1873 und dem Ges. v. 16. April a. d. a. O. Im Allgemeinen Friedberg, a. a. O. § 183. II. S. 490—493 u. von der Mosel, Repertor. d. sächs. Verw.Rts. v. „Kirchenvermögen" S. 341 flg.)

Da die genannten Gegenstände in der Regel Eigenthum der Kirche (des „Kirchenärars", — „Kirchenlehns") sind, so sind sie auch, soweit dies mit ihrer kirchlichen Zweckbestimmung vereinbar ist, nicht unfähig,

Gegenstand der Erwerbung gewisser (obligatorischer oder dinglicher) Nutzungs- und Gebrauchsrechte einzelner Personen zu sein (Friedberg, a. a. O. § 176 III, 2; Rchsger.Erk. in Seuffert's Arch. NF. 8, 238). Namentlich gilt dies von dem Rechte an Kirchenstühlen (sog. Kirchenstuhlrecht). Dieses Recht gewährt lediglich ein persönliches, weder veräußerliches noch vererbliches, nicht einmal vermiethbares (nur mit einem bevorzugten Verleihungsanspruch für gewisse nahe Verwandte verbundenes) Gebrauchs- und Nutzungsrecht (v. Weber, a. a. O. II, 3 S. 904), wenn ein sog. gemeiner Kirchenstand (auf welchen jeder Parochiane gegen eine kirchliche Lösegebühr Anspruch hat) in Frage steht. Ist es mit einem öffentlichen oder kirchlichen Amte für den Inhaber desselben, bez. für seine Familienglieder verknüpft („Officialkirchenstuhl"), so ist das dadurch begründete Nutzungsrecht auf die Zeit der Amtsdauer beschränkt und geht ipso jure auf den Amtsnachfolger über (v. Weber, a. a. O. S. 937 flg.). An den mit gewissen Grundstücken als deren Annexum verbundenen Kirchenstuhlsrechten („Realkirchenstühlen"), deren Entstehung von den kirchlichen Behörden, „weil Kirchenstände nicht in Handel und Wandel stehen", nur mit Widerstreben zugelassen wurde, ist weder eine abgesonderte Veräußerung noch Vererbung möglich; sie gehen nur in und mit dem berechtigten Grundstücke auf dessen Besitznachfolger über (v. Weber, S. 934 flg.).

Hinsichtlich der in Doctrin und Praxis streitigen Frage, ob das Recht an den Kirchenstühlen als ein privates oder öffentliches anzusehen sei, (vgl. die reichsgerichtliche Entscheidung Bd. 7 S. 137; Seuffert, Arch. 38, 238 und gegen die dieser zu Grunde liegende erste Auffassung Friedberg, a. a. O. S. 468 Note 16) ist in der sächsischen Rechtsübung die Auffassung vorherrschend, daß die Kirchenstände nicht unmittelbare Objekte des Privatverkehrs sind, weil bei der rechtlichen Beurtheilung von Ansprüchen auf dieselben jedenfalls die außerhalb der privatrechtlichen Sphäre liegenden Interessen des kirchlichen Lebenskreises, dem sie angehören, vorzugsweise in Betracht kommen. Daher war von jeher die Jurisdiction bei Rechtsstreitigkeiten dieser Art den kirchlichen Behörden (insbesondere den Consistorien) zuständig (v. Weber, a. a. O. S. 898 Note 35); daher hat das Gesetz über die Competenzverhältnisse der Justiz- und Verwaltungsbehörden v. 28. Jan. 1835 § 9 Streitigkeiten über Kirchenstühle ausdrücklich den Verwaltungsbehörden zugewiesen, ferner die Zuschreibung von Kirchenstühlen und Kirchenkapellen unter Verneinung ihrer Fähigkeit nicht nur für selbständige Folienertheilung, sondern auch für ihre Eintragung als beschränkende Rechte auf dem Folium des Kirchenlehns, lediglich als administrative Akte beurtheilt (vgl. VO. v. 20. Aug. 1846 im Codex d. sächs. K. u. Schlrchts. 2. Aufl. S. 422 u. Ztschr. 6, 477. 27, 170) und sie als der Hilfsvollstreckung entzogene

Objekte behandelt (Ztschr. 8, 369; Wbl. 1864, 95; vgl. jedoch Friedberg, a. a. O. § 176 Note 16—18). In Consequenz dieser Auffassung sind Ansprüche dieser Art keine durch confessorische Klage gegen die Kirche verfolgbaren Privatrechte, sondern eine durch das öffentliche Recht verbürgte und geschützte Befugniß (vgl. Dernburg, Pr. Privatr. I, 67 Note 14—15).

3. Bestimmung der Sachen für öffentliche Zwecke und für den gemeinen Gebrauch.

a) Die öffentlichen Wege insbesondere.

§ 25.

Diejenigen Sachen, welche unmittelbar den öffentlichen Zwecken des Staates oder der Gemeinden zu dienen bestimmt sind (res publicae i. weit. S.), erfüllen diese Bestimmung entweder durch ihre Zugänglichkeit für den allgemeinen Gebrauch (usui publico destinatae, res publicae i. eng. S.), z. B. Gemeinde-Weiden, Hutungen, Gebäude für öffentliche Zwecke, Straßen, Plätze, Brücken, Brunnen, öffentliche Anlagen u. dgl.) und durch ihre ausschließliche Widmung für den öffentlichen Dienst (z. B. Festungen, Dienstgebäude, Gefängnisse ꝛc.) — oder durch bestimmungsgemäße Verwendung ihrer Nutzungen und Erträge zur Bestreitung der Geldbedürfnisse, welche zur Erfüllung der Aufgaben jener Gesammtheiten und zur Erhaltung der ihre gedeihliche Lebensentwickelung bedingenden Einrichtungen und Kräfte erforderlich sind (z. B. zur Erhaltung öffentlicher Gebäude, Straßen, Plätze, Anlagen, zu Besoldungen u. dgl. (patrimonium universitatis). Das diese Erträgnisse bildende Vermögen ist nach allgemeinen Grundsätzen dem wirthschaftlichen Privatverkehre nicht entzogen. Die übrigen Gattungen der öffentlichen Sachen, welche in dem öffentlichen Rechte wurzeln, unterliegen anderen als den Normen des Privatverkehrs. Sie sind indessen demselben nicht absolut entrückt, können vielmehr insoweit auch Gegenstände von Privatrechten sein, als nicht die in der öffentlichen Rechtsordnung gegründete Bestimmung der Sache entgegensteht. — Besonders bestritten ist aber die Natur des an öffentlichen Sachen der erstgenannten Gattung stattfindenden Rechts (ob bloßes Staatshoheitsrecht an rebus nullius oder Eigenthum des Staats oder der betreffenden Gemeinden selbst — Windscheid § 146, 17; Dernburg, Pand. I. § 71). Ueber diese in das öffentliche Recht eingreifende Frage, enthält das BGB. keine Vorschriften. Aus den dieselbe betreffenden politischen Gesetzen läßt sich jedoch Folgendes entnehmen:

1) die zu dem „Staatsgut" gehörenden Vermögensobjekte (Verf.-Urk. § 16) im Unterschiede von dem im Eigenthum des Königlichen Hauses stehenden königl. Hausfideikommiß (Verf.Urk. § 20) und dem

im Privateigenthum des Königs befindlichen Vermögen (Verf.Urk. § 21) sind eine einzige untheilbare, im Eigenthum des Staates stehende „Gesammtmasse", deren Bestandtheile ohne die Zustimmung der Landstände weder durch Veräußerungen, noch durch Belastungen vermindert werden dürfen und einer von diesem Veräußerungsverbote ausgenommenen Veränderung bei einzelnen Parzellen nur aus den im § 18 namhaft gemachten Nothwendigkeits- oder Nützlichkeitsgründen zugänglich sind (vgl. Opitz, sächs. Staatsr. I. S. 186 flg. 192 flg. II. 145 flg.; v. Gerber, Grundzüge § 54 Nr. 3. Ueber Anlegung von Grundbuchsfolien für Staatsgüter die VO. v. 13. Novbr. 1867 u. 16. Septbr. 1868).

2) In Ansehung der Natur des Rechtsverhältnisses an öffentlichen Wegen (viae publicae), d. h. solchen, welche thatsächlich dem allgemeinen Verkehrsbedürfniß ganzer Ortschaften oder Ortstheile dienen und deren Benutzung in einer ihrer Beschaffenheit entsprechenden Weise Jedermann freigegeben ist (OAGA. NF. 7, 110; Wbl. 1860, 510), hat die sächsische Rechtsauffassung im Laufe der Zeit gewechselt. An die Stelle der älteren Eintheilung der öffentlichen Wege in Heer- und Landstraßen, innere Commercialstraßen und in Communications-, Dorf- oder Nachbarwege (Straßenbau-Mandat v. 28. April 1781 Kap. II. § 8; Haubold § 262; v. Römer, sächs. Staatsrecht II, 807 flg.) ist in neuerer Zeit die Eintheilung in fiskalische und nichtfiskalische öffentliche Wege außerhalb bewohnter Ortschaften (sog. Communicationswege) und innerhalb derselben getreten (Ges. v. 12. Januar 1870 §§ 1. 18). Die Entscheidung über die öffentliche Qualität eines Weges gehört zur Competenz der zuständigen Verwaltungsbehörden (Min.VO. v. 19. Septbr. 1844 in Ztschr. 4, 375; Wbl. 1866, 375; Ztschr. 43 S. 538). Als hauptsächliche Kennzeichen der Oeffentlichkeit eines Weges betrachtet die Praxis die unwidersprochene Allgemeinbenutzung, die steuerfreie Ausmessung und (präsumtiv) die im Flurbuche erfolgte Eintragung des Weges als selbständige Parzelle. (Min.VO. v. 23. Mai 1848, v. 3. Mai 1858 und 25. Mai 1864.) In der älteren Rechtspraxis finden sich unverkennbare Spuren der Annahme eines an öffentlichen Wegen („viae regiae") bestehenden staatlichen bez. landesherrlichen Eigenthums, bald unter dem Gesichtspunkte eines „dominium principis" (Hommel, Rhaps. IV. S. 403 flg.), bald eines „jus regale summae majestatis, s. dominium eminens territoriale, quod penes principem est" (Winckler, opusc. minor. I. S. 134. 135), während in der neueren Rechtsübung seit längerer Zeit die Ansicht befolgt wurde, daß das Areal öffentlicher Wege in Niemandes Eigenthum sei (res nullius), weil res publicae als verkehrentzogene Sachen nicht Gegenstände des Privatrechts und Eigenthums sein könnten. (Vgl. Minist.VO. v. 9. Oktob. 1876 in Ztschr. 43, 537.) Diese Auffassung ist jedoch in neuerer Zeit auf Grund von Vernehmungen, welche

hierüber aus Anlaß einer prinzipiell abweichenden Entscheidung des früheren OAGerichts zwischen den Ministerien des Innern der Justiz und Finanzen stattgefunden, in ihrer bisherigen Allgemeinheit verlassen und dahin geändert werden, daß — abgesehen von den Fällen, wo das Wegeareal im Grundbuche „als Eigenthum des Staates, der Gemeinde oder der unterhaltspflichtigen Genossenschaft" eingetragen, oder wo von dieser Eintragung nach den Grundsätzen des sächsischen Ingrossationsrechts in Consequenz der Vorschriften in § 58 des BGB.'s abgesehen worden ist, — das einer bestimmten grundbücherlich eingetragenen Flurparzelle zugemessene Wegeareal als Eigenthum des Eigenthümers dieser Parzelle gelten und nicht absolut außer dem Privatverkehr stehen, sondern nur denjenigen Beschränkungen unterliegen soll, welche sich zufolge der (von der Verwaltungsbehörde zu bestimmenden) öffentlichen Eigenschaft des darüber hinführenden Weges aus dem Gesichtspunkte einer „servitus juris publici" ergeben (vgl. d. angeführte Min.VO. v. 9. Okt. 1876). Es ist hiermit im Prinzip anerkannt, daß auch das Areal öffentlicher Wege, trotz deren allgemeiner Verkehrsbestimmung, von der Fähigkeit, Gegenstand von Privatrechten, insbesondere des Privateigenthums zu sein, nicht als ausgeschlossen anzusehen sei, daß sich also auch öffentliche Sachen dieser Art im Eigenthum von Privaten, jedoch unbeschadet ihrer Dienstbarkeit für das Allgemeine befinden können (vgl. auch Dernburg, Pr. PR. § 67 [11]). — Zugleich ergiebt sich hieraus, daß die öffentliche Qualität eines Weges die rechtliche Möglichkeit des Erwerbs beschränkender Privatrechte an dem Areal desselben nicht ausschließt, soweit der Inhalt des erworbenen Rechts mit den Anforderungen des öffentlich-rechtlichen Verkehrsbedürfnisses nicht unvereinbar ist. (Vgl. den Rechtsfall im Wochenbl. von 1856, 89 flg. u. Ztschr. 31, 474; WA. NF. 4, 773.)

b) Die fließenden Gewässer.

§ 26.

1) Für die Beurtheilung der Natur des Rechts an fließenden Gewässern ist auch nach sächsischem Recht die Eintheilung derselben in öffentliche Flüsse und Privatflüsse von Wichtigkeit. Als Unterscheidungsmerkmal der Oeffentlichkeit eines Flusses wurde — soweit sich hierüber aus den einschlagenden Landesgesetzen (Befehl v. 7. Okt. 1800 § 2; Generale vom 8. Mai 1811 Nr. 3a) Schlüsse ziehen lassen — nur die Schiffbarkeit betrachtet. Von den das Königreich Sachsen in seiner jetzigen territorialen Ausdehnung durchströmenden größeren Gewässern wurden in diesen Gesetzen die Elbe, Mulde und Elster zu den öffentlichen Flüssen gerechnet, aber mit Vorbehalt der „künftig schiffbar zu machenden Flüsse und der Schifffahrtskanäle." Die Behauptung älterer sächsischer Publizisten (z. B. v. Römer, sächs. Staatsr. II. S. 794), daß

auch bei allen übrigen, nicht ausdrücklich für öffentlich erklärten Flüssen die Präsumtion der Oeffentlichkeit eintreten müsse, findet hierin keine Unterstützung (Weiße, Lehrb. des sächs. Staatsr. II. § 190 [1]). Die weitere, in der Rechtsübung aufgetauchte Zweifelsfrage, ob die in jenen Gesetzen erfolgte Aufzählung der öffentlichen Flüsse eine nur exemplicative (Kind, qu. for. ed. II. tom. II. p. 176; Weiße, a. a. O.) oder eine ausschließliche Bedeutung habe, wurde von der Praxis vorwiegend im Sinne der letzteren Auffassung beantwortet (Biener, opusc. II, 81; Günther, qu. de jure aq. Spec. I. c. 9. 10; Haubold, S. PR. § 229; Rüger, Ztschr. 31, 297). Es sind daher nach diesem Stande des sächsischen Rechts die übrigen, außer den genannten „fiskalischen Flüssen", im Zweifel als Privatgewässer zu behandeln, deren Ufer und Betten nach den mit dem gemeinen Rechte insoweit noch übereinstimmenden Grundsätzen des sächsischen Rechts (OAGA. 2 NF. 5, 512) im Eigenthum der Flußanlieger stehen (§ 22 Inst. 2, 1; Schott, instt. S. 247 §§ 16. 17; Carpzov, def. for. III, 12 def. 14) und deren Benutzung nur gewissen, durch das gleiche Benutzungsrecht anderer Adjacenten begründeten Beschränkungen unterliegt. (Entsch. d. OAG. in Ztschr. 43 S. 514; OAGA. 2 NF. 5, 277.)

2) Ueber die in der Doctrin verschieden aufgefaßte Natur des Rechtsverhältnisses an öffentlichen Flüssen — ob staatliches Hoheitsrecht an einer res nullius oder staatliches (fiskalisches) Eigenthumsrecht — giebt weder die ältere noch die neuere Gesetzgebung Sachsens klare und bestimmte Anhaltspunkte (Rüger, a. a. O. 295). Daher auch bis in die neueste Zeit hierüber mannigfache Schwankungen und Unklarheiten in Wissenschaft und Rechtsprechung. Unter dem Einflusse der durch die Doctrin der Juristen seit dem 16. Jahrhundert veranlaßten irrthümlichen Vermengung der Begriffe „Hoheitsrechte" und „Regalien" (vgl. v. Gerber § 67 [5]; Walter, D. PR. §§ 156. 171. 172; Beseler, D. PR. § 197), derzufolge man unter dem irrigen Gesichtspunkte eines „dominium eminens territoriale" das „Regal" für wirkliches Eigenthum des Landesherrn (im Gegensatz gegen das dominium privatum) nahm und es in Anlehnung an reichsrechtliche Sätze (sog. constitutio de regalibus v. J. 1158, vgl. Pertz, monum. leg. II, 110 auch II Feud. 56) auf die öffentlichen Flüsse (flumina navigabilia) erstreckte (vgl. z. B. Biener, opusc. I. p. 35 Note 12. 220 flg.; Kind, quaest. ed. 2. II, 296; Walter, D. PR. § 156), bildete sich auch in der sächsischen Praxis und Doctrin des 16. und 17. Jahrhunderts die von der neueren Wissenschaft (vgl. Schwab, Arch. f. civ. Pr. Beil. zu Bd. 30, bes. §§ 28 bis 34. 55—61; ferner Gerber, Walter, Beseler, a. a. O., Berchtold in der krit. Vierteljahrschr. 13, 124 flg.) lebhaft bekämpfte Theorie eines dem Landesherrn (nach späterer staatsrechtlicher Entwickelung dem Fiskus) an öffentlichen Flüssen zustehenden Eigenthums (Biener, a. a. O. II, 75. 81. 384; Hommel, Rhaps. IV, 405.

I, 386), welche man unter dem, in seiner Begründung freilich nicht einwandsfreien Widerspruch Kind's (a. a. O. S. 303—309) zu Hilfe nahm, um den durch mehrfach wiederholte gesetzliche Anordnungen (Reskr. v. 7. Dez. 1563, v. 30. Aug. 1607, v. 4. Juni 1608, v. 25. Sep. 1676) eingeschärften (durch die Elbstromufer- ꝛc. Ordnung v. 7. Aug. 1819 §§ 13 u. 14 am Ende im Prinzip anerkannten, nur in seinen Tendenzen modificirten) Rechtssatz, daß die Zueignung der in öffentlichen Flüssen neuentstehenden Heger, Werder und Inseln — abweichend vom römischen Rechte — nicht den Adjacenten, sondern dem Landesherrn gebühre (Schott, institt. p. 243 ed. 3), juristisch zu begründen (Kind, a. a. O. 297—303), bez. aus diesem Rechtssatze die Theorie vom Eigenthumsrechte des Staates an dem Strombette fiskalischer Flüsse zu deduciren (Rüger, a. a. O. 302 flg.). Diese überlieferte, auf schwankenden und theilweise unhaltbaren Prämissen beruhende Rechtsauffassung hat bis in die neueste Rechtsprechung fortgewirkt. Aber sie ist keine unwidersprochene und constante geblieben. Selbst solche wissenschaftliche Autoritäten, auf die man sich in der Spruchpraxis für dieselbe bezog (Bluntschli, d. Pr. I. § 64 Nr. 4; WA. v. 1880 S. 412), sprechen bei näherer Betrachtung nicht von einem Staatseigenthum am Strombette, sondern nur von einem im deutschen Reichsrechte und in Partikularrechten als Ausfluß des Landeshoheitsrechts anerkannten Eigenthumsrecht des Landesherrn an in demselben entstandenen Inseln. Und auch noch in der neueren und neuesten sächsischen Doctrin und Judicatur haben sich wiederholt abweichende, das fiskalische Eigenthum am Ganzen der öffentlichen Flüsse verneinende Ansichten geltend gemacht (Siebenhaar, Comment. 2. Aufl. zu § 58 und zu § 281 [S. 101 u. 192] des BGB.'s und Wbl. von 1844, 68; vgl. m. Wbl. v. 1849) 161. 163; Annal. d. OAG. NF. 4, 121, und dagegen wieder WA. von 1880, 410). Es muß daher bei einer unbefangenen Würdigung des thatsächlichen Entwickelungsganges dieser bestrittenen und zweifelhaften Rechtsfrage bedenklich erscheinen, in den vorliegenden Ergebnissen desselben die ausreichenden Unterlagen für einen durch das Gewicht und die Ueberzeugungskraft seiner Gründe um seiner selbst willen unbedingte Geltung fordernden „Gerichtsbrauch", — geschweige denn eine gemeinsame, in konstanter Uebung gleichmäßig festgehaltene und bewährte Rechtsüberzeugung von solcher Stärke zu erblicken, daß ihr die „aprioristisch unanfechtbare" Kraft eines vom Richter lediglich „anzunehmenden" „Gewohnheitsrechts" (?) zukomme (Grützmann § 64.) Vielmehr erscheint trotz der bisherigen Hinneigung der sächsischen Jurisprudenz zur Annahme eines fiskalischen Eigenthumsrechts an öffentlichen Flüssen das Recht des Richters zur Prüfung der Haltbarkeit dieser Rechtsauffassung und zur Befolgung anderer Rechtsgrundsätze nicht ausgeschlossen, wenn man erwägt, a) daß die Quelle dieser Annahme in einer jetzt als irrig erkannten Vermengung der Grenzen der Hoheits- und der Regalitätsrechte liegt; b) daß die landesherrliche Inanspruchnahme der neuentstandenen Inseln rc. eines öffentlichen Flusses, weil sie recht wohl Ausfluß des landesherrlichen Hoheits-, bez. strompolizeilichen Aufsichtsrechts sein kann (s. Motive zum Held'schen Entwurf S. 64—65), nicht mit logisch zwingender Nothwendigkeit für die Annahme jenes Eigenthumsrechtes spricht, und c) daß mehrere in den oben citirten älteren Landesgesetzen wiederkehrende Aeußerungen eher gegen als für das fiskalische Eigenthumsrecht am Flußbette Beweisgrund liefern, indem sie die Erstreckbarkeit des für den Fiskus hinsichtlich der Inseln rc. beanspruchten Rechts auf die übrigen Accessionsarten („Anlagen, welche sich am Ufer erzeugen", alluvio, — Stehenbleiben eines ganzen Stück Grundes infolge Durchbrechen des Flusses — alveus relictus) — verneinen und diese (im Anschluß an die gemeinrechtlichen Grundsätze) „den bisherigen Besitzern" (Angrenzern) „lassen" wollen (angef. Reskripte von 1607 u. 1608; Schott, inst. a. a. O. Haubold § 231; theilweise a. M. Rüger, 303). — Das bürgerliche Gesetzbuch hat sich zwar der begrifflichen Feststellung der Oeffentlichkeit eines Flusses, ihrer Merkmale und rechtlichen Natur enthalten, diese vielmehr als eine das öffentlichrechtliche und landespolizeiliche Interesse betreffende administrative Angelegenheit der Regelung durch die von der Staatsregierung geplante Spezialgesetzgebung über das Wasserrecht vorbehalten (Commiss.-Prot. 35, 19). Allein die Majorität der Gesetzgebungscommission hielt mit Rücksicht auf die tiefgreifenden privatrechtlichen Wirkungen, welche durch Veränderungen des Wasserlaufes in öffentlichen Flüssen für die Eigenthumsverhältnisse der Anlieger infolge Landzuwachses entstehen können, und zur Vermeidung einer Lücke im Gesetzbuch, trotz des Widerspruchs der Minorität, daran fest, daß die Hauptfälle solcher Veränderungen an Flüssen, deren Bett nicht im Privateigenthum stände, hinsichtlich ihrer Eigenthumswirkungen im Gesetzbuch normirt werden müßten. Dies geschah in den §§ 281. 282, welche in gedrängterer Fassung nur die Vorschriften in den §§ 287. 289. 290. 292. 293 des Held'schen Entwurfs (über insula, alveus derelictus, alluvio, avulsio) wiederholen. Die Aufnahme dieser Bestimmungen in das Gesetzbuch hat in Theorie und Praxis Zweifel darüber veranlaßt, ob durch dieselben die oben angeführten Satzungen des bisherigen Rechts über den Eigenthumserwerb des Fiskus an den Inseln rc., welche sich in den durch ältere Gesetze für öffentlich erklärten Flüssen (Elbe, Mulde, Elster) bilden, alterirt, bez. beseitigt seien. Für die verneinende Meinung spricht, abgesehen davon, daß die Gesetzgebungscommission, wie sich aus dem Inhalt der betreffenden (für die Auslegung des Gesetzbuchs relevanten) Verhandlungen (Prot. 35—36; Müller in Ztschr. 34, 398 No. 24) ergiebt, die aus der öffentlichrechtlichen Seite des Wasserrechts sich ergebenden Rechtsverhältnisse von ihren Normirungen ganz fern halten wollte, namentlich der Umstand, daß der § 286 des Held'schen Entwurfes, welcher das ältere Recht in Ansehung des Landzuwachses durch Entstehen einer Insel in den bisher für öffentlich erklärten Flüssen (Elbe, Mulde, Elster) aufrecht erhielt, nur um deswillen nicht mit in das Gesetzbuch übernommen wurde, „weil die Verfügung über die in den daselbst genannten Flüssen entstehenden Inseln und Heger der politischen Gesetzgebung überlassen werden sollen." Sie betrachten also diese spezielle Frage als eine offene, außerhalb des Kreises ihrer Zuständigkeit liegende öffentlichrechtliche, durch ihre Normirungen nicht antastbare, und wählte zur Charakterisirung derjenigen Flüsse, auf welche die §§ 281. 282 Anwendung finden sollten, die negative Fassung „ein Fluß, dessen Bett nicht im Privateigenthum ist", um jeden Conflict mit dem in der Lausitz bestehenden, von dem Erblande abweichenden Wasserrechte zu vermeiden und zugleich eine privatrechtliche Directive für den Fall zu geben, daß die künftige politische Wassergesetzgebung den Begriff des öffentlichen Flusses anders als das bisherige ältere Recht bestimmen sollte. (Vgl. Prot. 35, 28—29. 36, 5—9; auch Schmidt, Vorles. I. 229.) Daß übrigens auch an öffentlichen Flüssen, deren Ufern und Strombetten Befugnisse Einzelner, welche mit deren allgemeiner Gebrauchsbestimmung vereinbar sind, durch privatrechtliche Erwerbstitel begründet werden können, läßt sich nach dem am Schlusse des § 25 Gesagten nicht bezweifeln. (Vgl. OAGA. NF. 4, 121; WA. NF. 6, 417.)

4. Verbotene Sachen.

§ 27.

Es kann das Gesetz aus Gründen des öffentlichen Wohles den Besitz gewisser Sachen Jedem untersagen und ihnen aus polizeilichen Motiven die Fähigkeit, Gegenstand des Verkehrs zu sein, entweder ganz entziehen oder nur unter beschränkten Voraussetzungen zugestehen. Die in dieser Hinsicht bestehenden landespolizeilichen Verbote, betreffend z. B. das Tragen verborgener Waffen, das Führen von Percussionsstöcken und Stockflinten (Mand. v. 14. Juli 1859, verb. VO. v. 30. Nov. 1835), gelten noch jetzt (Ztschr. 41, 368). Inwieweit aber Zuwiderhandlungen gegen diese Verbote und gegen die Beschränkungen des Handels mit gewissen Giften (Rescr. v. 31. Jan. 1798; VO. v. 26. Dec. 1836; Mand. v. 30. Sept. 1823, RGew.O. § 34; AVO. v. 16. Sept. 1869 § 22) mit Einziehung oder mit Strafen zu ahnden, und ob die auf solche Sachen bezüglichen Rechtsgeschäfte unwirksam sind, ist nach den für den Einzelfall geltenden Vorschriften zu beurtheilen. Eine absolute Verkehrsunfähigkeit läßt sich nicht für alle hier in Frage kommenden Gegenstände behaupten. (Schmidt, I. § 23; Leuthold, a. a. O. 264—265.)

III. Unterscheidung der Sachen nach ihren juristisch erheblichen Eigenschaften.

1. Einzelsachen — Gesammtsachen.

§ 28.

Die Unterscheidung des BGB.'s zwischen „Sachen" und „Gesammtsachen" hängt zusammen mit der in der älteren gemeinrechtlichen Doctrin üblichen Eintheilung der Sachen in res singulae (Einzelsachen) und universitates rerum (Sachgesammtheiten).

I. Der Begriff der Einzelsachen deckt sich mit dem Sachbegriffe des BGB.'s, gleichviel, ob dieselben einfache, unmittelbar durch die Natur aus elementaren Stoffen hervorgebrachte einheitliche Gebilde (res unitae) sind, oder ob sie ihre durch die Begriffe und Bezeichnungen des Verkehrs anerkannte Eigenschaft als selbständige Sacheinheiten einer durch Menschenhand aus verschiedenen einzelsachlichen Bestandtheilen bewirkten Verbindung und Zusammenfügung verdanken (res compositae, connexae, „unum corpus ex cohaerentibus"). Während bei Sachen der ersteren Art die in ihnen enthaltenen elementaren Bestandtheile für das am Ganzen stattfindende Recht als selbständige Sachen weder in der Vergangenheit noch in der Zukunft gedacht zu werden pflegen, hat die Bestandtheilseigenschaft bei zusammengesetzten Sachen der zweiten Art eine besondere Bedeutung in dem Falle, wenn das Verhältniß in Frage kommt, in welchem die das Ganze bildenden zusammengefügten Bestandtheile zu den Rechten stehen, denen das Sachganze unterworfen ist. (Ueber d. gem. Rt. Windscheid, P. § 138.)

Daß eine Sache blos deshalb, weil sie Bestandtheil einer anderen ist, in jeder Hinsicht dem rechtlichen Schicksal derselben unterworfen sein müsse und einem besonderen, von dem am Ganzen stattfindenden verschiedenen Rechte unzugänglich sei, wird sich als allgemeiner Grundsatz aus Rücksichten des wirthschaftlichen Bedürfnisses nur dann behaupten lassen, wenn die Verbindung der Bestandtheile unter sich und mit dem Ganzen eine solche ist, daß sie entweder das völlige Aufgehen ihrer physischen Einzelexistenz zur Folge hat oder ohne ihre Zerstörung oder Wesens- und Werthsveränderung nicht gelöst werden kann. Ist dies nicht der Fall, so erscheint es nicht als eine Forderung der Rechtslogik, das Bestehen von Sonderrechten an ihnen auch schon während der Dauer der Verbindung auszuschließen.

Das BGB. steht im Prinzip auf diesem Standpunkte:

Es läßt eine Veränderung der Eigenthumsverhältnisse an den Bestandtheilen einer zusammengesetzten Sache, durch welche die Fortdauer der vor der Verbindung an diesen bestandenen Sonderrechte unbedingt und dauernd ausgeschlossen wird, nur unter der Voraussetzung eintreten, wenn bei Hinzutritt einer beweglichen zu einer unbeweglichen Sache jene zu einem „Bestandtheile" dieser geworden ist (§§ 284 – 286), bei Verbindung beweglicher Sachen aber die eingefügten beweglichen Sachen nicht in einem coordinirten, sondern in einem nebensächlichen Verhältnisse zu dem Ganzen stehen und die Vereinigung derselben von der Beschaffenheit ist, daß ihre Trennung aus dem „festen" Verbande ohne Zerstörung oder wesentliche Veränderung ihres substantiellen Sonderbestandes oder wirthschaftlichen Werthes (bez. ohne übermäßige, d. h. ein Viertel des Werthes des Ganzen übersteigende Kosten) unausführbar ist (§§ 247. 249. 250). Ist dies nicht der Fall, lassen sich die verbundenen Bestandtheile des Sachganzen unbeschadet ihres substantiellen Bestandes und Wesens von einander trennen, so wird das Fortbestehen der vor ihrer Verbindung an denselben bestandenen Sonderrechte nicht ausgeschlossen (arg. § 311 verb. mit § 284, 2).

In Bezug auf die Frage, mit welchem Zeitpunkte der Eigenthümer der Hauptsache das Eigenthum an der mit ihr verbundenen Nebensache endgiltig erwirbt, befolgt das BGB. den Grundsatz als Regel, daß das Recht dessen, dem die verbundene Nebensache gehörte, sofort mit der erfolgten Adjunction unwiderruflich an den Eigenthümer der Hauptsache verloren geht, und zwar (abweichend vom gemeinen Recht, Windscheid, a. a. O. § 188, 1c) auch in dem Falle der inaedificatio, indem hier nach § 284, 1 jct. § 286 der Eigenthümer des Grund und Bodens an den in das auf diesem befindlichen Gebäude eingebauten Materialien sofort mit dem durch ihre bauliche Verwendung in dasselbe bewirkten Entstehen der Bestandtheilseigenschaft das Eigenthum nicht blos auf die Dauer der Verbindung, sondern für immer unwiderruflich erwirbt. Von dieser Regel wird jedoch in dem Falle eine Ausnahme gemacht, wenn von einem hierzu berechtigten Nichteigenthümer des Grund und Bodens (z. B. vom Pachter oder Miether) Gebäude oder andere Sachen blos in seinem Interesse zu temporären wirthschaftlichen Zwecken (ohne die Absicht der Herstellung einer dauernden innern Zusammengehörigkeit) in das Erdreich eingefügt worden sind (vgl. § 284, 2 mit deutsch. Entw. § 783 u. 785). Auch entfernt sich das BGB. hinsichtlich der trennbaren Bestandtheile einer zusammengesetzten Hauptsache insofern von der Theorie des gemeinen Rechts (Windscheid, § 189 Note 4 u. 4a), als es hier das Recht des durch die Verbindung Benachtheiligten nicht als ein „ruhendes" auffaßt (kraft dessen er zunächst nur die Trennung verlangen kann [l. 23 § 5 D. 6. 1, l. 6 u. 7 § 1. 2 D. 10, 4] und erst nach Erfolg dieser vorbereitenden Klage den Eigenthumsanspruch erheben darf), sondern dasselbe als ein neben dem Recht des Eigenthümers fortdauerndes Sonderrecht behandelt, welches ihn, ohne jede besondere vorbereitende Klagerhebung, ohne Weiteres zur Anstellung der Eigenthumsklage zugleich in der Richtung auf Trennung befugt (§ 311, 1).

II. Von den genannten Arten der zusammengesetzten Sachen unterscheidet das BGB. die „Gesammtsachen“, ein Ausdruck, welcher im Wesentlichen den in der Doctrin üblichen Begriff der „Sachgesammtheiten“ (universitates rerum distantium, Windscheid, a. a. O. § 137 Note 4, § 138 Note 2) wiedergiebt. Die auf diese bezüglichen Vorschriften im § 62. 63 des BGB.'s sind in der Hauptsache aus dem Held'schen Entwurfe §§ 71. 72 übernommen (Comm.Prot. 10, 5 flg.) und nach dessen Vorgang (Motive S. 18) ist auch die der älteren Doctrin geläufige Unterscheidung der Sachgesammtheiten in universitates facti und juris wegen ihrer irreführenden und praktisch unbrauchbaren Consequenzen aufgegeben.

1) Das BGB. versteht unter Gesammtsachen nach § 62 Inbegriffe von selbständigen, körperlich unzusammenhängenden Sachen, welche im Verkehr (mit Rücksicht auf die Gemeinsamkeit ihrer Bestimmung oder auf ihre wirthschaftliche Zusammengehörigkeit) begrifflich als Ganze (Begriffsganze) zusammengedacht und unter einem Collectivnamen zusammengefaßt werden. Der praktische Grund einer solchen nominellen Collectivbezeichnung kann denkbarer Weise ein verschiedener sein. Er kann den Zweck haben, dadurch alle darunter begriffenen Einzelstücke nur in abgekürzter sprachlicher Form zu bezeichnen (vgl. z. B. l. 79 pr. D. 32); er kann aber auch darauf sich richten, um mit Rücksicht auf den im Laufe der Zeit möglichen Wechsel und die Veränderlichkeit des gegenwärtigen Bestandes der Einzelstücke einen Anhalt für die Auslegungsfrage zu geben, ob für den Umfang einer rechtsgeschäftlich begründeten Leistungsverbindlichkeit der Effectivbestand der Einzelstücke zum Zeitpunkt der Entstehung oder zum Zeitpunkt der Erfüllung der Verbindlichkeit maßgebend sein solle, oder ob, wenn eine Gesammtsache Gegenstand eines Rechtsverhältnisses ist (z. B. BGB. § 2463), das Recht an derselben auch dann bestehen bleibe, wenn der Bestand der Einzelstücke sich so reduzirte, daß auf ihn der mit dem Ganzen verbundene Begriff nicht mehr paßt (vgl. z. B. §. 18 Inst. 2, 20, l. 22 D. 30, l. 28 D. 33, 7 und BGB. § 63, 2).

2) Der Begriff der Gesammtsache, welcher schon in der Doctrin nicht blos auf bewegliche Sachen beschränkt wird (v. Wächter, Würt. Pr.R. II. § 39 Note 5), ist im § 64 auf solche Mehrheiten von Liegenschaften erstreckt, welche ohne im Pertinenzialverhältnisse zu einem anderen Grundstücke zu stehen (§§ 109—112. d. GO.), wegen ihrer wirthschaftlichen Bestimmung, „als zusammengehörende Bestandtheile einer Gesammtsache vereint zu bleiben“ (§ 109 a. a. O.), auf einem gemeinsamen Grundbuchsfolium mit besonderer Nummer (GO. § 124) in dessen erster Rubrik zusammen eingetragen sind (vgl. AVO. z. Hypoth.Gesetz v.

15. Febr. 1844 § 53 und dazu Formular S. 99 d. GVOBl. und GO. §§ 109. 206; Siegmann, Hyp.Ordn. 185, Hyp.R. S. 40 Anm. 1 u. S. 81).

3) Die Bildung eines solchen Gesammtfoliums kann erfolgen sowohl für Liegenschaften, welche mit anderen zusammen ein rechtlich geschlossenes Ganze von bleibendem Verbande bilden sollen, als auch für mehrere selbständige Grundstücke, bei deren auf Antrag des Eigenthümers erfolgender Zusammenschreibung nicht eine bleibende Einverleibung, sondern nur eine vom Belieben des Antragstellers abhängige Dauer bezweckt wird.

a) Zu der ersten Gattung gehören: α) die sog. geschlossenen Gütercomplexe (praedia clausa) (im Unterschiede von den „walzenden" Grundstücken (praed. promobilia) Berger, Libr. II oecon. jur. tit. Ith. 7 not. 7 sq.; Hommel, rhaps. obs. 168. 206; Kind, quaest. Tom. II qu. 74 [ed. II]). Jene wurden bis zur Einführung des neuen Grundsteuersystems und der neuen auf das Ingrossationsprinzip beruhenden Grundbuchsordnung (1843) aus öffentlichrechtlichen, besonders die Sicherung des Steuerärars bezweckenden, bez. volkswirthschaftlichen Gründen als einheitliche, aus den zugehörigen („im Pertinentialnexus stehenden") Einzelgrundstücken bestehende Ganze behandelt. Aber auch privatrechtlich blieb jener Unterschied nicht ohne Einfluß, indem der Eigenthümer geschlossener Complexe in deren Veräußerung zu einzelnen Theilen (Dismembration) durch das Erforderniß der Genehmigung der Steuerbehörde beschränkt und die reale Haftungspflicht derselben für aufruhende civilrechtliche Lasten und Leistungsverbindlichkeiten auf das Ganze als ein Rechtsobjekt erstreckt wurde. (Vgl. Judeich, Ztschr. 11, 511; Heyne, Comm. II, 82. 86). Als geschlossene und unzertrennliche Güter in diesem Sinne galten nach der älteren sächsischen Steuerverfassung (vgl. Generale vom 1. November 1741 § 13; Instruction für die Steuerrevisoren v. 14. Octbr. 1799 § 28) diejenigen Grundstückscomplexe, welche im Gegensatze zu den „walzenden" (im Steuerkataster mit einer besonderen Steuer veranlagten) Grundstücken, mit den zu ihnen als Bestandtheilen des gesammten Grundstückskörpers gehörenden Einzelgrundstücken nach Maßgabe der Steuerkataster des „Steuernormaljahres" 1628 (Weiße, sächs. Staatsrecht II. § 226 flg.) unter dem vollen Quanto der von demselben zu entrichtenden Grundsteuer als einheitliches Steuerobjekt mitbegriffen (zusammen „beschockt") waren (Müller, Reallasten § 3 Note 4). Die ursprünglich vorwiegend steuerrechtliche Bedeutung dieser alten Grundstückseintheilung (Haubold, a. a. O. § 189; Richter, d. Grd. u. Hyp.Bücher, Leipzig 1844 § 14 flg.) verschwand zwar infolge des auf der prinzipiell veränderten Grundlage der Individualbesteuerung beruhenden neuen Steuersystems, nach welchem jede einzelne in das Flurbuch, bez. Grundsteuerkataster aufgenommene „Parzelle" als selbständiges

Steuerobjekt nach ihrer Größe und Ertragsfähigkeit besteuert wurde (vgl. d. d. Einführung desselben betr. Gesetz vom 9. Sept. 1843 §§ 2. 3. 13. 24—29; Heyne, a. a. O. S. 87). Allein sie wurde bei Ausführung des auf dem Ingrossationsprinzip (Grundbuchssysteme) beruhenden, die Grund- und Hypothekenbücher betr. Ges. vom 6. Novbr. 1843 wieder aufgenommen und praktisch verwerthet. Es wurden nämlich zum Zwecke der die Hauptgrundlage dieses Systems bildenden räumlichen Feststellung und Individualisirung der foliumsfähigen Objekte des Immobiliarverkehrs unter festen Foliennummern die mit den bisherigen „Grundstückscomplexen" (als Bestandtheile derselben, bez. als Zubehörungen eines „Hauptgutes") identischen Flurbuchsparzellen unter Zuhilfenahme der alten Steuerkataster und Besitzstandsurkunden auf der Basis der neuen Grundsteuerflurbücher ermittelt und, soweit sie den bisherigen Complexen oder Hauptgutsbesitzungen entsprachen, mit diesen zusammen auf dem für dieselben anzulegenden besonderen Grundbuchsfolium nach den Flurbuchsnummern eingetragen und hierdurch zu rechtlich geeinten Grundstückskörpern verbunden („consolidirt", „hinzu- (oder zusammen-) geschlagen"; Hyp.Ges. § 15, 3; §§ 153. 155. 212 bis 216; Richter, a. a. O. §§ 14—7; Judeich, a. a. O. 513 flg.).

Ferner gehören zu der oben erwähnten ersten Art von unter einer Grundbuchsnummer zusammengefaßten Grundstücken β) diejenigen selbständigen Folienobjekte, welche, ohne im Zubehörungs- oder Bestandtheilsverhältnisse mit einem anderen Grundstücke zu stehen, von ihrem Eigenthümer entweder einem demselben zugehörigen bereits vorhandenen „Gütercomplexe" oder „Hauptgute" (Richter, a. a. O. § 13) einverleibt oder mit einem oder mehreren selbständigen Grundstücken als Bestandtheile eines zu bildenden einheitlichen Grundstückskörpers zu rechtlicher Einheit mit der Bestimmung, „als Gesammtsache vereinigt zu bleiben" verbunden werden (GO. § 109; vgl. Hyp.Ges. § 60. 62).

Die rechtliche Bedeutung dieser Gesammtfolienbildung (α u. β) — Consolidation, Hinzuschlagung oder Zusammenschlagung — besteht in der Hauptsache darin, daß die auf Einem Folium eingetragenen Grundstücke als ein einheitliches selbständiges Rechtsobjekt behandelt werden, welches den durch die Dismembrationsgesetzgebung (Ges. v. 30. Nov. 1843 §§ 1. 3. 6; AVO. v. dems. Dat. § 1; VO. v. 26. Febr. 1853; Ges. v. 21. April 1873 §§ 6. 11 pct. 7) ihrer freien Theilbarkeit gezogenen Schranken unterliegt; ferner darin, daß in der Regel aufhaftende, aus dinglichen Belastungen oder pfandrechtlich versicherten Forderungen entspringende Leistungsverbindlichkeiten den ganzen durch den Folienstand gegebenen Grundstückscomplex nach seinen Bestandtheilen und Zubehörungen ergreifen (vgl. BGB. § 410, 1, verb. m. § 388 und Hyp.Ges. §§ 52. 53; Müller, Reallasten § 3, bes. Note 2 flg.).

Es gestattet aber außer diesen Fällen der Bildung von Gesammtfolien

b) die sächsische Grundbuchsordnung (Hyp.Ges. § 154, verb. m. AVO. § 53 und Ger.Ordn. § 206), soweit keine gesetzlichen Bestimmungen entgegenstehen, auch für solche mit selbständigen Folien versehene Einzelgrundstücke, welche zu einander nicht in das Verhältniß von Bestandtheilen oder Zubehörungen treten sollen, die Anlegung eines Gesammtfoliums („Zusammenschreibung"), wenn ihr Eigenthümer hierauf anträgt und sie unter der Gerichtsbarkeit derselben Grundbuchsbehörde gelegen sind. Hierdurch kommen die unter Einer Foliennummer zusammengefaßten Grundstücke, ohne die Eigenschaft von Bestandtheilen oder Zubehörungen anzunehmen, in das rechtliche Verhältniß der Gesammtsache (§ 64 d. BGB.'s).

Für den Eigenthümer bez. Erwerber hat diese Einrichtung den Vortheil nicht nur der Uebersichtlichkeit und Kostenersparniß, besonders in den Fällen, wo sonst für mehrere, nicht zu consolidirende Grundstücke eine große Mehrheit von Folien angelegt werden müßte, sondern auch des Befreitseins von den Beschränkungen, welchen bei Consolidationen die Theilbarkeit (Dismembration) der Grundstücke im öffentlich-rechtlichen Interesse unterliegt.

Für diejenigen aber, für welche schon vor der Zusammenschreibung in Ansehung der zusammengeschriebenen Grundstücke Rechtsverhältnisse begründet sind, hat dieselbe verschiedene Wirkungen, je nachdem durch die Bildung des Gesammtfoliums eine den bisherigen Bestand der vorhandenen Rechte oder ihre Sicherheit und Wirksamkeit afficirende Veränderung entsteht oder nicht.

Das letztere ist dann der Fall, wenn die Einzelgrundstücke zur Zeit hypothekfrei oder mit gleichen Hypotheken für die nämlichen Gläubiger behaftet sind, oder wenn die auf ihnen ruhenden Ansprüche Dritter ihrer Natur nach, — wie z. B. verschiedene in die erste Folienrubrik eingetragene Reallasten, — durch die Zusammenschreibung nicht berührt werden.

Dagegen ist diese wenigstens dann nicht ohne Weiteres für zulässig zu halten, wenn das eine oder andere der zusammenzuschreibenden Grundstücke mit besonderen, ihre freie Veräußerlichkeit beschränkenden rechtlichen Eigenschaften oder Dispositionsbeschränkungen behaftet ist und wenn die an einem dieser Grundstücke bestehenden Rechte von der Art sind, daß für die Berechtigten aus der Gemeinschaft im Falle der Veräußerung oder Verpfändung zukünftig Schwierigkeiten, Verwickelungen und Nachtheile zu besorgen sind, oder daß nach Bildung des Gesammtfoliums auch die anderen unter diesem zusammengefaßten Grundstücke von denselben mit ergriffen werden würden. Letzteres gilt insbesondere von den auf den verschiedenen zusammenzuschreibenden Grundstücken bereits haftenden Hypotheken. Denn nach dem der Vorschrift des § 388 zu Grunde liegenden Prinzip der ungetheilten Haftung des Hypothekenobjektes sind nicht die einzelnen räumlich begrenzten Grundstückstheile der Gesammtsache, sondern nur alle dieses Ganze bildenden Grundstücke zusammen hypothekfähiges Objekt und es können in dessen Folge auch bei der Anlegung des Gesammtfoliums keine Hypotheken, welche nur das eine oder andere der die Gesammtsache bildenden Grundstücke belasten, auf demselben eingetragen werden.

Liegt ein solches Hinderniß der Zusammenschreibung vor, so ist ihre Zulässigkeit von dem Ermessen der Buchbehörde abhängig zu machen. Diese hat im Interesse des praktischen Bedürfnisses und des Immobiliarkredits dafür zu sorgen, daß den Schwierigkeiten und Nachtheilen vorgebeugt werde, die durch die Zulassung derselben für die Sicherheit der Berechtigten, namentlich der betheiligten Hypothekarier entstehen können und auch hinsichtlich der an einzelnen Grundstücken Vor- oder Wiederkaufsberechtigten nicht ausgeschlossen sind. Lassen sich dieselben im Wege der Vereinbarung unter den Betheiligten, z. B. über die Rangordnung der auf dem Gesammtfolium einzutragenden, an den Einzelgrundstücken bestehenden Hypotheken erledigen, so dürfte dann der Ausführung der Zusammenschreibung weder vom Standpunkte der Rechtssicherheit noch der Rechtslogik aus ein gegründetes Bedenken entgegenstehen. (Vgl. Siegmann, HR. § 23; HO. § 85 S. 185—187; auch Regelsberger, bayer. HR. § 14. I. Nr. 3.)

4) Eine die bestrittene Behandlung der Gesammtsachen als Gegenstände von Rechten (Windscheid § 137, 4) betreffende direkte Vorschrift hat das BGB. nicht aufgestellt. Für die Annahme einer ablehnenden Haltung desselben gegen die Vorstellung, welche in der Gesammtsache ein ideelles Objekt („res incorporalis“) erblickt und sowohl die sie bildenden Einzelsachen als auch das Begriffsganze als mögliche Gegenstände besonderer Rechtsverhältnisse auffaßt, läßt sich unter Anderen anführen, a) daß nach dem constanten Sprachgebrauche des BGB.'s der Sachbegriff auf körperliche Gegenstände beschränkt wird (§ 22); b) daß Sachbesitz nur an Einzelsachen (also nicht an dem aus ihnen bestehenden Begriffsganzen [§ 191] stattfindet (BGB. § 191), und nur diese als Gegenstände des Eigenthumsrechts und der Eigenthumsklage bezeichnet werden (§§ 217. 295 ebendas.); c) daß in der Regel unter Lebenden die Eigenthumserwerbung einer beweglichen Gesammtsache als einer Einheit durch Einen Uebertragungsakt nicht stattfindet (arg. BGB. §§ 253 verb. mit 255), sondern hierzu der Nachweis des Erwerbes der einzelnen dazu gehörigen Sachen durch den besonderen der Natur derselben entsprechenden Rechtsakt erfordert wird (arg. § 2376 flg.) und daß das wirklich erworbene Eigenthum, selbst wenn es wie beim erbrechtlichen Erwerbe durch einen Akt

sofort an allen einzelnen unter dem Ganzen begriffenen Sachen erworben wird (§ 2281), doch diese einzelnen Sachen nur soweit ergreift, als dieselben Eigenthum des Erblassers waren, während an denjenigen im Nachlaß befindlichen Sachen, welche dem Erblasser nicht gehörten, durch den erbrechtlichen Gesammterwerb eine Aenderung der an ihnen bestehenden Rechtsverhältnisse nicht eintritt (§ 63, 1); d) daß auch beim Nießbrauche an einem ganzen Vermögen, doch jede einzelne Sache, welche dasselbe umfaßt, nach den für den Nießbrauch an dieser Gattung von Vermögensgegenständen geltenden Rechtsgrundsätzen zu beurtheilen ist (BGB. § 633, 2).

Wenn durch Gesetz oder Rechtsgeschäft ein Inbegriff von Einzelsachen unter einer Collectivbezeichnung zum Gegenstande eines Rechtsverhältnisses gemacht ist, so können Auslegungszweifel besonders in der Richtung entstehen, ob das Recht an der Gesammtsache für den Berechtigten auch dann noch fortbestehen soll, wenn die Zahl der darin enthaltenen Stücke sich bis auf ein dem Verkehrsbegriff der Gesammtsache nicht mehr entsprechendes Minimum verringert hat, oder ob der Bestand der Einzelsachen zur Zeit der Entstehung oder zur Zeit der Verwirklichung des Rechts am Ganzen für den Umfang der Leistung maßgebend sein soll. Das BGB. enthält in erster Beziehung (anders als das römische Recht, § 18 J. 2, 20) eine bejahende allgemeine Vorschrift (§ 63, 2); welche jedenfalls mehr gegen als für die Auffassung spricht, daß nicht die Einzelsachen, sondern das Begriffsganze, unter welchem dieselben durch Collectivbezeichnung zusammengefaßt werden, als abständiger Gegenstand des Rechtsverhältnisses habe angesehen werden Aen. In der zweiten Richtung aber stellt das BGB. hinsichtlich vernachter Gesammtsachen § 2463 eine dem römischen Rechte (§ 18 J. cit. 22 D. 30) entsprechende Auslegungsregel auf (vgl. v. Wächter, Würt. Pr. II. 236, 6), während bei Veräußerungen von Gesammtsachen unter Lebenden die Frage, welche Sachen im Zweifel als Veräußerungsgegenstand gemeint seien, der concreten Beurtheilung des Einzelfalles überlassen bleibt (arg. §§ 809. 810. 812).

2. **Beweglichkeit, Verbrauchbarkeit, Vertretbarkeit, Theilbarkeit der Sachen.**

§ 29.

I. Was den Unterschied der Mobilien und Immobilien betrifft (Windscheid, Pand. § 139; Stobbe, d. Pr.R. § 63) sind folgende Besonderheiten des sächsischen Rechts hervorzuheben:

1) Nach einer schon in der älteren Praxis aus Utilitätsgründen angenommenen und durch die Gesetzgebung (Ges. v. 26. Oct. 1834. II) anerkannten Rechtsansicht werden die Schiffmühlen den Immobilien gleichgeachtet. Das BGB. hat dies ausdrücklich (§ 59, 2) anerkannt.

Dagegen hat es die in älterer Zeit (Carpzov, III c. 24 def. 8) bestrittene und auch durch dec. 53 von 1661 nicht direct entschiedene Frage zu welcher Gattung von Sachen Windmühlen zu zählen seien (Heyne, Comm. z. Hyp.Ges. 1, 70 flg.) offen gelassen, weil hierüber in jedem Einzelfalle die größere oder geringere Festigkeit ihrer fundamentalen Verbindung mit dem Grund und Boden entscheidend sein müsse (Motive zu § 61 S. 583. 584; Schmidt, Vorl. I. § 26).

2) Durch das Hyp.Ges. v. 6. Nov. 1843 § 14 (vgl. AVO. v. 15. Febr. § 4) wurden gewisse durch ihre dauernde Ertragsfähigkeit einen eigenen Verkehrswerth repräsentirende („fruchtbringende") dingliche (auf einem Grundstücke lastende, aber nicht an das Eigenthum einer Liegenschaft geknüpfte) Berechtigungen (einschließlich gewisser Gewerbeberechtigungen) von selbständig veräußerlichen (nicht pertinentialen) und vererblichem Charakter insofern mit Immobiliarqualität bekleidet, als für sie wie für Grundstücke, jedoch, falls sie denselben nicht schon nach dem älteren Recht hinsichtlich der Lehnreichung gleichgestellt waren, nur mit Genehmigung des Justizministeriums ein besonderes Folium im Grund- und Hypothekenbuche eröffnet werden konnte. Hierdurch erlangten sie im rechtlichen Verkehr die Eigenschaft selbständiger Realindividualitäten (sog. Folienrechte), auf welche die in dem gedachten Gesetz über Grundstücke enthaltenen Vorschriften analog angewendet werden sollten (Hyp.Ges. § 14 Abs. 4).

Das BGB. hat in dem § 59, 2 verb. mit §§ 224, 2. 280. 495. 822 die Gleichstellung der foliumsfähigen Berechtigungen mit den Grundstücken in Bezug auf ihre Erwerbung, Uebertragung, Beschränkung und Verpfändung ausdrücklich anerkannt, aber weder eine begriffliche noch eine exemplicative Charakterisirung derselben (wie sie die AVO. zum Hyp.Ges. a. a. O. enthielt) gegeben. Es kann aber im Hinblick darauf, daß dasselbe die Grundprinzipien und Einzelbestimmungen des auf dem Ingrossationssystem beruhenden Hypothekengesetzes überall aufrecht erhalten hat und daß die in Frage kommenden Rechte im § 108 der Ger.Ordnung übereinstimmend mit dem im Hypothekengesetze gebrauchten Ausdrucke als „fruchtbringende Berechtigungen" bezeichnet werden, wohl keinem Zweifel unterliegen, daß es unter Folienrechten die im § 14 des Hyp.Gesetzes bezeichnete Gattung von dinglichen nutzbringenden Rechten gemeint habe. Einzelnen Arten dieser Gerechtsamen, welche in Sachsen zufolge eines eigenthümlichen von deutschrechtlichen Motiven beeinflußten Ganges der Rechtsentwickelung die Gestaltung eigenartiger, nicht unter eine der bestimmten römischen Kategorien von dinglichen Rechten einfügbaren Rechtsinstitute erhalten hatten, wie z. B. Zehnt- und Zinsrechte, sowie gewisse Gewerbeberechtigungen (OAGA. NF. 6, 371 flg.), ist theils durch die Ablösungsgesetzgebung (Ges. v. 15. Mai 1851 §§ 10 flg.), theils durch die sächsische und deutsche Gewerbegesetzgebung v. 15. October 1861 und vom 21. Juni 1869 §§ 7. 8. 10 die Fähigkeit, Gegenstand von Folienrechten zu sein, entzogen (Siegmann, Hyp.Ordn. S. 48 flg. 78; Leuthold, sächs. Verwaltungsrecht § 42 Nr. 2, § 47 Nr. 2). Infolge hiervon ist der frühere Kreis der ehedem ingrossationsfähigen Berechtigungen erheblich zusammengeschrumpft. Nach dem BGB. und den zur Ausführung desselben bestimmten Vorschriften der Ger.Ordn. vom 9. Jan. 1865 schließt er als solche zur Folienertheilung geeignete dingliche Rechte, welche mit den Grundstücken die Eigenschaften der Selbständigkeit, Veräußerlichkeit und Vererblichkeit, sowie der Gewährung dauernden Nutzungsertrags gemein haben, jetzt noch in sich: die sog. Abbaurechte und das (der römischen superficies verwandte) Bau- und Kellerrecht (Ger.Ordn. § 114 Nr. 5, § 124 Nr. 8, § 133 Nr. 3; Siegmann, Hyp.Ordn. S. 49 flg. 74. 99; Wächter, Abh. der Juristenfak. S. 176 flg.; Wachler, Ger.Ordn. S. 70. 76).

a) Unter „Abbaurecht" versteht man nach dem gangbaren Sprachgebrauche die Berechtigung, auf fremdem Grund und Boden unterirdische Fossilien, welche (anders als die dem staatlichen Verleihungsrechte [„Regalbergbau"] vorbehaltenen metallischen Mineralien, Steinsalz und Salzquellen) dem freien Verfügungsrechte des Grundeigenthümers als Ausfluß seines Eigenthumsrechtes (BGB. § 218) unterliegen, namentlich Stein- und Braunkohlen und Raseneisenstein durch bergmännischen Baubetrieb auszubringen und für sich zu gewinnen (Berggesetz vom 16. Juni 1868 §§ 1—4. 180; Siegmann, Hyp.Ordn. S. 49, Hyp.Recht S. 176). Gegenstände des Abbaurechts sind aber nicht blos unterirdische Lagerstätten von abbauwürdigen Fossilien (Stein- und Braunkohlen), sondern auch solche, nicht in der Tiefe des Erdschoßes befindliche fossile Bestandtheile des Grund und Bodens, welche wie z. B. Bruchsteine, Schiefer, Marmor, Kalk-, Lehm-, Thon-, Torf-, Porzellanerde rc. durch Tagebaubetrieb gewonnen werden können. (Verordn. des Justiz-Minist. v. 19. April 1861 im Wochenbl. f. merkw. Rechtsfälle v. 1861 S. 454; Ger.Ordn. § 114, 1—5, § 124, 8, § 133, 3; Siegmann, Hyp.Ordn. S. 50; Wächter, Abh. d. Juristenf S. 177).

Die Begründung solcher Abbaurechte als dingliche Dritten gegenüber wirksame Rechte und insbesondere als selbständige, den Vorschriften des Immobiliarrechts über die Veräußerung, Belastung und Zwangsvollstreckung der Grundstücke unterliegende Berechtigungen (BGB. §§ 59. 280. 495. 822; Subhast.Ord. §§ 1 u. 3; Schurig, Comment. 32. 42) ist nach dem gegenwärtigen Rechtszustande von ihrer Eintragung in der ersten Folienrubrik des Oberflächengrundstücks, bezw. von der Ertheilung eines besonderen Grundbuchsfoliums und ihrer Abschreibung vom abbaupflichtigen Folium abhängig (vgl. WA. 1878, 305 flg.).

Ueber die Auffassung und grundbücherliche Behandlung dieser Abbaurechte haben besonders mit Rücksicht auf die Gattungsverschiedenheiten der abzubauenden Fossilien die Ansichten im Laufe der Zeit gewechselt.

α) Vor dem allgemeinen Berggesetz vom 16. Juni 1868 waren nach § 12 des Gesetzes über den Regalbergbau v. 22. Mai 1851 nur die dem staatlichen Verleihungsrechte vorbehaltenen und lediglich durch bergamtliche Verleihung erwerbbaren Bergbaurechte auf regale Fossilien („metallische Mineralien"), der selbständigen Folienertheilung fähig und buchungspflichtig. Die Buchung mußte in den über das sog. „Eigenthum an Berggebäuden als unbewegliches Gut" von den Bergbehörden zu haltenden, nach dem Muster des Hypothekensystems von 1843 eingerichteten Grund- und Hypothekenbüchern geschehen (AVO. v. 16. December 1851 § 5).

Das Recht des Abbaues von Steinkohlen und unterirdisch abzubauenden Braunkohlenlagern, als ein nicht regales, der Verfügung des Grundeigenthümers unterliegendes Bergbaurecht (Haubold § 244 b. Not. f—g), bedurfte zu seiner Begründung als ein dingliches und vererbliches Recht, durch welches die abzubauenden Fossilien aufhörten, Zubehörungen des Oberflächengrundstücks zu sein, — Bekanntm. d. Just.-Minist. v. 31. Mai 1855 — nach Maßgabe des dasselbe regelnden Mandates vom 10. September 1822 (vgl. das die Lausitz betr. Mandat v. 2. April 1830) der obrigkeitlichen Confirmation des zwischen dem Grundeigenthümer und Abbauberechtigten geschlossenen Ueberlassungsvertrags (§§ 3. 28. 29 des angef. Mand. v. 1822). An die Stelle dieser gerichtlichen Bestätigung trat nach § 10 (verb. mit § 15, 2 und 169) des Grund- und Hypothekengesetzes v. 6. Novemb. 1843 die Eintragung (Abschreibung) des Abbaurechts in der I. Rubrik des Grundbuchsfoliums (WA. 1878, 305). Zur Veräußerung und Verpfändung einer solchen vererblichen Abbauberechtigung als eines selbständigen Immobiliarrechts reichte jedoch diese Eintragung nicht aus. Es bedurfte hierzu, weil sich nach der sächsischen Grundbuchsordnung solche Veränderungen zur Verlautbarung auf dem Folium der Grundstücksoberfläche nicht eigneten, der Anlegung eines besonderen Grundbuchblattes, welche von der vorgängig eingeholten Genehmigung des Justizministeriums abhängig war.

Gleiche Grundsätze wurden, obwohl erst nach manchen Meinungsschwankungen (Heyne, Comment. I. 63; Ztschr. NF. 8, 35; Siegmann, Grund- u. Hypoth.-Recht S. 49 Note; Wbl. 1861 S. 450 flg.) nach Maßgabe einer Entscheidung des Justizministeriums (VO. v. 19. April 1861 im Wbl. 1861 S. 454 flg.) auf Grund bestehenden Rechts und nach Analogie des § 10 des Grund- und Hypotheken-Gesetzes auch auf die Abbauberechtigungen solcher nicht regaler Fossilien angewendet, welche nicht unterirdisch durch Grubenbau, sondern durch Gräberei, durch bloße „Aufdeckarbeit", d. i. Abraum der oberflächlichen Lagerstätten unmittelbar zu Tage gewonnen werden (Haubold, a. a. O. § 244).

Das BGB. ließ diesen Rechtszustand im Wesentlichen unverändert. (Vgl. Publ.VO. v. 2. Januar 1863 § 3 unter 6; BGB. § 218 u. dazu allg. Motive S. 462, specielle Motive S. 642—43; G.Ordn. v. 9. Jan. 1865 §§ 108. 114, 5. 115.)

β) Das allgemeine Berggesetz vom 16. Juni 1868 regelt das Bergbaurecht auf metallische Mineralien und Salze und das Kohlenbergbaurecht nach einheitlichen Grundsätzen. Für beide Arten der Abbauberechtigung wird (nach erfolgter Abschreibung derselben auf der ersten Folienrubrik des abbaupflichtigen Grundstücks) die Buchungsfähigkeit auf einem besonderen, für sie zu eröffnenden Grundbuchsblatt — ohne das Erforderniß der vorgängigen Einholung der ministeriellen Genehmigung als zulässig anerkannt, falls der Berechtigte hierauf anträgt. Als gesetzliches, event. durch Ordnungsstrafen (AVO. vom 2. Decbr. 1868 § 48) erzwingbares Erforderniß wurde aber die Anlegung des Sonderfoliums für dieselben vorgeschrieben, wenn das betreffende Bergbaurecht als selbständiges Verkehrsobjekt Gegenstand gänzlicher oder theilweiser Weiterveräußerung oder dinglicher Belastung werden sollte (§§ 48. 49; Motive zu Bd. II Nr. 22 der Dekrete in Landtagsacten von 1885/86).

γ) Nach den Vorschriften des die Abänderung des allgemeinen Berggesetzes betr. Gesetzes vom 18. März 1887 ist — unter Aufhebung der Bestimmungen des allgemeinen Berggesetzes in den §§ 48. 49. 52. 169. 171 — die Buchungsbedürftigkeit nach Maßgabe der Grundsätze des bürgerlichen Rechts für ein jedes Bergbaurecht auf einem für dasselbe bei seiner Entstehung anzulegenden Sonderfolium als gesetzliche Regel aufgestellt (Art. I zu §§ 48 u. 49).

δ) Hinsichtlich der übrigen nicht durch Grubenbau, sondern durch Abraum abzubauenden Fossilien oberflächlicher Lagerstätten (α) bleibt die Frage der Zulässigkeit besonderer Folienanlegung (Ger.Ordn. § 108) nach wie vor von der ministeriellen Genehmigung abhängig, welche aus den in der Minist.VO. vom 16. Januar 1867 (Just.Min.Bl. S. 48) ausgeführten Gründen in der Regel nur dann ertheilt zu werden pflegt, wenn das Abzubauende zu denjenigen Materialien gehört, deren Abbau erfahrungsgemäß als ein selbständiger Erwerbszweig mit dauerndem Nutzen betrieben werden kann.

Seiner rechtlichen Natur nach (Gerber, § 95, 8; Stobbe, II. § 143 Nr. 5) erscheint das Abbaurecht zwar im Allgemeinen als ein dingliches Nutzungsrecht an einem fremden Grundstücke (Siegmann, Hyp.-Ordn. S. 49 flg. und sächs. Hyp.-R. S. 176). Allein es ist nach

Gegenstand, Beschaffenheit und Inhalt so eigenartig gestaltet, daß es sich nicht vollständig unter eine bestimmte Kategorie der vom BGB. normirten jura in re aliena und namentlich weder unter den Begriff der Dienstbarkeiten, noch auch der Reallasten subsumiren läßt. Denn es verleiht dem Berechtigten an dem abbaupflichtigen Grundstück in Bezug auf dessen unterirdische Bestandtheile und bezw. Oberfläche eine zu Substanzverminderungen berechtigende unmittelbare Herrschafts- und Verfügungsbefugniß. Das Kohlenabbaurecht beruht gewöhnlich auf einem Ueberlassungsvertrage, durch welchen der Eigenthümer des Grund und Bodens das als Ausfluß seines Grundeigenthumsrechts (BGB. § 218, Allg. Berggesf. §§ 1. 2. u. 4) ihm an den unausgeschieden als Bestandtheile in seinem Fundus befindlichen abbauwürdigen Mineralien und Fossilien zustehende Bergbaurecht einem Anderen einräumt, ohne jedoch dadurch eine reallastenmäßige Verpflichtung zum Geben oder Thun (§ 505) zu übernehmen. Eine solche Veräußerung will das allgemeine Berggesetz (§ 49, 2) aus dem Gesichtspunkt der für die Grundstücksabtrennungen auf dem Gebiete des Immobiliarsachenrechts maßgebenden Vorschriften (BGB. § 449) beurtheilt wissen. Auf gleicher Auffassung beruht das angef. Ergänzungsgesetz v. 2. Dec. 1887, welches Art. I, § 48 die Abtrennung des Rechts zum Kohlenabbau durch Abschreibung von dem Folium des Oberflächengrundstücks anordnet und diese nach den für Grundstücksabtrennung geltenden allgemeinen Grundsätzen für zulässig erklärt, wenn das Abbaurecht ohne Beschränkung auf bestimmte Zeit (vgl. hierüber Siegmann, H.O. S. 53) oder auf eine bestimmte Person u. s. w. veräußert wird. Der Abbauberechtigte erlangt durch die Veräußerung an sich noch nicht das Eigenthum an den in dem bestimmt abgemessenen Grubenfelde (Berggesf. § 40) befindlichen nutzbaren Mineralien, sondern nur die ausschließliche Befugniß, die zum Abbau verliehenen Lagerstätten derselben im Wege bergmännischen Betriebes aus ihrer integrirenden Verbindung mit dem Grundstückskörper zu lösen, zu Tage zu fördern und sich anzueignen (zu „gewinnen"). — Vgl. WA. 1878 321 flg., auch Motive zum deutschen Entw. II. 42.

b) Ueber das Bau- und Kellerrecht wird das Nähere unten in dem betreffenden Abschnitte vorkommen.

3) Ueber die Mobiliarqualität der Sachen entscheidet zunächst ihre physische Beschaffenheit, ihre Fähigkeit zur Raumveränderung ohne Wesensveränderung. Infolge besonderer gesetzlicher Vorschriften aber werden nach der neueren Rechtsauffassung zu den Mobilien gerechnet:

a) Die im älteren Rechte (Const. 25, P. III; Haubold § 257) als Immobilien behandelten Antheile der einzelnen Theilnehmer einer Gewerkschaft an dem Bergvermögen (v. Gerber, § 97; Schmidt, I. § 76;

Gesetz über d. Regalbergbau v. 22. Mai 1851 § 15 u. Allg. Berggesetz v. 16. Juni 1868 § 13).

b) Zufolge der in deutscher Rechtsanschauung begründeten Uebertragung der römischen Eintheilung von beweglichen und unbeweglichen Sachen auf die möglichen Objecte eines ganzen Vermögens, über welches nach dem Gesichtspunkte der Beweglichkeit oder Unbeweglichkeit seiner Bestandtheile verschiedene Verfügungen getroffen sind (z. B. BGB. §§ 2169. 2170), entsteht in Bezug auf dazu gehörigem Rechte die Frage, ob diesen Mobiliar- oder Immobiliareigenschaft zukomme. Das BGB. § 60 läßt über diese in der Doctrin verschieden beurtheilte Frage nicht unbedingt die Natur des Gegenstandes entscheiden, sondern zählt nur diejenigen Rechte zu dem unbeweglichen Vermögen, welche mit Immobilien verbunden oder an solchen zuständig sind, schließt aber von letzteren die Hypothekenrechte (§ 387) aus und rechnet diese und alle Forderungsrechte überhaupt (ohne Rücksicht auf die Beschaffenheit ihres Gegenstandes) zu dem Mobiliarvermögen (§ 60. Wbl. v. 1873, S. 21; OAGA. NF. Bd. 10, S. 223; Wbl. v. 1870, S. 455).

II. Die für die obligatorischen Rechtsverhältnisse wichtige Eintheilung der Sachen:

1) Nach der Gleichgiltigkeit ihrer individuellen Bedeutung für das fragliche Verhältniß in vertretbare (Gattungssachen) und in verbrauchbare (verzehrbare), bezw. nur abnutzbare Sachen (Windscheid §§ 140. 141) hat das BGB. unter Vermeidung der in der älteren Rechtstheorie vorkommenden irrigen Auffassung, welche beide Sacharten identificirte, im gemeinrechtlichen Sinne aufrecht erhalten, vgl. § 61 mit §§ 623. 1274. 1277. 1279. Insbesondere hat es die Streitfrage darüber, ob Kleidungsstücke zu den verbrauchbaren bezw. abnutzbaren Sachen zu rechnen sind, durch die dispositive Vorschrift (§ 624, vgl. § 2 J. 2, 4 l. 1 D. 7, 5; Windscheid § 140 Note 2) in verneinendem Sinne entschieden.

2) Von einer begrifflichen Bestimmung des Wesens der Theilbarkeit der Sachen und Rechte hat das BGB. abgesehen, obwohl es diesen Begriff in einer Reihe von Einzelvorschriften zur Anwendung bringt, welche die der Doctrin geläufige Unterscheidung zwischen natürlicher und juristischer (ideeller) Theilbarkeit (v. Wächter, Pand. I. § 64; Windscheid, Pand. I. § 142. Note 2—5; Dernburg, Pand. I. § 76) zur Voraussetzung haben. (§§ 192. 328. 388. 648. 1024. 1037. 1038. 1163. 2139 2c.)

a) Die bei allem Körperlichen in der Regel vorhandene Möglichkeit der physischen Zerlegung in einzelne Stücke ist in privatrechtlichen Verhältnissen, besonders, wenn es sich um die Frage der Erzwingbarkeit einer Theilung unter Mitberechtigten oder Mitverpflichteten handelt, nicht Ausschlag gebend, weil sich diese nicht nach physikalischen Rücksichten, sondern nach dem ökonomischen Werthe der Theilstücke, ihrer wirthschaftlichen

Brauchbarkeit und namentlich danach richtet, ob die getrennten Theile (res naturaliter dividuae) als solche in ihrer früheren Beschaffenheit als selbständige in ihrer Summe dem früheren Ganzen gleichwerthige Sachen fortbestehen („juristischer Begriff der Theilbarkeit", Windscheid a. a. O. Note 5). Theilbar in diesem Sinne ist der Grund und Boden. Dieser kann auch ohne die Möglichkeit einer Aufhebung des körperlichen Zusammenhanges durch Ziehung einer, wenn auch nicht gerade äußerlich markirten Grenze (communio pro diviso) — ein Gebäude mittelst Durchziehung einer Wand getheilt werden (l. 6 § 1 D. 8, 4); die horizontale Theilung eines Gebäudes nach Stockwerken aber ist von dem Standpunkte des BGB.'s aus zwar der Nutzung nach (vgl. z. B. §§ 638 f. 1159, 1), nicht aber in Bezug auf das Eigenthum für zulässig zu halten, während einzelne Partikularrechte (z. B. code civil. art. 552 f., vgl. Kuntze, die Kojengenossenschaft, 1888) auch eine solche statuiren. Denn abgesehen von den ihrer Zulässigkeit entgegenstehenden allgemeinen, theils legislativpolitischen, theils wirthschaftlichen Bedenken (Motive z. deutsch. Entw. III. 45 und zu Art. 73 des Entw. e. Einführungsges. S. 197 f. und hierzu Gutachten aus d. Anwaltsstande S. 1260 f.), erscheint eine solche Theilung des Stockwerkeigenthums mit den dem römischen Standpunkte („superficies solo cedit") entsprechenden Vorschriften des BGB.'s (§§ 284 u. 286) nicht wohl vereinbar, nach welchen ein auf dem Grund und Boden (nicht blos zu vorübergehenden Zwecken von einem berechtigten Dritten) errichtetes Gebäude mit der Verwendung der hierzu erforderlichen Baumaterialien definitiv Bestandtheil des Grund und Bodens und damit Eigenthum des Eigenthümers desselben werden soll (oben § 28 I. u. vgl. die Entsch. in Seuffert's Arch. 4, 101 u. in WA. NF. 6, 125). — Zu beachten ist jedoch, daß aus öffentlichrechtlichen Motiven und im Interesse des Realcredits auch für Immobilien, welche an sich natürlich theilbar sind, Beschränkungen der Theilbarkeit durch legislative Anordnungen (Dismembrationsgesetz) und durch das Einwilligungsrecht der Hypothekengläubiger begründet werden können (oben § 28 S. 94 und wegen der Reallastenberechtigten Müller, Reallasten S. 31. 34 f. u. 143). Von den beweglichen Sachen wird in der Regel denjenigen die reelle Theilbarkeit zu versagen sein, deren Bedeutung und Werth im Verkehr nicht blos in ihrem Stoffe (bez. in ihrer Quantität, l. 35, 14 D. 45, 1), sondern in ihrer Form als einheitlicher Natur- oder Kunstgebilde beruht, weil hier eine substantielle Zerstückelung gewöhnlich nicht ohne eine erhebliche Beeinträchtigung ihres Wesens oder Werthes möglich sein wird. Uebrigens kann auch bei einer an sich physisch theilbaren Sache die Statthaftigkeit der Realtheilung durch besondere Dispositionen ausgeschlossen werden (vgl. l. 14 §§ 2. 3 D. 10, 3 l. 16 § 1 D. 17, 2 mit BGB. §§ 328 u. 2346).

b) Die natürliche Untheilbarkeit einer Sache hindert aber nicht die ideelle oder intellectuelle Theilung derselben („pro partibus ubique indivisis ut intellectu magis partes habeat, quam corpore“, l. 5 D. 45, 3). Diese bewirkt ein Rechtsverhältniß, nach welchem die Gesammtheit der an der nämlichen, physisch ungetheilten Sache bestehenden Befugnisse (Nutzungs-Gebrauchsrechte, Anspruch auf einen Sachtheil im Auseinandersetzungsfall) und bezw. an derselben angeknüpften Verpflichtungen (Lastentragung, Bestreitung der Erhaltungs- und Wirthschaftskosten) bei mehreren Personen als gemeinschaftlich Berechtigten und Verflichteten sich dergestalt befindet, daß jeder Einzelne nur auf einen Bruchtheil derselben beschränkt ist (vgl. BGB. §§ 333—335 und über die in der Doctrin sehr bestrittene Auffassung der Natur dieser Theilrechte: Windscheid, Pand. § 142 Nr. 4, bes. Note 10—11 u. § 169 Note 5).

c) Theilbar sind nicht nur Sachen, sondern auch Rechte, wenn sie in mehrere selbständige, dem ursprünglichen ganzen Rechte nach Natur und Inhalt gleiche, wenn auch ihrem Umfang nach geminderte Rechte zerlegt werden können. Theilbar auf diese Weise ist das Eigenthumsrecht, weil dessen Theilung Sachtheilung ist, von den Dienstbarkeitsrechten ist nur der Nießbrauch theilbar. Untheilbar sind die übrigen persönlichen und Prädial-Servituten und auch das Pfandrecht (Untheilbarkeit der Pfandhaftung; §§ 538. 648. 659. 372—374. 388; GO. § 144) bei Forderungsrechten und Reallastenberechtigungen hängt die Frage der realen, bez. ideellen Theilbarkeit von der Theilungsfähigkeit ihres Leistungsobjektes ab (§§ 1037. 1038; vgl. aber §§ 694. 695; Müller, Reallasten a. a. O.).

3. Verhältniß zu anderen Sachen (Haupt- und Nebensachen) insbesondere.

a) Bestandtheile und Zuwachs.

§ 30.

Die Unterscheidung der Sachen in Hauptsachen und Nebensachen (BGB. §§ 247. 250) beruht im Allgemeinen auf dem Gesichtspunkte, daß mehrere Sachen zu einander in eine Beziehung treten können, derzufolge die eine zu der anderen nach den herrschenden Verkehrsbegriffen in ein für ihr rechtliches Schicksal bedeutsames Verhältniß der Unterordnung, Abhängigkeit und Unselbständigkeit tritt (accessiones, Nebensachen im weiteren Sinne). Die Entscheidung der Frage, ob eine Sache und welche im gegebenen Falle die Eigenschaft einer Hauptsache oder einer Nebensache habe, überläßt das BGB. § 250 in erster Linie der richterlichen Beurtheilung, welche sich hierbei zunächst an die Auffassung des Verkehrs zu halten hat, und erst dann, wenn hierdurch zu einem sicheren Entscheid nicht zu gelangen ist, das Werthsverhältniß als Ausschlag gebend ansehen soll (vgl. Mot. zu deutsch. Entw. § 891. III. S. 359 u. Windscheid, Pand. § 189 b. Note 6; Wächter, Pand. I. 299 Beil. I. unter III. 2).

Die rechtliche Bedeutung und Wirkung jenes Abhängigkeits- und Unterordnungsverhältnisses kann eine verschiedene sein, je nachdem die in Frage kommende Nebensache zufolge ihrer natürlichen Beschaffenheit und Verbindung mit der Hauptsache oder zufolge ihrer rechtlichen und wirthschaftlichen Bestimmung entweder als unselbständiger Theil derselben oder als ein ihren Zwecken dauernd dienstbarer und deshalb ihr zugehörender selbständiger Gegenstand sich verhält. Unter diesen verschiedenen Gesichtspunkten unterscheidet das BGB. Bestandtheile, Zuwachs und Zubehörungen.

Der Bestandtheilsbegriff umfaßt in der Regel diejenigen in der Hauptsache als unselbständige Theile enthaltenen Stücke, welche die Sache bilden und zu ihrer Vollendung als Ganzem gehören. In Verbindung mit dem Ausdrucke „Zuwachs" (§§ 65. 218. 413) bezeichnet Bestandtheil gewöhnlich den körperlichen Ursprungsbestand der Sache im Verhältniß zu später hinzugekommenen Erweiterungen desselben, welche durch ihre innere natürliche Produktionskraft entstanden oder durch eine von außen her erfolgte physische Vereinigung Bestandtheile des Ganzen wurden, z. B. die mit der fruchttragenden Sache noch verbundenen Früchte (l. 44 D. 6, 1) und die durch natürliche Ereignisse (Alluvion) oder mechanische Thätigkeit (§§ 281 flg. 284 flg.) vollzogenen Verbindungen. In Bezug auf diese Nebensachen gilt auch nach dem BGB. der Grundsatz, daß sie in der Regel die Natur der Hauptsache theilen und an dem für diese geltenden Rechtsverhältnisse Theil nehmen (§§ 218. 303. 410, 1. [413.] 605. 1090. l. 10. § 13. D. 34, 3).

b) Zubehörungen (Hilfssachen, Pertinenzen).

§ 31.

1) Die Merkmale der Zubehörungseigenschaft, welche der § 65 des BGB.'s als gesetzliche Erfordernisse des Zubehörungsbegriffes aufstellt, entsprechen im Wesentlichen der auf Grund der römischrechtlichen Einzelentscheidungen entwickelten gemeinrechtlichen Doctrin (v. Wächter, Pand. I. 298. 300 flg.; Windscheid, Pand. § 143; Dernburg, Pand. I. § 77; Stobbe, deutsch. Priv.-R. I. § 65).

Das BGB. betont an der angeführten Gesetzesstelle das (öfters nicht gehörig beachtete) negative Merkmal des Gegensatzes zwischen Zubehörung und Bestandtheil. Während die Bestandtheilseigenschaft darauf beruht, daß Bestandtheile als Stücke, die den Bestand eines Sachganzen bilden, dieses in ihrem Zusammenhang erst zum vollendeten Ganzen machen, hierdurch ihren bestimmungsmäßigen wirthschaftlichen Zweck erfüllen und in jenem als unselbständige Theile aufgehen (WA. 6, 18. NF. 3, 445; Reichsg.-Entsch. 9, 171; Seuffert, Arch. NF. 6, 15), liegt das Charakteristische der Zubehörungen darin, daß eine Sache unter Wahrung ihrer Selbständigkeit und unbeschadet der an ihr bestehenden Eigenthumsverhältnisse (vgl. Motive zu § 66) zu dauerndem Dienst und bleibender Gebrauchsbeförderung einer anderen Sache, nicht blos für das individuelle Interesse des Eigenthümers derselben oder für vorübergehende, ihren Gebrauchszwecken fernliegende Zwecke, bestimmt (OAGA. NF. 9, 350) und zu ihr, gleichviel, ob durch körperlichen Zusammenhang oder durch thatsächliche Herstellung eines dieser Bestimmung entsprechenden äußeren Verhältnisses wirklich verwendet wird, ohne dadurch Bestandtheilseigenschaft anzunehmen. (Die sogenannte Wand-, Band-, Niet- und Nagelfestigkeit deckt sich an sich noch nicht mit dem Pertinenzbegriff: Dernburg, Pand. § 77, 3; Stobbe, a. a. O. § 65; VI. WA. 2, 133).

Diese gesetzliche Normirung der Voraussetzungen des Zubehörungsbegriffes hat aber nicht den Charakter eines zwingenden, sondern eines dispositiven Rechtssatzes. Bei Anwendung desselben werden nicht selten Lebens-, Orts- und Geschäftsgewohnheiten oder der Wille des Eigenthümers für die Beurtheilung der Frage wichtig sein, ob eine Sache bleibend als für den Dienst einer anderen bestimmt anzusehen sei, und es wird in diesem Falle einer Sache, auf welche die gesetzlichen Pertinenzmerkmale passen, die Zubehörungseigenschaft abzusprechen sein, wenn die nachweisbare Verkehrssitte dieser Auffassung entgegensteht. Daß der Eigenthümer unbehindert ist, durch Privatdisposition auch solche Sachen, welche nach Maßgabe der gesetzlichen Erfordernisse des Pertinenzbegriffes die Zubehörungseigenschaft haben würden, von dieser Eigenschaft und den sich daran knüpfenden rechtsgeschäftlichen Wirkungen auszuschließen (WA. 3, 142; RG. 9, 170), kann ebensowenig bezweifelt werden, als seine Befugniß, Gegenstände, auf welche die allgemeinen Pertinenzmerkmale nach den herrschenden Verkehrsansichten nicht passen (z. B. Sattel und Zeug bei dem Pferdekauf), durch besondere Verfügung in eine nebensächliche Beziehung zu einer anderen Sache zu setzen und den Umfang der rechtlichen Wirkungen seiner Verfügung über die Hauptsache, auch auf diese zu erstrecken. Das BGB. hat dieser Möglichkeit keinen Einfluß auf die Bestimmung der allgemeinen Erfordernisse des Pertinenzbegriffes gestattet, weil das Gegentheil leicht irreführend wirken kann und das Urtheil über die rechtliche Bedeutung und Tragweite einer solchen rechtsgeschäftlichen Anordnung eine den allgemeinen Regeln der Auslegung nicht entziehbare Interpretationsfrage ist (Windscheid, Pand. § 143 Note 3; Unger, österr. Priv.R. I. § 55. S. 444 flg. und bes. S. 450; vgl. auch Regelsberger, bayr. Hyp.R. S. 203 flg.).

2) Die Aufstellung der, wenn auch generellen, doch für den Be-

dürfnißfall einen grundsätzlichen Anhalt bietenden Bestimmungen über die Erfordernisse des Pertinenzbegriffes (Comm. Prot. 11, 5—6) reicht indessen für die praktische Anwendung nicht immer aus, um die Schwierigkeiten und Zweifel zu beseitigen, welche hinsichtlich gewisser Gattungen von Sachen darüber entstehen können, ob im Einzelfalle mit Rücksicht auf ihre wirthschaftliche, technische oder Verkehrsbedeutung die allgemeinen gesetzlichen Voraussetzungen des Pertinenzbegriffes bei ihnen zutreffen. Dem praktischen Bedürfnisse einer konkreten verdeutlichenden Anwendung des Zubehörungsbegriffes in solchen Fällen hat das BGB. dadurch zu entsprechen gesucht, daß es für den Fall, wenn überhaupt die allgemeinen, die Pertinenzeigenschaft begründenden Voraussetzungen vorliegen, eine Reihe erläuternder Beispiele von Gegenständen aufstellt, welche bei gewissen zur Wohnung oder zum Gewerbebetriebe durch ihre Einrichtung bestimmten Grundstücken und Gebäuden präsumtiv als Zubehörungsstücke derselben gelten sollen. In der einen dieser Gruppen wird die Zubehörungseigenschaft beigelegt den auf Grundstücken befindlichen Anlagen und auf Immobilien sich beziehenden Urkunden, Rissen und Karten, ferner den Fischen in Teichen und insbesondere bei Wohnhäusern dem Hofraum, den Fensterläden, Winterfenstern, Oefen und Feuerlöschgeräthschaften (§ 68). Die andere Gruppe umfaßt die für gewerbliche Zwecke und Fabrikgeschäfte bestimmten und eingerichteten Gebäude oder Gebäudetheile und die zum Landwirthschaftsbetriebe eingerichteten Grundstücke. Bei diesen rechnet das BGB., abweichend von der auf den römischen Quellen beruhenden gemeinrechtlichen Auffassung (und mit ihm conform der deutsche Entwurf § 791 Motive III. 66 flg.) gewisse zum Inventar gezählte Gegenstände, und zwar bei den zu gewerblichen Zwecken bestimmten Gebäuden die diesem Zwecke dienenden Geräthschaften (einschließlich der Maschinen), bei landwirthschaftlichen Grundstücken nicht nur das zum Wirthschaftsbetriebe erforderliche Geräth und Vieh, sondern auch die zur Wirthschaftsfortführung bis zur Selbstgewinnung gleicher oder ähnlicher Produkte erforderlichen Erzeugnisse und Düngemittel (§§ 69. 70) zu den sogenannten präsumtiven Hilfssachen. (Reichhaltiges casuistisches Material aus der Spruchpraxis, s. bei Wengler u. Brachmann, das BGB. zu § 65 und Hoffmann 2c. zu §§ 65—71 des BGB.'s). Insbesondere über die Pertinenzeigenschaft der Brandvergütungsgelder (OAGA. NF. 4, 536; WA. 5, 460; Regelsberger a. a. O. 352 flg.). Consequenter Weise endigt das Zubehörungsverhältniß mit dem Wegfall eines der zu seiner Entstehung nothwendigen Erfordernisse, daher insbesondere durch eine dauernde und endgültige, nicht aber durch eine zu vorübergehendem Zwecke vorgenommene Lösung des Pertinenzstückes von der Hauptsache (§ 67. l. 18. § 1. D. 19, 1).

3) Die praktische Bedeutung des Zubehörungsverhältnisses beruht

für das römische Recht darin, daß in Ermangelung abweichender Vereinbarung jede rechtliche Verfügung über eine Sache auch deren Zubehörungen mit ergreift (Windscheid, Pand. a. a. O. Note 3; Dernburg a. a. O. Note 2). — Diesen Rechtssatz hat das BGB. insofern noch erweitert, als es ihn auch auf solche Zubehörungen erstreckt, welche erst nach der Verfügung über die Hauptsache zu ihr hinzugekommen sind (§ 66 verb. m. §§ 410, 1. 605, 1. 1090, 1).

4) Nach dem BGB. können nicht blos bewegliche Sachen Zubehörungen einer anderen beweglichen (§ 71) oder unbeweglichen Sache (§ 410 flg. u. bes. 413) sein, sondern es können (anders als nach dem deutschen Entwurfe, Motive 3, Seite 63. 64) auch unbewegliche Sachen zu anderen Immobilien in das Pertinenzialverhältniß treten (GO. §§ 110 bis 112. 123. 124, 3. 129. 130; gemeinrechtl. bestr. Windscheid a. a. O. Note 9).

Es hat aber in Bezug auf die unbeweglichen Zubehörungen wie in anderen neueren Gesetzgebungen (vgl. Dernburg, pr. Priv.R. I. § 62. Note 4. 6. 7; Regelsberger, bayer. Hyp.R. S. 203; Stobbe, deutsch. Priv.R. § 65 IV.), so auch in der sächsischen Rechtsentwickelung unter dem Einfluß altdeutscher Rechtsanschauungen (Dernburg a. a. O. § 60), besonders bei den zu den Landgütern gehörenden Flurstücken der Zubehörungsbegriff eine über den technischen Sinn des § 65 hinausgehende Anwendung erhalten.

a) In dem Sprachgebrauch der sächsischen Rechtsquellen und Jurisprudenz werden die Ausdrücke „Zubehörungen" und „Bestandtheile" in Ansehung der Immobilien begrifflich nicht immer streng gesondert. Mit Rücksicht auf die Steuerpflichtigkeit der Grundstücke wurden als Pertinenzen derselben im Unterschied von den „walzenden" Grundstücken diejenigen Flurparzellen gekennzeichnet, welche im Steuernormaljahr (1628) „unter dem vollen Schockquanto eines Guts oder Hauses in einer unzertrennten Summe mit verschatzt worden sind" (vgl. Gener. v. 1. Novbr. 1741 § 13 u. Gen.-Instruktion f. d. St.Revis. v. 14. Okt. 1799 § 28; Haubold, Priv.R. § 174 Note d u. oben § 28. II. 3 a). Nach den Vorschriften der Hypothekengesetzgebung v. 6. Novbr. 1843, mit welchen das BGB. im Wesentlichen übereinstimmt, sind Flurstücke („Parcellen"), die zu einem anderen gehören oder Bestandtheile eines Grundstückkörpers sind, auf dem Folium des Hauptgutes als „Zubehörungen" nach den Flurbuchsnummern aufzuführen und es hat, was auf diese Weise in der ersten Rubrik des Gesammtfoliums als Zubehör oder Bestandtheil eingetragen ist', die Eigenschaft als Zubehörung (vgl. Hyp.G. §§ 15, 3. 55. 155. 156; Heyne, Comm. II. S. 87 flg.). Hieran ist auch durch das BGB. und die dazu gehörige Hypothekenordnung (BGB. § 410 verb. mit GO. §§ 109. 110. 114, 1. 124, 3) im Wesentlichen Nichts geändert, indem auch hiernach unter die unbeweglichen Zubehörungen eines Grundstücks die auf seiner ersten Folienrubrik als Bestandtheile desselben angegebenen Flurparcellen einschließlich der darauf errichteten Gebäude begriffen werden (Siegmann, sächs. Hyp.Recht S. 64). Aus dem Allen ergiebt sich, daß für den Begriff der unbeweglichen Zubehörungen, nach der sächsischen Rechtsauffassung auf das durch den gemeinsamen ordnungsmäßigen Eintrag in der ersten Rubrik des einheitlichen Grundbuchsfoliums konstatirte Verhältniß der rechtlichen oder wirthschaftlichen Zusammengehörigkeit (Merkmale derselben: Richter, Anl. zur Bearb. d. Gr. und Hyp.B. §§ 17 flg.) oder der Eigenschaft von Einzelgrundstücken als Bestandtheile vorhandener Gutskomplexe oder erst rechtlich zu vereinigender Grundstückskörper (oben § 28 angef.) das Schwergewicht gelegt wurde, während die dem Pertinenzbegriffe im technischen Sinne (§ 65) angehörende Frage, ob diese Grundstücke für das Hauptgrundstück nicht nur als Nebenstücke zu dauerndem Dienste bestimmt, sondern auch in eine dieser Bestimmung entsprechendes äußeres Verhältniß gebracht seien, entschieden in den Hintergrund trat.

Obwohl hierdurch, wie bereits von Curtius (Handb. II. § 406 Note 9) bemerkt ist, die Begriffsgrenze der unbeweglichen Zubehörungen und der Bestandtheile in Schwanken gerieth, sind doch für das praktische Bedürfniß hieraus keine Schwierigkeiten erwachsen, weil sich an die Eigenschaft eines Grundstückes als Zubehörung eines anderen im Wesentlichen dieselben Rechtsfolgen anknüpfen, wie an die Bestandtheilseigenschaft desselben (vgl. auch Motive zu dem die Ausdehnung des Zubehörsbegriffes auf Grundstücke ausschließenden deutsch. Entw. Bd. 3, 63 flg.).

b) In Ansehung der mit Grundstücken aktiv verbundenen Berechtigungen (Realrechte), ist es vom Standpunkte des geltenden gemeinen Rechts fraglich, ob dieselben als Zubehör oder als Bestandtheil oder als rechtliche Eigenschaft des Grundstückes zu behandeln seien (Regelsberger, S. 63; Unger, öst. Priv.-R. I. 455; Motive z. dtsch. Entw. III. 60). — Nach der sächsischen Rechtsauffassung gehören:

α) Fruchtbringende Berechtigungen dieser Art, d. h. nutzbare, den Grundstückswerth erhöhende (rentable) Gerechtigkeiten, soweit solche nach dem gegenwärtigen Stande der deutschen Gewerbegesetzgebung noch bestehen (vgl. Siegmann, Hyp.Ordn. S. 48 und 78; R.Gew.O. §§ 7. 10, 2. 48; Ztschr. 44, 168. 46, 429; WA. 5, 322. 6, 205) im Falle eines entsprechenden Antrages des Berechtigten zu den zwar buchungsfähigen, aber hinsichtlich ihrer Begründung und Tragweite nicht unter dem Schutz des Publizitätsprinzips stehenden Realrechten. Das Hyp.Ges. v. 1843 § 15. Nr. 3 Abs. 2 gestattet, indem es diese Gerechtsame an die Kategorie der einzutragenden unbeweglichen Zubehörungen (Bestandtheile) eines

Grundstückskörpers anreiht, ihre Vortragung unter diesem Gesichtspunkt (vgl. § 169), und die Gerichtsordnung vom 9. Januar 1865 hat sich, soweit sich dies aus den §§ 115. 116 u. 124 Nr. 3—6 entnehmen läßt, dieser Auffassung angeschlossen.

β) In Ansehung gewisser, unabhängig vom Besitz eines Grundstückes ausübbarer Berechtigungen, welche, weil sie mit Grundstücken die Eigenschaften eines selbständigen, dauernden, veräußerlichen und vererblichen Vermögens- und Verkehrswerthes theilen, eines selbständigen Grundbuchsfoliums fähig sind (sog. Folienrechte: BGB. § 59, 2; Ger.Ordn. § 108, oben § 29), gehen die Ansichten darüber auseinander, ob sie, wenn die Anlegung eines besonderen Grundbuchsblattes für sie unterbleibt, der Anwendung der für Grundstücke geltenden Vorschriften, soweit ihre verschiedene Natur es gestattet, unter der Voraussetzung unterliegen, daß sie nach vorgängiger Verlautbarung derselben auf dem belasteten Grundstücke durch einen entsprechenden Eintrag als Zubehörungen oder Bestandtheile eines anderen Grundstückes auf dessen Folium mit aufgenommen werden (vgl. Siebenhaar, Lehrb. § 224; Siegmann, Hyp.Ordn. S. 99; Wächter, Abh. d. Juristenfak. S. 183 flg.). Die Praxis befolgt theils unter Bezugnahme auf die Analogie der Vorschriften im § 48 und 49 des Berggesetzes von 1868, theils aus sehr beachtlichen wirthschaftlichen und juristischen Erwägungen die bejahende Meinung (vgl. WA. NF. 6, 113, bes. S. 125 nebst Anm.).

c) An den Unterschied der unbeweglichen und beweglichen Zubehörungen knüpfen sich einige Verschiedenheiten der rechtlichen Behandlung beider. Die unbeweglichen Zubehörungen als solche müssen ebenso, wie alle an denselben sich durch Abtrennung oder Hinzuschlagung zutragenden Veränderungen auf dem Folium des Hauptgrundstückes eingetragen werden (Ger.O. §§ 114, 1. 124, 3). Wenn aber das Hauptgrundstück und seine unbeweglichen Pertinenzen unter der Gerichtsbarkeit verschiedener Grundbuchsbehörden liegen, so ist zwar die außerhalb des für das Hauptgrundstück zuständigen Buchamtes gelegene Zubehörung in dem Grundbuche ihres Bezirkes unter eigener Nummer auf einem besonderen Folium mit der Angabe seiner Zubehörseigenschaft vorzutragen. Allein das zu diesem Zwecke angelegte Folium ist nur ein sogenanntes blindes oder Schutzfolium, d. h. es dient nur dazu, das Grundstück, solange seine Zubehörungseigenschaft dauert, gegen alle weiteren Eintragungen mit alleiniger Ausnahme der eine Veränderung in der Person des Eigenthümers betreffenden zu schützen (Ger.O. §§ 111. 112, theilw. abw. v. Hyp.Ges. §§ 156. 157; Siegmann, Hyp.Ord. S. 57; Wenck, Verf. in nichtstr. Rechtssachen S. 82 flg.; Kretzschmar, Repertor. d. sächs. Grund- und Hyp.R. voc. Folien, blinde S. 48).

Bewegliche Sachen als Pertinenzen eines Grundstückes finden im

Grundbuch keine Erwähnung. Ihre Zubehörseigenschaft ist im gegebenen Falle nach Maßgabe der Erfordernisse des technischen Zubehörungsbegriffes (BGB. §§ 65 flg.) und insbesondere hinsichtlich der hypothekarischen Haftungsfrage (§ 410) nach den Spezialvorschriften der §§ 411. 412 zu beurtheilen. Sie treten sofort in den Pfandnexus der Hauptsache ein. Dieser wird aber anders als die Pfandhaftung unbeweglicher Zubehörungen (vgl. §§ 419. 420) dann ohne Weiteres gelöst, wenn eine Veräußerung beweglicher Zubehörungen an dritte gutgläubige Erwerber stattgefunden hat (§ 413).

c) Nutzungen. Früchte.

§ 32.

I. Nutzungen im Sinne des BGB.'s (§ 72) sind die Vortheile, welche ein wirthschaftlich brauchbarer Gegenstand durch seine Erträgnisse (Früchte) oder durch seine bestimmungsgemäße ökonomische Verwendung („Gebrauch") gewährt.

II. In Ansehung des Fruchtbegriffes unterscheidet das BGB. § 73 in Uebereinstimmung mit der herrschenden Ansicht

1) vor Allem diejenigen Nutzungen, welche eine Sache durch ihre „organischen" (natürlichen) Erzeugnisse dem Fruchtberechtigten gewährt („natürliche Früchte"). Die dem geltenden Rechte geläufige Beschränkung des Fruchtbegriffes auf die ohne Substanzverminderung aus der Sache gewinnbaren Erträgnisse derselben hat es nicht als ein wesentliches Moment in die Begriffsbestimmung hineingezogen. Es hat vielmehr die Frage, ob und wieweit der Fruchtbegriff auch auf solche, an sich in den bestimmungsgemäßen wirthschaftlichen Nutzungsbereich einer Sache fallenden Erträgnisse zu erstrecken sei, deren Bezug, weil sie durch die natürliche Produktivkraft der Sache in der Regel nicht wieder erzeugt werden, eine Substanz- bez. Werthsverminderung derselben in sich schließt, — besonderer Normirung vorbehalten und derselben mit Rücksicht auf die Bedeutung, welche dieses Moment für die einem Anderen als dem Eigenthümer zustehenden Fruchtbezugsrechte hat, beim Nießbrauch Rechnung getragen (vgl. § 73, 3 mit §§ 607 flg.).

2) Die Ausdehnung des natürlichen Fruchtbegriffes auf die sog. „bürgerlichen oder juristischen Früchte", d. h. „alle sonstigen Einkünfte, welche von einer Sache gewonnen werden," ist im § 703, 2 in dem Sinne aufrecht erhalten, daß darunter im Unterschiede von den aus der Sache selbst durch ihr inwohnende Naturkraft hervorgebrachten Nutzungen auch diejenigen begriffen sind, welche mittelst der Sache, vermöge eines auf sie bezüglichen Rechtsverhältnisses oder Rechtsgeschäftes von ihr gewonnen werden (wie z. B. Pacht-, Mieth-, Kapitalzinsen, Gewinnantheile u. dgl.).

Auch sind hierher, weil das sächsische Recht auch „fruchtbringende Rechte" kennt (GO. § 115 und oben § 31, 4 b) nach rechtsähnlicher Anwendung diejenigen Erträge zu rechnen, welche eine solche nutzbare Berechtigung bei bestimmungsmäßiger wirthschaftlicher Benutzung abwirft (§§ 1187, 2. 1188).

Demzufolge gehören zu den Früchten im Sinne des BGB.'s überhaupt alle von einer Sache oder Berechtigung nach Maßgabe ihrer wirthschaftlichen Bestimmung gewinnbaren als Nutzungen derselben sich darstellenden Bezüge.

III. Die praktische Wichtigkeit des Fruchtbegriffes zeigt sich besonders in Bezug auf die Fragen über die Art und den Zeitpunkt des Fruchterwerbes, über den Maßstab der Früchtevertheilung bei einer im Laufe der Fruchtperiode erfolgenden Endigung der einem Anderen auf Zeit zuständigen Fruchtberechtigung und über den Umfang der Fruchtrestitution im Falle einer zur Herausgabe der Früchte vorhandenen Verpflichtung.

1) In ersterer Beziehung unterscheidet das BGB. mit dem geltenden Recht die natürlichen Früchte in „getrennte" und „erhobene" (fructus separati und percepti), jenachdem die Aufhebung ihrer Verbindung mit der fruchttragenden Sache durch irgend ein Ereigniß oder durch eine auf Trennung oder auf Aneignung gerichtete Besitznahme derselben erfolgt (vgl. § 74, 1 verb. mit §§ 244 u. 245). Die Erhebung der „bürgerlichen" Früchte erfolgt mit der Vereinnahmung derselben (§ 74, 2).

2) In Ansehung der Vertheilung der Früchte zwischen den nach einander zur Beziehung derselben Berechtigten hat das BGB.:

a) im Anschluß an die durch den Gerichtsbrauch auf Grund des Sachsenspiegels II, 58. III, 76 und der const. 32. P. III v. 1572 ausgebildete altsächsische Rechtsansicht (Schott a. a. O. S. 251), welcher bei den natürlichen Früchten, je nachdem sie ohne oder mit Zuthun menschlicher Produktivthätigkeit gewonnen werden (fructus mere naturales und industriales), eine verschiedene rechtliche Behandlung eintreten ließ (Haubold § 183; Biener, opusc. vol. II, quaest. 42, 187; Gottschalk, disc. for. I, c. 32, 289 flg.) zwischen natürlichen, „blos durch die Natur hervorgebrachten und solchen Früchten unterschieden, welche durch Verwendungen auf deren Gewinnung hervorgebracht werden." Von jenen gebühren dem zeitweise Bezugsberechtigten die während der Dauer seiner Berechtigung getrennten Früchte (§ 76, 1). Dagegen richtet sich bei den Früchten der zweiten Art (Industrialfrüchten) der Umfang seines Bezugsrechtes nach dem Zeitpunkt der auf ihre Gewinnung gemachten Anfwendungen, und zwar dergestalt, daß, wenn diese insgesammt in die Zeit seiner Berechtigung fallen, die dadurch erzeugten Früchte ohne Rücksicht auf den Trennungszeitpunkt ausschließlich ihm gebühren, wenn aber die Produktionskosten nur theilweise von ihm aufgewendet wurden, sein Fruchtantheil nach Verhältniß des Betrages des von ihm gemachten Aufwandes zu dem Gesammtbetrage der aufgewendeten Produktionskosten berechnet werden soll (§ 76, 2. 3).

b) Hinsichtlich der bürgerlichen Früchte regelt sich die Vertheilungsmodalität verschieden, je nachdem dieselben eine Gegenleistung und Vergütung für Ueberlassung des Gebrauchs- oder der Fruchtnutzung an einen Anderen sind, oder nicht. Bei jenen, z. B. Mieth- und Pachtzinsen, Gegenleistungen für Ueberlassung bergrechtlicher Nutzungen, gebührt dem Fruchtberechtigten ein der Zeitdauer seiner Berechtigung entsprechender Bruchtheil (§ 76, 4, Bergges. v. 1868 §§ 50. 51). Bei bürgerlichen Erträgnissen anderer Art, welche nicht als Vergütung, sondern Kraft eines bestehenden Rechts oder Rechtsverhältnisses, bez. nur unter besonderen Umständen oder Anlässen gefordert werden können (wie z. B. Einkünfte von Realrechten, Grundgefälle, Lehngeldpräftationen, Termingelder), bestimmt sich das Bezugsrecht nach dem Fälligkeitszeitpunkte (§ 76, 5).

d) Verwendungen.

§ 33.

An die Vorschriften über die Nutzungen und Einkünfte aus Sachen reiht der § 77 des BGB.'s Bestimmungen über Begriff und Arten der „Verwendungen“. Er versteht unter diesen die Auslagen und Kosten („Aufwand“), welche „auf eine Sache“ zu ihrer Erhaltung oder zur Förderung ihrer Nutzbarkeit gemacht oder „durch eine Sache“ zur Erfüllung einer auf ihr ruhenden Abgabenpflicht „veranlaßt“ sind (§ 77, 1).

Solche Aufwendungen fallen zwar nicht unter den begrifflichen Bereich der Nebensachen. Aber sie können die Entstehung einer solchen (z. B. eines Zuwachses oder einer Zubehörung) bezwecken und bewirken. Mit den Vorschriften über die Nutzungen und Früchte lassen sie sich aber insofern in eine logische und praktische Beziehung stellen, weil der Satz des gemeinen Rechts, daß „fructuum nomine id continetur, quod deductis justis sumtibus („impensis, quae quaerendorum cogendorum conservandorumque eorum gratia fiunt“) superest“ l. 1 C. 7, 51. l. 36 § 5 D. 5, 3) in das BGB. (§ 75) übergegangen und die Impensenfrage bei der Bestimmung des Umfanges der Fruchtrestitution eines zur Herausgabe einer fremden Sache Verpflichteten von besonderer Bedeutung ist (§§ 308. 309, 1. 616. 1529 u. a. vgl. aber § 1499 a. E.).

Die in der letzteren Hinsicht gemeinrechtlich gangbare Eintheilung der impensae in necessariae, utiles und voluptuariae (Windscheid, Pand. § 195 Nr. 2. 6) hat das BGB. (§ 77, 2 u. 3) im wesentlich gleichen Sinne wiederholt. Verwendungen, welche weder für die Erhaltung der Sache in ihrem Bestande oder in ihrer Integrität erforderlich („nothwendig"), noch zur Steigerung ihrer wirthschaftlichen Rentabilität förderlich („nützlich") sind, sondern nur dem individuellen Bedürfniß und Behagen, z. B. den Zwecken des Vergnügens oder der Verschönerung dienen (voluptuariae), bezeichnet das BGB. — ohne Rücksicht darauf, ob sie an sich als eine Werthserhöhung der Sache erscheinen, oder nicht, als „willkürliche" (§ 77, 3).

Nach Analogie der nothwendigen Verwendungen will das BGB. zufolge besonderer Bestimmungen behandelt wissen: a) den für den Erwerb der herauszugebenden Sache gezahlten Preis, und zwar nicht blos unter der Voraussetzung, wenn ein besonderer Verpflichtungsgrund für die Ersatzforderung, z. B. die Absicht, durch die Erwerbung die Interessen des Berechtigten zu wahren, vorliegt (l. 3. 23 C. 3, 32), sondern in allen Fällen, wo aus den Umständen zur Zeit der Erwerbung sich mindestens mit Wahrscheinlichkeit schließen läßt, daß ohne dieselbe dem Berechtigten die Verfolgung seines Rechtes factisch unmöglich geworden sein würde (§ 314, 1—2; vgl. OAGA. NF. 6, 80 flg.; II. F. 2, 158; WA. 2, 286); ferner b) diejenigen Kosten, welche nicht blos auf die Gewinnung von herauszugebenden Früchten verwendet wurden (§ 75), sondern auch solche Aufwendungen, die in einer dem Verhältnisse des Gegenstandes angemessenen Weise auf erst nach erfolgter Herausgabe erhobene Früchte gemacht wurden (§ 313; vgl. Subhast.Ordn. v. 15. Aug. 1884 § 4 Nr. 1).

Vierte Abtheilung.

Entstehung, Veränderung, Endigung der Privatrechte.

I. Allgemeines.

§ 34.

Sowohl die Entstehung der Privatrechte, d. h. die Begründung der ihren Inhalt bildenden Befugnisse für eine bestimmte Person, als auch ihr Verlust für den bisherigen Inhaber und die an denselben möglichen, subjektiven oder inhaltlichen Veränderungen erfolgen unter dem Einfluß von sinnlich wahrnehmbaren Ereignissen — Thatsachen, Thatbeständen —, an welche die Rechtsordnung unter Anerkennung ihrer Kraft als rechtsgestaltender Ursachen jene Rechtswirkungen anknüpft. Als solche Thatsachen kommen in Betracht:

1) solche in die Erscheinung tretende (positive oder negative) Willensäußerungen (Handlungen) einer Person, welche einen auf Hervorbringung jener rechtlichen Wirkungen gerichteten Willen bethätigen und

deren in der Rechtswelt hervortretender, rechtsgestaltender Erfolg von der Rechtsordnung in Anerkennung dieses Willens als der Ursache der gewollten rechtlichen Gestaltung verwirklicht wird (rechtsgeschäftliche Willenserklärung, Rechtsgeschäft). Ueber die in der Doktrin viel umstrittene Begriffsbestimmung des Rechtsgeschäfts vgl.: Windscheid, Pand. §§. 67—69; v. Wächter, Würt. Priv.R. II. 634 flg.; Dernburg, Pand. I. § 79 u. § 91;

2) andere Thatbestände (Zustände, Vorgänge), deren faktisches Eintreten für sich allein als unmittelbar und unabhängig vom individuellen Wollen wirkende Ursache eines rechtsgestaltenden Effectes von der Rechtsordnung anerkannt wird. Ohne Einfluß ist hierbei, ob bei dem Eintritt des entscheidenden Thatbestandes überhaupt keine Willensthätigkeit Betheiligter stattfand, oder ob, wenn dies der Fall war, dennoch der dadurch geschaffene rechtliche Erfolg nicht, weil er gewollt war, sondern aus einem andern vom positiven Recht gesetzten Grunde, als dem Willensverhalten des dadurch Betroffenen, verwirklicht wird, wie dies z. B. der Fall ist hinsichtlich der aus unerlaubten Handlungen (Delikten) entspringenden Haftpflicht, sowie hinsichtlich gewisser gesetzlich eintretender Rechtsverwirkungen und Verluste, welche durch die willentliche Unterlassung der zu ihrer Abwehr geeigneten Handlungen herbeigeführt werden (vgl. v. Wächter a. a. O. § 83 bes. Note 1 u. 2, und hierzu Windscheid a. a. O. § 69 zw. Note 10—11 d. Textes).

Die Fälle aber, in welchen rechtsgestaltende (juristische) Thatsachen weder in einem Rechtsgeschäfte, noch in einem Delikte ihren Grund haben, sondern in Thatbeständen anderer Art bestehen (vgl. z. B. §§. 247 flg., 284. 660 vbd. m. 1655 u. 1811, § 1824 vbd. m. l. 46 D. 44, 7), sind unter sich so verschieden, daß sie eine gemeinsame Darstellung nicht zulassen, sondern der Einzelbetrachtung bei den einschlagenden Lehren vorzubehalten sind.

3) Eine juristische Thatsache von dem verschiedenartigsten Einfluß auf Begründung, Veränderung und Aufhebung von Rechten ist die Zeit. Obwohl sie nicht immer das allein oder unmittelbar wirkende Moment zur Hervorbringung rechtlicher Wirkungen ist, so pflegt man ihr doch überhaupt die rechtsgestaltende Kraft einer juristischen Thatsache zuzuschreiben, weil ihr dieselbe nicht blos an sich, sondern auch durch ihre Beziehung zu andern Thatsachen inwohnen kann. Gesetz, richterliche Anordnung und Parteiwille können den Eintritt rechtlicher Gestaltungen von der Dauer von Zuständen, von den rechtzeitigen, zu oder während einer bestimmten Zeit erfolgenden Ausübung, Vornahme oder Unterlassung rechtlich relevanter Handlungen abhängig machen und auch die Dauer von Rechtszuständigkeiten an einen bestimmten Zeitraum knüpfen (Windscheid a. a. O. §. 102).

Bei dieser weittragenden Bedeutung der Zeitbestimmungen liegt es vor Allem ebenso im Interesse des Verkehrs als der Rechtssicherheit, sowohl für die Bestimmung der Zeittheile oder Zeitabschnitte, als für die Berechnung der Zeiträume Normen aufzustellen, welche der Auslegung der zur Bezeichnung derselben im täglichen Verkehr gebräuchlichen mehrdeutigen Ausdrucksweisen einen festen grundsätzlichen Anhalt nach Maßgabe der muthmaßlichen Absicht der Betheiligten zu gewähren geeignet sind.

Es sind daher im Folgenden nur die Rechtsgeschäfte, die unerlaubten Begehungen und Unterlassungen und die Zeitbestimmungen im Anschluß an die entsprechenden Abschnitte des BGB.'s einer auf ihre allgemeinen Beziehungen sich beschränkenden Betrachtung zu unterwerfen.

II. Die Rechtsgeschäfte.

1. Begriff.

§ 35.

I. Die Begriffsbestimmung des Rechtsgeschäfts, welche das BGB. im § 88 aufstellt, erschöpft das Wesen desselben nicht vollständig, weil sie das entscheidende Moment nicht ausdrückt, daß die Verwirklichung des durch die Willenserklärung beabsichtigten Rechtserfolges durch die Rechtsordnung nur um deswillen, weil sie gewollt ist, eintritt und daher auch Thatsachen mit umfaßt, durch welche unabhängig von dem darauf gerichteten Willen der Betheiligten, wie z. B. durch Zulassung einer Ersitzung, eine Veränderung (Erwerb oder Verlust) bestehender Rechte bewirkt wird (Wächter, W.Pr. II. § 83; Windscheid, Pand. I. § 69; auch Mot. z. dtsch. Entw. 1, 126).

Wie das bestehende Recht, so unterscheidet das BGB. einseitige Rechtsgeschäfte, welche durch die Willenserklärung nur Einer Person zu Stande kommen, und zweiseitige, zu deren Schließung der geeinigte gegenseitig erklärte Wille der Betheiligten erfordert wird (Verträge): §§ 227. 293. 772. 782. 2061. 2250. 2500. 2501. 2542.

2. Mängel der Rechtsgeschäfte und deren Folgen überhaupt.

a) Nichtigkeit.

§ 36.

Die Giltigkeit eines Rechtsgeschäftes, d. h. die Kraft desselben, alle rechtlichen Wirkungen hervorzubringen, welche sich rechtsordnungsgemäß an den durch die Erklärung bethätigten Willen anknüpfen, kann durch Mängel von verschiedener Art und Wirkung in Frage gestellt werden.

In dieser Beziehung unterscheidet des BGB. gegenüber den „giltigen" oder „giltig errichteten" Rechtsgeschäften (§§ 104—106) die nichtigen im Gegensatze zu den von diesen in wesentlichen Punkten verschiedenen anfechtbaren Rechtsgeschäften (§§ 103. 107).

Nichtige Rechtsgeschäfte sind nach der Auffassung desselben solche, welche infolge eines wesentlichen Mangels die nach Inhalt ihrer Haupt- und Nebenbestimmungen beabsichtigten Rechtswirkungen gar nicht begründen, sondern hinsichtlich ihres gewollten Rechtseffektes so angesehen werden, als ob sie gar nicht errichtet worden wären (§ 103, 1). In Bezug auf diese gewollten rechtlichen Wirkungen ist demnach der Errichtungsakt ein blos thatsächlicher, juristisch aber nicht existirender Vorgang, der jedoch, wenn in ihm zugleich ein besonderer Thatbestand sich findet, möglicher Weise anderweite, als die beabsichtigten Rechtsfolgen für den Handelnden nach sich ziehen kann.

Die Nichtigkeit kann außer den Fällen, in welchen das Gesetz ein Rechtsgeschäft ausdrücklich für nichtig erklärt, ihren Grund haben in einem Widerstreit seines Inhalts mit Verbotsgesetzen oder mit der öffentlichen Ordnung oder den Geboten der Sittlichkeit, oder in dem Mangel eines zu seiner Entstehung nach der Rechtsordnung wesentlichen, allgemeinen oder besonderen Erfordernisses. Ein mit einem Nichtigkeitsgrunde behaftetes Geschäft entbehrt, weil Nichtigkeit Negation seines juristischen Daseins ist, der Kraft, die durch dasselbe gewollten (rechtsbegründenden, verändernden oder aufhebenden) Wirkungen hervorzubringen; „es wird so angesehen, als wäre es nicht errichtet" (§ 103, 1).

Rechtslogische Consequenzen hiervon sind folgende Sätze:

1) Die Nichtigkeit eines Geschäftes kann in der Regel (Ausnahme s. unten) von Jedem, der ein rechtliches Interesse dabei hat, geltend gemacht werden (vgl. z. B. § 786).

2) Hierzu bedarf es — abgesehen von einigen, besonders gearteten Ausnahmefällen (Ehenichtigkeit: BGB. § 1621 verb. mit RG. vom 6. Febr. 1875, § 36 u. Sächs. Gess. v. 5. Novbr. 1875 § 3 und vom 4. März 1879 § 2, CPO. §§ 568 flg., §§ 575. 582. 585—588; ferner Nichtigkeitsklage gegen rechtskräftige Urteile CPO. § 541 flg.) — nicht der Erwirkung einer besondern richterlichen Nichtigkeitserklärung. Die dem Betheiligten zu diesem Zwecke unter den gesetzlichen Voraussetzungen (CPO. § 231) zustehende Feststellungsklage soll das Nichtige nicht erst wegräumen, sondern einen Entscheid über das bestrittene Vorhandensein der Nichtigkeit herbeiführen. (Vgl. BGB. § 849, 1; Windscheid, P. I. § 82 Note 6; Dernburg, P. I. § 120; Preuß. Pr.R. I. § 71).

3) Bei Rechtsgeschäften, welche die Sicherung einer Verbindlichkeit bezwecken, hat die Nichtigkeit des dieser zu Grunde gelegten Rechtsgeschäfts auch die Nichtigkeit des Sicherungsgeschäfts zur Folge (BGB. §§ 369 u. 465. 484. 1433, arg. 1454 u. 1459).

4) Nichtige Rechtsgeschäfte gelangen regelmäßig dadurch nicht zur Giltigkeit, daß die zur Zeit ihrer Eingehung vorhandenen Nichtigkeitsgründe durch ein späteres Ereigniß (Wegfall des Hindernisses oder des Mangels ihres rechtlichen Bestandes) gehoben werden (§ 104 verb. mit l. 29 D. 50, 17). Diese als Ausfluß strenger Rechtsconsequenz erscheinende Regel ist jedoch aus Gründen praktischer Zweckmäßigkeit wie im modernen Rechte überhaupt so auch im BGB. nicht ohne Ausnahmen geblieben:

a) in dem bereits im § 13 II, 2 b erwähnten Falle der sog. „heilbaren" („unentschiedenen" oder „relativen") Nichtigkeit (Windscheid, Pand. § 321, Note 23), wenn beschränkt handlungsfähige Personen durch (einseitige oder zweiseitige) Rechtsgeschäfte Verpflichtungen übernehmen oder über das Ihrige verfügen, ohne die hier als rechtliche Existenzbedingung des Geschäfts erforderliche väterliche oder vormundschaftliche Einwilligung. In diesen Fällen hängt die Entscheidung darüber, ob das wegen dieses wesentlichen Mangels nichtige Geschäft hinterher giltig werden soll, von der nachträglichen Genehmigung des gesetzlichen Vertreters des Handlungsunfähigen oder, wenn dieser selbst zur Geschäftsfähigkeit gelangt ist, von seiner eignen Genehmigung, mithin vom Willen des Einwilligungsberechtigten ab. So lange die Genehmigung nicht verweigert ist, bleibt die Frage des rechtlichen Bestandes des Geschäfts in der Schwebe, aber der andere Vertragschließende an den Vertrag gebunden. Die erfolgte Genehmigung hat die Convalescenz desselben mit Rückwirkung auf den Zeitpunkt seines Abschlusses zur Folge (§ 787).

b) In gewissen Fällen, wo eine beabsichtigte, aber wegen änfänglich mangelnder Veräußerungs- oder Verfügungsberechtigung des Veräußernden nichtige Rechtsübertragung später dadurch zu rechtlicher Existenz und Geltung gelangt, daß der Verfügende nachher das ihm bei der Geschäftseingehung fehlende Eigenthums- oder Verfügungsrecht erwirbt. So namentlich *αα*) bei der von einem Unberechtigten vorgenommenen Eigenthumsübertragung, indem hier — anders als nach römischrechtlicher Auffassung — die Eigenthumswirkung für den Empfänger nicht erst auf dem (durch exceptio rei venditae et traditae vermittelten) indirecten Wege, (Windscheid, Pand. § 172, Note 5; Dernburg, P. I. § 216, Note 2), sondern sofort (ipso jure) mit dem Zeitpunkte des von ihm an dem übergebenen Gegenstande erworbenen Eigenthumes entsteht. Dieser Convalescenzgrund entbehrt aber der rückwirkenden Kraft; seine Wirkungen beginnen erst vom Zeitpunkte der Hebung des Hindernisses an (§ 254). — *ββ*) In dem Falle, wenn eine fremde bewegliche Sache ohne Zustimmung ihres Eigenthümers zum Faustpfand gegeben wird, beginnt die Wirksamkeit der an sich (arg. § 469 l. 2. 4. 8 C. 8, 16) ungiltigen Pfandbestellung erst von dem Zeitpunkte des die Convalescenz bewirkenden Ereignisses (§ 470) an; jedoch soll hierdurch nach der im § 472, 2 erfolgten Entscheidung einer gemeinrechtlichen Kontroverse (Windscheid, § 242, 5) in Bezug auf das Rangverhältniß mehrerer an derselben Sache successiv bestellten Faustpfandrechte der die giltige Verpfändung ausschließende Mangel der Verfügungsberechtigung insofern rückwärts ergänzt werden, als für die Bestimmung der Priorität nicht die Zeit der wirklichen Erwerbung des Verpfändungsrechts, sondern der vom Nichtberechtigten erfolgten Einräumung der Pfandrechte als entscheidend anzusehen ist.

c) Anlangend insbesondere die gemeinrechtlich verschieden beurtheilte Frage über die rechtlichen Wirkungen nachfolgender Gutheißung (Genehmigung, bez. Bekräftigung, Windscheid, Pand. I. § 83, Note 8; Dernburg, P. I. § 122) eines früheren Rechtsaktes, welcher wegen Behaftung mit einem Nichtigkeitsgrunde nicht zur rechtlichen Existenz gelangte, ist nach Maßgabe des im § 104 aufgestellten allgemeinen Grundsatzes als Regel festzuhalten, daß ein solcher, auch wenn er nach Wegfall des Nichtigkeitsgrundes von dem Betheiligten genehmigt oder vom Urheber bestätigt wird, hierdurch nicht rückwärts giltig wird, weil in solchem Falle etwas Genehmigungsfähiges nicht vorhanden ist (§ 103, 1) und daher die Gutheißung des früheren rechtlich nichtexistirenden, geschäftlichen Thatbestandes an sich (wenn nicht ein anderer Wille der Betheiligten erkennbar ist) nur die Bedeutung haben kann, daß der früher gewollte thatsächliche Inhalt desselben nun als Rechtsinhalt eines neuen, erst für die Zukunft wirksamen Geschäftsabschlusses aufrecht erhalten werden soll (arg. § 848). — Dieser Satz erleidet eine Modifikation in dem vorher unter ββ erwähnten Falle (§ 472, 2) und findet überhaupt keine Anwendung auf das oben unter 4 a angegebene Verhältniß, weil hier der hinsichtlich seines Rechtsbestandes schwebende Vertrag bis zur Ertheilung oder Verweigerung seiner Genehmigung Seitens des Vertretenen dergestalt besteht, daß der andere Vertragschließende seine Erklärung einseitig nicht zurücknehmen kann. — Ebensowenig kann als eine wahre Ausnahme von jenem Prinzip der unter 4 b bezeichnete Fall der Convalescenz einer von einem Nichteigenthümer bewirkten Eigenthumsübertragung durch nachträglichen Erwerb des Eigenthums an der tradirten Sache (§ 254, 2) angesehen werden, weil die spätere Hebung des ursprünglichen Ungiltigkeitsgrundes ihre Wirkungen nur auf die Zukunft (ex nunc) erstreckt.

Ein besonderes, dem oben unter a) erwähnten Falle „unentschiedener“ oder schwebender Nichtigkeitsfrage analoges Verhältniß möglicher Convalescenz eines ursprünglich nichtigen Veräußerungsgeschäfts hat das BGB. § 1948 im Anschluß an den den römischrechtlichen Entscheidungen in l. 2 u. 3 Cod. 5, 74 zu Grunde liegenden singulären Rechtssatz anerkannt, demzufolge eine vom Vormunde ohne obervormundschaftliche Genehmigung vorgenommene und wegen dieses Mangels nichtige Veräußerung eines Mündelgrundstücks nachträglich zu rechtlichem Bestande gelangen soll, wenn der zur Berufung auf den Nichtigkeitsgrund berechtigte Mündel während eines gesetzlich bestimmten (fünfjährigen) Zeitraums von seiner Volljährigkeit an die Geltendmachung desselben unterläßt (Windscheid, Pand. I. 83, 3). Das BGB. a. a. O. läßt das Recht des Pflegebefohlenen, die Nichtigkeit der für ihn vom Vormund ohne Dekretsertheilung geschlossenen Geschäfte geltend zu machen, bereits nach drei Jahren von der Zeit an verjähren (vgl. § 155), wo er die Volljährigkeit erlangt hat. Das unbenutzte Verstreichenlassen dieser gesetzlichen Frist von Seiten des zur Geltendmachung des Nichtigkeitsgrundes (z. B. durch Vindication gegen den Erwerber — Dernburg, Pand. III. S. 88, Note 4 —, soweit nicht das Prinzip der Publizität im Wege steht) Berechtigten begründet für den Erwerber nicht blos ein Einrederecht, sondern hat die Wirkung, daß das Recht des Pflegebefohlenen zur Berufung auf den aus der Handlung des Vormunds erwachsenen Nichtigkeitsgrund (§ 155) als durch stillschweigenden Verzicht für beseitigt und „die Veräußerung für unanfechtbar gilt“ (Comm. Prot. 198, 36 flg.), als ob ein Anfechtungsgrund nicht vorhanden gewesen wäre (arg. § 847 a. E.).

5) Der im § 103, 2 aufgestellte Rechtssatz, daß dasjenige, was von dem Inhalte eines nichtigen Rechtsgeschäfts als besonderes Geschäft bestehen kann, giltig bleibt, umfaßt begrifflich sowohl die Fälle der sog. Conversion, als auch die der theilweisen, nur einzelne Bestimmungen des Geschäftes ergreifenden Nichtigkeit. Die rechtliche Möglichkeit des Eintrittes der (das nichtige Geschäft weder ganz noch theilweise aufrechterhaltenden) Conversion ist im Einzelfalle danach zu beurtheilen, ob das beabsichtigte, aber als solches nichtige Geschäft, welches als ein anderes Rechtsgeschäft aufrecht erhalten werden soll, allen Erfordernissen dieses letzteren entspricht und ob, wenn dies der Fall, die Umwandlung desselben dem aus der Vornahme des nichtigen Geschäfts sicher gebenden Parteiwillen gemäß ist (Windscheid, Pand. I. § 82, 5; Wächter, Pand. I. S. 427 u. Würt. PR. II. § 86, Nr. 9; vgl. D. Entw. § 111 u. Motive I. 218). Eine gesetzliche Beschränkung des Conversionsrechts enthält § 631, 2. — In dem zweiten Falle, wo der Nichtigkeitsgrund nur einen Theil eines Rechtsgeschäftes trifft, hängt die Frage, ob dadurch das ganze Geschäft nichtig werde oder seinem übrigen Inhalte nach zu Recht bestehen bleibe, von der nach der Natur des Geschäftes und dem präsumtiven Willen der Betheiligten zu beurtheilenden Voraussetzung ab, daß dasselbe auch ohne die nichtigen Bestimmungen als gewollt anzusehen sei. Der gemeinrechtlich bei großen nicht insinuirten Schenkungen geltende positive Rechtssatz, daß bis auf Höhe der insinuationspflichtigen Summe der Grundsatz utile per inutile non vitiatur Anwendung zu finden hat, ist im BGB. prinzipiell und direkt bestätigt (§§ 103, 2 a. E., verb. m. 1058; Windscheid, a. a. O. Note 12; Wächter, Pand. a. a. O. 425.)

b) Anfechtbarkeit.

§ 37.

Nach der der Vorschrift im § 107 zu Grunde liegenden Auffassung ist ein anfechtbares Rechtsgeschäft ein solches, welches zwar an sich mit allen Giltigkeitserfordernissen ausgestattet ist und daher rechtsbegründende Kraft virtuell in sich trägt, aber hinsichtlich der Dauer seines Bestandes und der dadurch beabsichtigten rechtlichen Wirkungen davon abhängt, ob ein vermöge eines besondern Umstandes hierzu berechtigter bestimmter Betheiligter von dem Rechte, dasselbe durch eine hierauf gerichtete Willenserklärung anzugreifen und zu entkräften, Gebrauch macht. Bis zur Entscheidung hierüber ist die Frage, ob das an sich giltig zu Stande gekommene Rechtsgeschäft bei Kräften bleiben werde, in der Schwebe. Es erscheint als eine Folge der Rechtslogik, daß mit dem Wegfall des Grundes dieses Schwebezustandes, also namentlich wenn die Anfechtungsberechtigung aus irgend einem Grunde, insbesondere wegen Genehmigung (Verzichtes) oder Verjährung ausgeschlossen ist, die bis dahin bestandene aber entkräftbare Giltigkeit desselben zu einer definitiven wird. Das Geschäft wird hierdurch nicht erst giltig, sondern es besteht als giltiges fort. Daher werden auch Rechte, die während des Bestehens der Anfechtbarkeit von Dritten an dem betreffenden Gegenstande erworben wurden, durch den Wegfall des Anfechtungsrechtes im Zweifel nicht berührt. (Ueber die gemeinrechtlichen Meinungsverschiedenheiten hierüber vgl. Windscheid, Pand. I. § 74 [bes. Note 7], § 82 Note 7 flg.; Deutsch. Entw. § 127, 4. Mot. I, 247.)

Ueber die in der Doctrin bestrittene Frage, ob durch erfolgreiche Ausübung des Anfechtungsrechtes das anfechtbare Geschäft nur für die Folgezeit (ex nunc, Wächter, Württ. Pr. II. S. 656 u. Pand. § 84, 4) oder mit Rückziehung auf den Zeitpunkt des Vertragsschlusses (ex tunc, Windscheid, Pand. § 82, Note 7; Dernburg, Pand. I. § 121) vernichtet werde, hat das Gesetzbuch keine grundsätzliche Allgemeinvorschrift, wie sie der § 112 des deutschen Entwurfes enthält, aufgestellt, sondern die Entscheidung „für einzelne Fälle im speziellen Theile vorbehalten" (Comm.Prot. 26, 4). Die Bestimmung, daß das anfechtbare Rechtsgeschäft als zu Recht bestehend gilt, bis dessen Anfechtung (dem Anfechtungsgegner gegenüber, § 849, 2) erklärt ist (§ 107, 1) berechtigt zu dem den regelmäßigen Verkehrsanschauungen entsprechenden Schlusse, daß durch wirksame Erklärung des Anfechtungswillens Seitens des Berechtigten im Zweifel die Herbeiführung eines analogen Erfolges wie in den Fällen heilbarer Nichtigkeit (§ 36, 4 α) beabsichtigt, also das für den Fall der Nichtanfechtung giltig bleibende Geschäft durch die erfolgte Anfechtung hinsichtlich der dadurch gewollten rechtlichen Wirkungen so angesehen werden solle, als ob es gar nicht zu Stande gekommen wäre (vgl. arg. §§ 849. 850).

3. Gewillkürte Beschränkungen der Wirksamkeit von Rechtsgeschäften („Nebenbestimmungen").

a) Bedingungen.

α) **Begriff und Arten.**

§ 38.

I. Im Anschluß an einen den Gesetzgebungen und der Jurisprudenz geläufigen Sprachgebrauch versteht das BGB. unter diesem Ausdrucke solche Bestimmungen eines Rechtsgeschäftes, durch welche der Urheber der Willenserklärung die dieser an und für sich zukommenden rechtlichen Wirkungen beschränken kann. Es hat aber seine hierauf bezüglichen allgemeinen Normen (§§ 108—115) nur auf die beiden Arten derselben, die Bedingungen und Zeitbestimmungen, erstreckt. Von den anderen Modalitäten solcher Nebenbestimmungen, welche die herrschende Lehre neben jene stellt, hat es für den Modus als einer auf Schenkungen und letztwillige Zuwendungen gemachten Auflage in den betreffenden Lehren besondere Vorschriften aufgestellt (§§ 1065. 1066. 2151 flg.). In Bezug auf die Kategorie der „Voraussetzung", d. h. der durch ausdrücklich oder stillschweigend (§ 98) erkennbar gemachten Parteiwillen oder durch gesetzliche Bestimmung erfolgten Abhängigmachung der Bestandsdauer eines Rechtsverhältnisses von dem Bestehen gewisser Umstände oder der Erreichung gewisser Erfolge und Zwecke — hat sich das BGB. einer prinzipiellen Normirung des Einflusses ihrer Ermangelung auf die rechtsgeschäftlichen Wirkungen enthalten. Es beschränkt sich darauf, die rechtliche Bedeutung derselben, soweit es ihr eine von der Bedingung und dem rechtlich indifferenten Motive verschiedene, selbständige Wirksamkeit beilegt, an geeigneter Stelle besonders zu bestimmen; vgl. § 1519 (verb. mit §§ 1399 a. E. u. 2152), § 1534 (verb. mit §§ 894. 897, 2. 898. 1411, 2. 1588) und insbesondere hinsichtlich letztwilliger Verfügungen: § 2079.

II. Begriff der Bedingung. Von der Aufstellung einer gesetzlichen Begriffsbestimmung der Bedingung,, wie sie der Entwurf § 110 enthielt, ist bei der Schlußredaktion des BGB.'s Abstand genommen worden. Es erschien zur Verhütung von Schwierigkeiten und Unzuträglichkeiten in der praktischen Anwendung bei den wissenschaftlichen Verschiedenheiten der Ansichten über die Natur der Bedingung zweckmäßiger, dieselbe der Doctrin zu überlassen.

Aber die der letzteren geläufige Eintheilung der Bedingungen in eigentliche und uneigentliche (Windscheid, Pand. § 87; Dernburg, Pand. §§ 105—107) ist bei Aufstellung der einzelnen in den §§ 108—113 enthaltenen grundsätzlichen Vorschriften leitender Gesichtspunkt gewesen. Denn nach Ausweis des Prot. 28, 8 der Rev.Commission wurde hinter den in den §§ 108—112 aufgestellten allgemeinen Bestimmungen über Art, Zulässigkeit, Erfüllung und Wirkungen einer Bedingung der § 113 zu dem Zwecke eingefügt, um neben diesen allgemeinen grundsätzlichen Normen über die nicht unter den begrifflichen Bereich der uneigentlichen, sondern der wahren Bedingung fallenden „Nebenbestimmungen" eines Rechtsgeschäftes auch das für den allgemeinen Theil Erforderliche über die sog. uneigentlichen Bedingungen (die nothwendigen, die physisch unmöglichen, die auf die Gegenwart oder Vergangenheit gestellten und die selbstverständlichen) zum gesetzlichen Ausdruck zu bringen. Infolge dieses Beschlusses bestimmt die angeführte Gesetzesstelle, daß für die Beurtheilung des Einflusses, welchen das Abhängigmachen eines Rechtsgeschäfts von solchen Umständen, die nur in der äußeren Form der Bedingung („bedingungsweise") auftreten, aber dieser in ihrem begrifflichen Wesen nicht entsprechen, auf die Wirksamkeit desselben äußert, nach den hierüber bei den einzelnen Arten von Rechtsgeschäften Getroffenen „besonderen Vorschriften" und nach der präsumtiven Willensabsicht ihres Urhebers beurtheilt werden soll. Hiernach erscheinen die in den voraufgehenden Bestimmungen enthaltenen Vorschriften als grundsätzliche Normirungen, welche in erster Linie auf die eigentlichen Bedingungen, d. h. auf diejenigen einem Rechtsgeschäfte zugefügten gewillkürten Bestimmungen zu beziehen sind, durch welche die gewollten Wirkungen desselben vom Sein oder Nichtsein eines zur Zeit seiner Festsetzung objektiv noch unsichern, nach seiner Entscheidung in der Zukunft liegenden Umstandes abhängig gemacht wurden.

Ebenso wie von der gesetzlichen Begriffsbestimmung hat das BGB. von einer prinzipiellen Entscheidung der vorwiegend wissenschaftlichen Frage Abstand genommen, inwieweit die allgemeinen Erfordernisse für die Wirksamkeit eines bedingten Rechtsgeschäfts zur Zeit der Errichtung oder zur Zeit der Bedingungserfüllung vorhanden sein müssen (vgl. z. B. § 796).

III. Arten der Bedingung. Die Eintheilung der Bedingungen in bejahende und verneinende, in willkürliche, zufällige und gemischte, gehört in das Bereich der Rechtssystematik und Schule. Das BGB. hat daher nur die praktisch bedeutsamste Unterscheidung der Bedingungen in aufschiebende und auflösende normirt und das begriffliche Kriterium zwischen diesen beiden Bedingungsarten im § 108 dahin bestimmt, daß jene die „Vollendung", diese die „Aufhebung" eines Rechtsgeschäftes von dem Sein oder Nichtsein des bedingenden Thatumstandes („Ereignisses") abhängig machen. Giebt die gebrauchte Ausdrucksweise im Einzelfalle keinen bestimmten Anhalt dafür, ob die gesetzte Bedingung in der einen oder andern Bedeutung gemeint sei, so ist der wahrscheinliche Wille der Betheiligten nach den allgemeinen entsprechend anwendbaren Auslegungsregeln unter Beachtung aller Umstände des Einzelfalles zu ermitteln (§§ 812. 813), weil das BGB. es vermeidet, eine allgemeine Auslegungsregel oder eine Rechtspräsumtion zu Gunsten der einen oder der andern Bedingungsart aufzustellen.

β) Bedeutung und Wirkung der Bedingungen.

αα) Schwebezustand.

§ 39.

I. Während des Schwebens der Bedingung, d. h. so lange der Eintritt des zur Bedingung gemachten Umstandes noch unentschieden ist, wird

1) durch aufschiebende Bedingungen „die Vollendung eines Rechtsgeschäfts" von der zur Zeit ungewissen künftigen Entscheidung des bedingenden Umstandes abhängig gemacht (§§ 108. 871. 872). Vollendet im Sinne des BGB.'s (negotium perfectum, arg. l. 10 § 5 D. 23, 3. l. 2. D. 18, 2) wird das Geschäft erst mit der von dieser Eventualität abhängigen Verwirklichung des Eintritts der durch die rechtsgeschäftliche Willenserklärung beabsichtigten rechtlichen Wirkungen (arg. § 872, 1). Hiervon unterscheidet das BGB. den schon an die wenn auch bedingte Willenserklärung als solche sofort geknüpften Rechtserfolg der Gebundenheit der Betheiligten, ihre Verpflichtung, „den Ausgang der Bedingung als entscheidend für die Vollendung des Vertrages anzuerkennen." Es läßt also (im Anschluß an römischrechtliche Grundsätze: § 4 J. 3, 15. l. 85. § 7. D. 45, 1. l. 54 D. 50, 16) durch den Geschäftsakt selbst, obgleich die dadurch gewollten Rechtswirkungen bedingte sind, für den bedingt Berechtigten ein ohne Weiteres begründetes Recht der Hoffnung darauf entstehen, daß ihm vom Verpflichteten das von dem Ausgang der Bedingung abhängige Recht nicht durch hemmende Einwirkungen verkümmert werde (§ 871, 1).

a) Aus der während des Schwebens der Bedingung noch bestehenden Unentschiedenheit des Eintrittes der von ihr abhängig gemachten Rechtsveränderungen ergiebt sich als Folgesatz, daß für die Dauer des Schwebezustandes der durch das bedingte Geschäft gewollte Erfolg der Entstehung von Rechten und Verpflichtungen noch nicht eingetreten ist. Daher ist bei beabsichtigter Uebertragung oder Bestellung von Rechten, auch wenn bei bedingter Eigenthumsübertragung die Sache bereits übergeben wäre, der Uebergang des Rechts auf den Empfänger noch gehemmt; daher steht bei einer bedingten Schuld so lange kein Klagrecht auf Erfüllung zu, und es kann die aus irrthümlichen Beweggründen, während die Bedingung noch schwebt, geschehene Leistung des bedingt Geschuldeten bis zum Bedingungseintritt aus dem Gesichtspunkt der Leistung einer Nichtschuld condicirt werden (§ 1521 verb. mit l. 16 pr. D. 12, 6. l. 38 § 3 D. 46, 3).

b) Auf der andern Seite folgt aus dem Grundsatze, daß trotz der Ungewißheit der künftigen Rechtsentstehung die Betheiligten gebunden sind, sich dem Ausgange der entscheidenden Bedingung zu unterwerfen: α) die regelmäßige Vererblichkeit und Veräußerlichkeit an sich übertragungsfähiger Rechte und Verbindlichkeiten auch während des Zustandes ihrer Bedingtheit, soweit nicht hinsichtlich bedingter letztwilliger Verfügungen abweichende Bestimmungen gelten (§§ 889. 890. 964. 852, 1; vergl. §§ 2009. 2144. 2423. 2426. 2195 a. E.); ferner β) das Recht des bedingt Berechtigten, für den Fall, daß sein künftiger Rechtserwerb von dem bedingt Verpflichteten durch ein auf Vereitelung oder Beeinträchtigung des Bedingungsausganges oder gegen die Verwirklichung des hiervon abhängigen Rechts gerichtetes Gebahren thatsächlich gefährdet wird, die nach Maßgabe der prozeßrechtlichen Vorschriften (CPO. § 796, 2; Wach, deutsch. CPr.R. I. 271 [3]) zulässigen, gerichtlichen Sicherstellungsmaßregeln (OLGA. 4, 145; Motive zum dtsch. Entw. I. 257) zu ergreifen und damit zusammenhängend die Befugniß desselben, seinen bedingten Anspruch im Konkurse des bedingt Verpflichteten geltend zu machen (KO. §§ 47, 3. 60. 88. 142. 143. 155, 2. 156. 158); für den Fall aber, daß der bedingt Verpflichtete durch absichtliches oder fahrlässiges Zuwiderhandeln gegen das nach Maßgabe des vorliegenden Rechtsgeschäfts anzuwendende Maß der Sorgfalt, insbesondere durch Zerstörung oder Beschädigung der geschuldeten Sache den Erfolg des Bedingungseintrittes vereitelt oder beeinträchtigt hat, die Verpflichtung desselben zum Schadensersatz (§§ 116 flg. 728 flg. 1483, verb. mit §§ 960. 961); γ) die Beschränkung des bedingt Verpflichteten in Bezug auf solche rechtlichen Verfügungen, durch welche die Verwirklichung des beabsichtigten Rechtserfolges eines auf Rechtsübertragung oder Aufhebung oder Belastung einer Sache oder eines Rechts gerichteten Rechtsgeschäftes vereitelt oder beeinträchtigt wird. Die Tragweite einer dieser Beschränkung zuwiderlaufenden rechtlichen Verfügung des bedingt Verpflichteten besteht aber — soweit ihr nicht bei Grundstücken zur Sicherung des Rechts des künftigen Erwerbers durch grundbücherlichen Eintrag einer Verwahrung oder Verfügungsbeschränkung eine besondere gegen Dritte wirksame Kraft verliehen werden kann (§§ 143. 224) — nach den im BGB. als Regel zur Annahme gelangten Grundsätzen der §§ 112 und 871 nicht in einer mit dinglicher Kraft ausgestatteten Unwirksamkeit der Zuwiderhandlung, sondern nur in einem persönlichen (obligatorischen) Anspruch des bedingt Berechtigten gegen den bedingt Verpflichteten auf Beseitigung der während der

Schwebezeit von diesem eingeräumten Rechte und, soweit diese unmöglich ist, auf Ersatz des dadurch entstandenen Schadens; vgl. §§ 291. 875, 4. 1109, 1. 1115. 1436, 2. (Abweichend der deutsche Entwurf § 135; Motive I. 259 flg.).

2) Der Schwebezustand eines unter einer auflösenden Bedingung errichteten Rechtsgeschäfts hindert nicht das Eintreten der sofortigen Wirksamkeit des Geschäfts und der durch dasselbe beabsichtigten rechtlichen Wirkungen, sondern bewirkt eine Ungewißheit blos hinsichtlich der Wiederaufhebung dieser Wirkungen. Zu beachten ist hierbei jedoch, daß ebenso wie unter Umständen eine aufschiebende Bedingung nicht blos die „Vollendung", sondern auch die „Aufhebung" eines Rechtsgeschäfts (§ 108) zur Folge haben kann, so auch die auflösende Bedingung nicht blos die Aufhebung, sondern auch die Wirkungslosigkeit der Aufhebung eines Rechtsverhältnisses betreffen und herbeiführen kann. Der in der Doctrin bestehenden Streitfrage darüber, ob das auflösend bedingte Rechtsgeschäft als eine einheitliche Willenserklärung mit besonderer Gestaltung des rechtserzeugenden Wollens oder als ein aus einer unbedingten Haupt- und bedingten Nebenwillenserklärung zusammengesetzter Rechtsakt anzusehen sei, hat auch das BGB. nicht die praktische Bedeutung beigelegt, daß das Schicksal beider stets einer getrennten Beurtheilung unterliegen müsse, vielmehr hat die erstere Auffassung in einer Reihe von Vorschriften Ausdruck gefunden, nach denen gewisse Arten von Bedingungen, wenn sie auflösend gefaßt sind, die Nichtigkeit des ganzen durch solche bedingten Geschäftes zur Folge haben sollen (vgl. z. B. § 109. 880. 886, 2). Bedingt berechtigt ist der für den Eintrittsfall der Bedingung zur Geltendmachung der Aufhebungswirkung Berechtigte, unbedingt berechtigt derjenige, zu dessen Gunsten die Wirkungen des Rechtsgeschäfts sofort eintreten, er ist aber der Möglichkeit eines für ihn ungünstigen Bedingungsausganges unterworfen und insoweit zugleich bedingt verpflichtet. Daß aufschiebend bedingte Berechtigung und Verpflichtung besonders in Ansehung der unter 1 b α—β bezeichneten Beziehungen den gleichen Grundsätzen, wie sie für die aufschiebenden Bedingungen gelten, unterliegen, erscheint als eine dem § 25 entsprechende Folgerung.

$\beta\beta$) Entscheidung der Bedingung (Ausfall, Erfüllung).

§ 40.

1) Mit dem Ausfall der Bedingung (dem Gewißwerden des Nichteintrittes des zur Bedingung gemachten Umstandes) entscheidet sich, a) wenn die Bedingung eine aufschiebende war, die rechtliche Wirkungslosigkeit der in der Errichtungsthatsache ausgesprochenen Willenserklärung („das Geschäft gilt als nicht geschlossen"), indem dadurch der Eintritt der von

der Bedingung abhängig gemachten Rechtswirkungen („Vollendung" des Geschäfts) ausgeschlossen wird (§ 108 verb. mit § 872, 1). Derjenige, der eine unter einer aufschiebenden Bedingung geschuldete Sache bereits während des Schwebens der Bedingung übergeben erhalten hat, ist nach § 872, 2 bei Vereitelung der Bedingung verbunden, die empfangene Sache nebst den in der Zwischenzeit gezogenen Früchten zurückzugeben, und es steht zu diesem Zwecke dem bedingt Verpflichteten ein persönlicher Anspruch auf Zurückerstattung des Geleisteten zu, welcher, wenn die Uebergabe auf Grund vertragsmäßigen Geschäftes erfolgte mit der Vertragsklage (l. 8 pr. D. 18, 6), aber auch aus dem Gesichtspunkte ungerechtfertigter Bereicherung (§ 1547. 1548) verfolgbar ist. — Ob und unter welchen Voraussetzungen bei einer sofort erfolgten aufschiebend bedingten Eigenthumsübertragung einer versprochenen Sache, dem bedingt Berechtigten im Vereitelungsfall der zur Zeit der Uebertragung noch schwebenden Bedingung Vindikationsansprüche zustehen, bestimmt sich nach den für den Traditionsvertrag geltenden allgemeinen Grundsätzen.

b) Mit dem Ausfall einer auflösenden Bedingung wird das von derselben abhängig gemachte Rechtsgeschäft als unbedingt errichtetes angesehen. Die Beweislast hinsichtlich des Ausgefallenseins der Bedingung ist nach Maßgabe des § 171 dahin zu bestimmen, daß Derjenige beweispflichtig ist, welcher aus der betreffenden Thatsache für sich Rechte herleitet und gerichtlich geltend macht.

2) Die Erfüllung der Bedingung ist a) erfolgt, wenn bei affirmativen Bedingungen der Eintritt dessen, was nach der Absicht des die Bedingung Setzenden geschehen soll, bei negativen aber die Unmöglichkeit des Eintritts dessen, was nach dem Inhalt der bedingten Willenserklärung ausbleiben soll (§ 110), gewiß geworden ist. Der positive (die Vergeltung und Ausgleichung für eine unredliche vertragswidrige Verletzung gegebenen Wortes bezweckende) Rechtssatz des gemeinen Rechts (l. 161 D. 50, 17; Windscheid, Pand. I. § 92, Note 10), demzufolge eine nicht erfüllte Bedingung als erfüllt angesehen, wenn der, an ihrer Nichterfüllung Betheiligte, den Eintritt der von der Bedingung abhängig gemachten Wirkungen durch ein dem Inhalte des Geschäfts und dem Sinne der Betheiligten widerstreitendes Verhalten hindert — hat im § 111, 1 des BGB.'s Ausdruck gefunden. Andere auf die Erfüllung der Bedingungen bezügliche Bestimmungen desselben sind zum Theil Ausfluß des Wesens der Bedingungen und der Natur der Sache (z. B. § 871, 3), zum Theil haben sie die Bedeutung von nicht zwingenden, daher eine abweichende Auffassung je nach den Umständen des Einzelfalles nicht ausschließenden Regeln für die Auslegung des präsumtiven Willens (vgl. z. B. §§ 111 a. E. u. § 890. 891. 1146).

In Bezug auf die wegen l. un. § 7 C. 6, 51 in der Doktrin (vgl.

Dernburg, Pand. § 106 unter b; Wächter, Pand. I. S. 377, Beil. II) bestehende Meinungsverschiedenheit, ob die Begriffsbestimmung der potestativen Bedingung nur auf die in ein willkürliches Verhalten des bedingt Berechtigten gestellten Bedingungen zu beschränken oder im Allgemeinen auf ein willkürliches Thun oder Lassen eines der Betheiligten, also auch des zu Verpflichtenden zu erstrecken sei, ergiebt sich aus den §§ 876. 890 u. 891, daß das BGB. sich der letzteren Ansicht (Windscheid, Pand. § 89, 14) angeschlossen hat. Es unterscheidet hierbei aber zwischen solchen Verpflichtungen, bei welchen die Herbeiführung des bedingenden Verhaltens lediglich auf das nackte Wollen (si velit) des bedingt Verpflichteten gestellt ist und solchen Fällen, wo eine anderweite, nicht bloß von dem reinen Wollen desselben abhängige äußere Handlung des Schuldners zur Bedingung gemacht ist. Dort fehlt es der Willenserklärung an dem zur Begründung einer rechtlichen Verbindlichkeit begrifflich erforderlichen zwingenden Charakter (arg. § 664); hier kann zwar der Schuldner durch seine willkürliche Thätigkeit den Eintritt der Bedingung hindern, aber dieser knüpft sich ohne Weiteres an die Vornahme der zur Bedingung gemachten Handlung, gleichviel, ob er den ihr zukommenden rechtlichen Erfolg gewollt hat oder nicht. Daher ist im letzten Falle die Verpflichtung, nicht blos bei Rechtsgeschäften unter Lebenden, sondern auch bei solchen von Todeswegen wirksam (§ 876, 2. § 2124, 2), dagegen im ersten Falle, wenn ein Geschäft den Schuldner nur unter der Bedingung, wenn er will, zu einer Leistung verpflichtet, unwirksam (§ 876, 1. § 2124, 1); jedoch ist hierbei zu beachten, daß bei gegenseitigen Verträgen die Wirksamkeit einer solchen auf das bloße Wollen gestellten auflösenden Bedingung nicht ausgeschlossen ist, wenn besonderer Vereinbarung zufolge (wie namentlich beim Kauf auf Probe — § 1101) der Eine der Vertragschließenden nur dann gebunden sein soll, wenn er will (vgl. das Forderungenrecht).

b) In Ansehung der rechtlichen Wirkungen erfüllter Bedingungen hat das BGB. gegenüber den in der gemeinrechtlichen Wissenschaft bestehenden Meinungsverschiedenheiten sich durch die im § 112 enthaltene Bestimmung grundsätzlich für das die sog. Rückwirkung oder Rückbeziehung ausschließende Prinzip entschieden, indem es ohne Unterschied zwischen der aufschiebenden oder auflösenden Bedingtheit des Geschäfts die im Erfüllungsfall an dasselbe geknüpften rechtlichen Wirkungen nur erst für die Folgezeit (ex nunc), nicht schon in einem früheren Zeitpunkte beziehungsweise von der Zeit des Geschäftsabschlusses (ex tunc) eintreten läßt und hiervon nur insoweit eine Ausnahme zuläßt, als der Parteiwille die entschiedene Richtung auf die Rückwirkung zu erkennen giebt, also den Eintritt oder die Beendigung der rechtlichen Wirkung aus Gründen eines denkbaren besonderen Interesses (z. B. wegen des

Fruchtbezugs, der Gefahrstragung u. dgl.) auf einen früheren Zeitpunkt dergestalt zurückbezogen wissen will, daß unter den Betheiligten das Verhältniß entsteht, als ob die Rechtswirkung der erfüllten Bedingung schon in dem früheren Zeitpunkte entstanden oder beendigt wäre. Liegt eine hierauf gerichtete Bestimmung der Betheiligten nicht vor, so tritt

α) bei aufschiebend bedingten Rechtsgeschäften die denselben zukommende rechtliche Wirkung erst von dem Zeitpunkte an ein, in welchem die Bedingung erfüllt ist (§ 872, 1). — Das Verhältniß des Nichtrückwirkungsprinzipes insbesondere zu der Frage über die Wirkung des Bedingungseintrittes auf das rechtliche Schicksal der während der Schwebezeit bis zu diesem Zeitpunkt bezogenen Früchte einer bedingt versprochenen Sache bestimmt der § 874 des BGB.'s unter Berücksichtigung der muthmaßlichen Absicht der Betheiligten verschieden, je nachdem der bedingt Verpflichtete in der Zwischenzeit übereinkunftsmäßig im Besitze der Sache verblieben ist, oder dieselbe bereits vor erfüllter Bedingung an den bedingt Berechtigten übergeben hat. Im ersten Falle wird (im Einklange mit den aus der Nichtrückwirkung sich ergebenden Consequenzen) angenommen, daß der einstweilige Fruchtgenuß dem bedingt Verpflichteten habe eingeräumt werden sollen, während im anderen Falle das Gegentheil, die Ueberlassung des Fruchtgenusses an den bedingt Berechtigten, als beabsichtigt angesehen werden soll (vgl. hierzu die Protok. des Dresdner Entwurfs e. deutsch. Obl.Rechts I. S. 305 flg.). Ueber die von Seiten des bedingt Verpflichteten während der Schwebezeit Dritten an der versprochenen Sache eingeräumten Rechte vgl. oben § 39 1 b *γ*. (Der deutsche Entwurf hat von der Aufstellung einer dem § 874 adäquaten Vorschrift abgesehen, weil sie nur als Auslegungsregel und nur dann eine gewisse Berechtigung habe, wenn die Uebergabe der Sache zum Zwecke der bedingten Eigenthumsübertragung erfolgt sei [Mot. I. 254 bis 255]).

β) Mit dem Zeitpunkt der Erfüllung einer auflösenden Bedingung wird nach der Auffassung des BGB.'s (§ 112 a. E. § 875, 1) das bedingte Rechtsgeschäft für die Zukunft (ex nunc) „aufgehoben". Die Bedingung ist ein Bestandtheil des Geschäfts, welcher, ungeachtet es bis zum Eintritt derselben als ein unbedingtes behandelt wird, doch den Keim der Vernichtung in dasselbe legt. Aber weil die erfüllte auflösende Bedingung nur für die Zukunft wirkt, so erscheint die von ihr abhängige Berechtigung regelmäßig als eine für den Eintrittsfall derselben zeitlich begrenzte. Die in dessen Folge ex nunc eintretende Endigung der durch das Rechtsgeschäft erzeugten Rechtsverhältnisse und rechtlichen Wirkungen vollzieht sich ohne Weiteres (ipso jure: § 132, 2, und vgl. dazu z. B. §§ 484. 593. 651. 875, 1. 2013. 2123. 2506), soweit nicht nach den Grundsätzen des Ingrossationsrechts die in dem Bedingungseintritt liegende Aufhebungsthatsache nur obligatorisch wirkt, indem sie für den hierdurch Berechtigten gegen den anderen Theil bloß einen durch persönliche Klage verfolgbaren Anspruch auf die Rückverschaffung der Sache oder auf Löschungsbewilligung begründet (vgl. z. B. §§ 291. 453. 454. 463. 508).

Verschieden hiervon ist die Frage, ob jede rechtliche Wirkung, welche durch das Rechtsgeschäft an dem vor dem Abschlusse desselben bestandenen Rechtszustande bis zum Bedingungseintritt namentlich durch verändernde Verfügungen des bisher Berechtigten erzeugt wird, dergestalt zusammenfällt, daß jener frühere Zustand unmittelbar wieder hergestellt wird und in dessen Folge insbesondere das von dem Rückerwerber dem anderen Theile eingeräumte Eigenthum an der übergebenen Sache ohne Weiteres (ipso jure) ganz so zurückfällt, als ob er die Sache gar nicht übertragen hätte, — oder ob durch den Bedingungseintritt nur für die Zukunft eine bloß persönliche Verpflichtung des bisher Berechtigten zur Wiederherstellung des früheren Zustandes entsteht, welche dem Rückerwerber gegen ihn und seine Schuldnachfolger nur einen persönlichen Anspruch auf die Zurückgabe des auf Grund des Geschäftes Geleisteten, und, soweit dies aus einem vom Erwerber zu vertretenden Grunde nicht möglich oder von ihm durch Bestellung von Rechten an der Sache eine nicht wieder aufhebbare werthsvermindernde Belastung derselben geschaffen ist, ein Recht auf Schadensersatz verleiht.

Das BGB. § 875, 2. 4 hat sich im Hinblick auf die im gewöhnlichen Verkehr vorherrschende Auffassung und auf die aus der gegentheiligen Ansicht wegen ihrer Wirkungen gegen Dritte entstehenden Bedenken für das letzterwähnte Prinzip als Regel entschieden, soweit nicht durch ausdrückliche oder stillschweigende Parteifestsetzung etwas Anderes als beabsichtigt anzunehmen ist (§ 112). Dieser Regel entspricht auch der im § 875, 3 ausgesprochene Rechtssatz, daß die vom bisherigen Berechtigten in der Zwischenzeit bezogenen Früchte auch nach dem Bedingungseintritt ihm schlechthin verbleiben. Diese den Früchteverbleib betreffende Bestimmung erleidet indessen — unbeschadet jedoch der nur obligatorischen Wirkung der Bedingungserfüllung — in den Fällen Ausnahmen, wo wie z. B. bei dem vertragsmäßigen Vorbehalt der Reue, des besseren Gebotes und des Rücktrittsrechtes wegen Rechtsverwirkung (§§ 1109. 1111. 1115. 1132. 1436) nach präsumtiver Auslegung des Parteiwillens anzunehmen ist, daß im Eintrittsfall der bei diesen Verträgen im Zweifel als auflösende anzusehenden Bedingungen dieselben so behandelt werden sollen, als ob der bedingte Vertrag von Anfang an nicht geschlossen wäre. Denn die im Schlußsatz des § 1109 zur Abschneidung lästiger Liquidationen aufgestellte Vorschrift, durch welche die beiderseitigen Ansprüche aus dem Fruchtbezuge und der Nutzung des bezahlten Kaufpreises als gegenseitig sich aufhebend erklärt werden, ergreift auch die schon während der Schwebezeit von dem Berechtigten gezogenen Früchte (vgl. §§ 1115, 2. 1436, 3).

Vertragsmäßige Veräußerungsverbote begründen an sich zum Schutze der Interessen des Verbotsurhebers nur eine persönliche Ersatzverbindlichkeit des Uebertreters, ohne den Bestand der zuwiderlaufenden Veräußerung zu berühren (§ 223, 2). Wenn aber das Verbot „mit der Wirkung einer auflösenden Bedingung festgesetzt“ wurde, d. h. mit dem übereinkunftsmäßigen Willen, daß im Zuwiderhandlungsfalle die Uebertragung der Sache wieder aufgelöst sein solle (§§ 112. 875, 1), so ist eine zuwiderlaufende Veräußerung nach dem Ausdrucke des BGB.'s „nichtig“. Allein da hier die Nichtigkeit nur als Folge der beigefügten Resolutivbedingung eintritt, so sind ihre Wirkungen auch nur auf die diesen Bedingungen überhaupt (§ 112) zukommende Tragweite zu beschränken und begründen daher nur einen obligatorischen Anspruch in Betreff des verbotswidrig veräußerten Gegenstandes, welcher die in der Zwischenzeit Dritten eingeräumten Rechte unverändert läßt (§ 291; WA. 1884, 785; a. M. Siebenhaar, Lehrb. S. 307; über die Zulässigkeit des dem Berechtigten nach § 960 gegen den Zuwiderhandelnden zustehenden Anspruchs auf Abtretung seines infolge der nichtigen Veräußerung gegen den dritten Erwerber begründeten dinglichen Klagerechts auf Sachrestitution vgl. Schmidt, I. 181).

Eine größere Tragweite aber hat die Uebertretung von Veräußerungsverboten durch solche Veräußerungen, welche ein widerruflicher Eigenthümer den singulären, ihm die Befugniß zur Belastung seiner Sache mit Hypotheken und Dienstbarkeiten entziehenden Gesetzesvorschriften (§§ 399. 573. 644) zuwider vornimmt. Denn diese qualifiziren sich als Zuwiderhandlungen gegen gesetzliche Veräußerungsverbote (§ 219, 3) und sind daher mit den (dinglichen) Nichtigkeitsfolgen verbunden, welche auch gemeinrechtlich in der Regel an dieselben sich anknüpfen (vgl. z. B. l. 3 § 5 D. 27, 9. l. 7 C. 4, 51).

γ) Die uneigentlichen Bedingungen.

§ 41.

1) Bedingungen, welche auf den Eintritt oder Nichteintritt eines zur Zeit ihrer Festsetzung der Vergangenheit oder der Gegenwart angehörigen Ereignisses gestellt sind, bewirken überhaupt keinen Schwebezustand. Sie äußern auf das davon abhängig gemachte Geschäft, gleichviel ob es eine Willenserklärung unter Lebenden oder von Todeswegen ist, einen verschiedenen Einfluß, je nachdem der zur Bedingung gemachte Umstand der Wirklichkeit entspricht oder nicht. Ersternfalls ist dieselbe bei aufschiebender Bedingtheit als unbedingte, bei auflösender Bedingtheit als unwirksame

zu behandeln, während im Falle des Nichteintritts des zur Bedingung gemachten Ereignisses das Geschäft als aufschiebend bedingtes wirkungslos, als auflösend bedingtes aber unbedingt wirksam ist (§§ 881. 883, 1. 2119. 2120). Die für den Fall der Möglichkeit mehrfachen Eintrittes des bedingenden Ereignisses in den §§ 882 u. 2145 aufgestellten Vorschriften sind Auslegungsregeln, deren Anwendbarkeit im Einzelfalle von den besondern Umständen desselben abhängig ist.

2) Nothwendige Bedingungen, d. h. solche, welche auf den Eintritt eines (nach Natur- oder Rechtsgesetz) ganz unausbleiblichen Umstandes oder auf den Nichteintritt von etwas ganz Unmöglichen gestellt sind (§ 11 i. f. J. de inut. stip. 3, 19), machen das davon abhängige Geschäft nicht zu einem bedingten. Dasselbe gilt, wenn die Bedingung eine aufschiebende ist, als unbedingtes, wenn sie aber eine auflösende ist, als ein des erforderlichen ernsten Willens ermangelndes nichtiges Geschäft (§§ 884, 1. 885, 1. 887, 1. § 11 J. 3, 19 [20]).

Geht aber bei der Setzung einer unausbleiblichen Bedingung, deren Erfüllungszeit noch ungewiß ist, die Absicht der Betheiligten dahin, daß der auf solche Weise bedingte Anspruch vor dem Bedingungseintritt nicht solle geltend gemacht werden können, so liegt in einer solchen Anordnung nicht eine Bedingung, wohl aber eine Befristung (dies § 887, 2). Hat jedoch in einem solchen Falle die Wirkung des Geschäftes davon abhängig gemacht werden sollen, daß der bedingt Berechtigte den Eintritt des unausbleiblichen Ereignisses erlebe (eine Absicht, welche das römische Recht bei letztwilligen Verfügungen präsumirt, Windscheid, Pand. § 96, 7; Wächter, Pand. § 29), so ist wegen der Ungewißheit dieser Eventualität (dies incertus) eine eigentliche Bedingung vorhanden (§ 887, 3). Nothwendige Bedingungen, wenn sie einer letztwilligen Verfügung, gleichviel ob als aufschiebende oder auflösende, beigefügt sind, werden als nicht geschrieben behandelt (§ 2125; vgl. §§ 2009 u. 2426).

3) Solche in der äußern Form der Bedingung auftretenden Bestimmungen, bei deren Festsetzung es bereits gewiß ist, daß das thatsächliche Eintreten des zur Bedingung gemachten Umstandes rechtlich oder natürlich unmöglich ist, äußern, wenn sie einem Geschäfte unter Lebenden beigefügt sind, eine verschiedene Wirkung, je nachdem durch dieselben der Beginn oder das Aufhören der beabsichtigten Geschäftswirkungen bezweckt wird. Dort machen sie, weil sie das ganze Geschäft als einen bloßen Scherz erkennen lassen, dasselbe zu einem nichtigen; hier aber lassen sie, weil dadurch der Ernst der Auflösungsabsicht ausgeschlossen wird, das ganze Geschäft als unbedingtes erscheinen (§ 884, 2. §. 885, 2). Bei letztwilligen Verfügungen gelten auch solche Bedingungen, gleichviel ob sie aufschiebende oder auflösende sind, als nicht hinzugefügt (§§ 2125. 2126. § 10 J. 2, 14).

4) Einer analogen Behandlung unterliegen:

a) Die unverständlichen in sich oder der Natur des Geschäfts widersprechenden Bedingungen (conditiones perplexae): § 886, verb. m. § 2128; l. 188 D. 50, 17|; vgl. l. 16. D. 28, 7.

b) Die unstatthaften oder unzulässigen Bedingungen. — Die Unstatthaftigkeit kann ihren Grund haben in der Unzugänglichkeit gewisser Willenserklärungen für Bedingungen überhaupt (z. B. § 2256) oder wenigstens für gewisse Arten von Bedingungen (§§ 2584. 2585), oder in der Unerlaubtheit der Bedingung, d. h. in einem Inhalt derselben, welcher das davon abhängig gemachte Geschäft zu einem unerlaubten, rechtlich oder sittlich verwerflichen oder gemißbilligten zu machen geeignet ist, weil die gesetzte Bedingung entweder die Vornahme des Rechtsgeschäfts selbst zu einer gesetzlich verbotenen macht (§ 109), oder weil dieselbe darauf abzweckt, ein der Rechtsordnung den guten Sitten und der Wohlanständigkeit widerstreitendes Verhalten zu veranlassen oder zu fördern. Dahin gehören Bedingungen, welche entweder für ein verbotenes Verhalten Gewinn oder für ein pflichtmäßiges Verhalten Nachtheil in Aussicht stellen, aber auch diejenigen, durch welche eine sittlich verwerfliche dem Ehr- oder Schicklichkeitsgefühl widerstreitende Bezahlung für ein durch Recht und Sitte gebotenes Verhalten gewährt werden soll. (Vgl. besonders §§ 877, 2. 878, 1—2. 2129, 1. 2130, 2. 2132, 1.) Dagegen sind nicht für unerlaubt zu achten solche bedingte Versprechen, welche die Bestrafung des Verbotenen oder Unerlaubten bezwecken (§§ 877, 1, 2129, 2. 2130, 1. 2131. 2132, 2), ingleichen diejenigen, welche die Belohnung pflichtmäßigen Verhaltens und das Anspornen zur Pflichterfüllung bewirken sollen.

Der Einfluß unerlaubter Bedingungen auf die davon abhängig gemachte Willenserklärung besteht darin, daß sie zur Abwehr ihres auf Begünstigung des Unrechts oder der Unsittlichkeit gerichteten Erfolges, wenn sie die Erlangung eines Vortheils aufzuschieben bestimmt sind, die an sie geknüpfte Willenserklärung unter Lebenden nichtig machen, während, wenn sie in auflösender Richtung beigefügt sind, die Nichtigkeit bloß die Bedingung ergreift, wenn nicht etwa durch ihre Beifügung der Gesammtinhalt des bedingten Geschäftes den Charakter einer Rechtswidrigkeit oder Unsittlichkeit annimmt (§ 880 verb. m. § 109). — Auf Rechtsgeschäfte von Todeswegen erstreckt sich dieser vernichtende Einfluß nicht; gleichviel, ob sie als aufschiebende oder auflösende hinzugefügt sind, werden sie wie nach gemeinem Rechte (Windscheid, Pand. § 94 Not. 9. 16. 17; Dernburg, Pand. 3. § 83) als nicht beigefügt (pro non scriptis) behandelt (§§ 2129, 1. 2130, 2). Als einzelne bestimmte Fälle unerlaubter Bedingungen hebt das BGB. in Bezug auf letztwillige Verfügungen diejenigen hervor, welche auf die Ehelosigkeit oder Verehelichung nach der Willkür eines Dritten (§ 2135, 1, vgl. aber § 2136), auf die Aenderung oder Beibehaltung der Religion oder der Konfession (§ 2137) gestellt sind, oder den Zweck haben, den Bedachten lächerlich zu machen (derisoriae, § 2134; l. 14 D. 28, 7).

5) Das Abhängigmachen einer Willenserklärung von einem Umstande, der zwar noch zukünftig und ungewiß, aber nicht willkürlich gesetzt ist, weil er Kraft rechtlicher Nothwendigkeit das Erforderniß der rechtlichen Wirksamkeit derselben bildet (conditio juris), erscheint als bloße Wiederholung einer objektiven Rechtsregel und deshalb als eine bedeutungslose Zusatzbestimmung, welche an der Bestimmtheit des durch die Willenserklärung beabsichtigten Verhältnisses Nichts zu ändern vermag (§ 888; vgl. aber l. 19 § 1 D. 35, 1; Dernburg, Pand. I. § 107 Note 4; Windscheid, Pand. § 87 Note 7—8).

b) Die Befristung durch Zeitbestimmung (dies).

§ 42.

1) Die rechtlichen Wirkungen eines Rechtsgeschäftes können, soweit es seine Natur und Wesenheit zuläßt, durch Hinzufügung von Zeitbestimmungen in der Art begrenzt („befristet") werden, daß sie entweder erst von einem bestimmten künftigen Zeitpunkt (Anfangstermin, dies a quo) an beginnen oder mit einem solchen aufhören sollen (Endtermin, dies ad quem). Die Bestimmung eines solchen Zeitpunktes kann erfolgen sowohl absolut durch Bezeichnung eines zukünftigen feststehenden Kalenderpunktes („Datum") als auch durch Bezugnahme auf ein zukünftiges Ereigniß, welches in irgend einen Abschnitt dieses Zeitmaßes hineinfällt. Im letztern Falle ist es für die Beurtheilung der rechtlichen Bedeutung einer solchen Zeitbestimmung von entscheidendem Einfluß, ob der Eintritt des Ereignisses, auf welches abgestellt wurde, mit Sicherheit zu erwarten ist oder nicht (ob dies certus oder incertus an), weil das die Bedingung von der Befristung unterscheidende Moment darin liegt, daß bei dieser das Ob? des Eintritts des (beiden gemeinsamen) künftigen Ereignisses nicht ungewiß, sondern gewiß ist.

2) Ist es ungewiß, ob das in Bezug genommene zeitlich bestimmte künftige Ereigniß eintreten werde (dies incertus an), so soll nach der im Prinzip der herrschenden Ansicht entsprechenden Vorschrift im § 114 des BGB.'s eine solche Zeitbestimmung (weil sie sich rechtslogisch in Wahrheit nur als eine in der Form der Zeit ausgedrückte Bedingung qualifizirt) bezüglich ihrer Wirkungen auf das Rechtsgeschäft als Bedingung (bezw. aufschiebende oder auflösende) behandelt werden (vgl. l. 75 D. 35, 1; l. 21 pr. 22 pr. D. 36, 2; l. 46 D. 45, 1). Allein im einzelnen Falle kann die Anwendbarkeit dieser grundsätzlichen (nicht bloß den dies

incertus an et quando, sondern auch den dies incertus an, certus quando treffenden) Vorschrift, trotz der in der Doktrin anerkannten begrifflichen Grenze zwischen Bedingung und Befristung zweifelhaft und eine Frage der Auslegung des Parteiwillens sein, wenn aus den Umständen erkennbar ist, daß dem vom Betheiligten gewählten Ausdruck eine abweichende Absicht zu Grunde liege. Dies wird dann der Fall sein, wenn von den Betheiligten auf ein zwar hinsichtlich des „Wann“ seines Eintritts berechenbares, aber hinsichtlich des „Ob“ seiner Verwirklichung ungewisses Ereigniß in der bestimmt erkennbaren Absicht abgestellt ist, daß das fragliche Ereigniß nur als „Termin“ behandelt werden, also der Eintritt der rechtsgeschäftlichen Wirkungen nicht an den Eintritt des Ereignisses, sondern nur an den nach Maßgabe desselben sich bestimmenden Zeitpunkt geknüpft sein solle (§ 713; l. 46 D. 36, 1; l. 5 C. 6, 50; Wächter, Würt. Priv. II, 731 Nr. 4; OAGA. Zw. F. 3, 1; Ztschr. 41, 441). Umgekehrt behandelt das BGB. im Einklang mit dem römischen Rechte (l. 79 pr. § 1 D. 35, 1; l. 4 pr. § 1 D. 36, 2) den dies certus an, incertus quando bei letztwilligen Verfügungen insofern als Bedingung, als der Bedachte den Eintritt des dies erlebt haben muß (§ 2149, 2 verb. m. § 2121). Abgesehen von solchen durch den erkennbaren Parteiwillen bedingten Ausnahmen wird aber als die Regel festzuhalten sein, daß an sich die Ungewißheit über das „Wann“ des Eintritts bei vorhandener Gewißheit des „Ob“ die Natur der Zeitbestimmung unverändert läßt (arg. l. 17 D. 12, 6).

3) Ist einem Rechtsgeschäfte eine reine und wirkliche Befristung durch Abstellen auf einen kalendermäßig bestimmten künftigen Zeitpunkt (bez. durch Vereinbarung einer Kündigungsfrist, Seuffert's Arch. 37, S. 32 flg.) oder ein gewiß eintretendes künftiges Ereigniß beigefügt, so gilt dasselbe nach § 115 des BGB.'s als unbedingtes. Hieraus folgt, daß, wenn nicht aus dem Inhalt oder der Natur des Rechtsgeschäfts oder aus sonstigen begleitenden Umständen eine entgegengesetzte Wirkung als beabsichtigt sich zu erkennen giebt, die rechtliche Wirkung des Geschäftes, je nachdem die Befristung als Anfangs- oder als Endtermin gesetzt ist, im ersten Falle sofort entsteht (dies cedens) und nur in ihrer Geltendmachung („Fälligkeit“, dies veniens) bis zum Anfangstermin hinausgeschoben ist (Folgesätze: § 1521 u. RKonk.O. § 58); während in dem letzteren Falle die Rechtswirkung des Geschäfts mit dem Eintrittt des Endtermins für die Zukunft endigt. Auf den Schwebezustand in der Zwischenzeit werden, weil der bis zum Endtermine Berechtigte nicht füglich anders als der auflösend bedingt Berechtigte gestellt werden kann, die für diesen geltenden Grundsätze rechtsähnliche Anwendung zu finden haben, nur mit Ausnahme der durch das Ingrossationssystem begründeten Verschiedenheit, daß durch den Eintritt des Endtermins einer nur auf be-

stimmte Zeit bestellten Hypothek, deren Erlöschung (weil aus dem Eintrage selbst der kalendermäßige Endigungsmoment erhellt) ohne Weiteres erfolgt, während eine unter auflösender Bedingung eingeräumte Hypothek eine solche zeitliche Bestimmtheit ihrer Endigung nicht gewährt und daher nur einen obligatorischen Rechtstitel auf Löschung begründet (vgl. § 451 mit § 454 und Müller, Reallasten § 5, bes. Nr. I. 2, auch Ges. v. 25. Febr. 1888 und Siegmann, sächs. HR. §§ 39. 41. 43, 1).

4) Die Hinzufügung einer Zeitbestimmung, deren Eintritt überhaupt nicht möglich ist, ist nach Analogie der unmöglichen Bedingungen zu behandeln.

III. Unerlaubte Handlungen.

1. Allgemeines.

§ 43.

I. An zwei gesonderten Stellen seines Systems hat das BGB. allgemeine Vorschriften über Voraussetzungen und Rechtsfolgen der Verantwortlichkeit für Beschädigungen Anderer durch unerlaubte Handlungen (verschuldete Widerrechtlichkeit) aufgestellt. Zunächst in der vierten Abtheilung des Allgemeinen Theils (§§ 116—126) unter dem Gesichtspunkte von „Handlungen“ als rechtsgestaltender Thatsachen (§ 34) überhaupt; sodann im dritten Abschnitt der allgemeinen Lehren des Forderungsrechts (§§ 773—781) unter dem besondern Gesichtspunkt von selbständigen Entstehungsarten privatrechtlicher Verbindlichkeiten (Deliktsobligationen) außer und neben den Verträgen.

Ungeachtet dieser systematisch gesonderten (in den Berathungen der Gesetzgebungs-Commission — Prot. 118, 2 flg. — nicht einwandsfrei gebliebenen) Behandlung der einschlagenden Normativbestimmungen liegt ihnen doch unverkennbar die gemeinsame gesetzgeberische Tendenz zu Grunde, unter Berücksichtigung des vorhandenen praktischen Bedürfnisses nach erweitertem Rechtsschutz gegen unerlaubte Handlungen eine allgemeinere und einheitliche Grundlage für diese im gemeinen Rechte so verwickelte und kontroversenreiche Lehre (Dernburg, Pand. II. § 129, 2 und Preuß. Priv.R. II. § 294) zu schaffen, soweit nicht für einzelne nach Art und Gegenstand verschieden gestaltete Thatbestände deliktsmäßigen Unrechts, insbesondere für Sachbeschädigungen im Sinne und Geiste der lex Aquilia die Normirung eigenthümlicher Spezialdelikte für angemessen erschien (§§ 1483 flg.).

Demgemäß sollen auch im Folgenden nur die allgemeinen Grundsätze der Lehre von den Beschädigungen durch unerlaubte verschuldete Handlungen dargestellt, das Einzelne aber den einschlagenden Gebieten des Forderungsrechts vorbehalten werden.

II. Aus einer vergleichenden Zusammenfassung der in jenen beiden Abschnitten des BGB.'s enthaltenen Gruppen von allgemeinen grundsätzlichen Normen ergiebt sich Folgendes:

1) Hinsichtlich der Tragweite beider Gruppen sind die im Allgemeinen Theil aufgestellten Vorschriften der §§ 116—126 auf alle Entstehungsarten der Schadensersatzpflicht beziehbar, umfassen also insbesondere auch die aus vertragsmäßigen und andern Pflichtverhältnissen entspringende Haftpflicht mit (vgl. Comm.Prot. 26, 6 mit 30, 2—5), während sich die im Obligationenrechte normirten Rechtsgrundsätze (§§ 773—781) über die begrifflichen Voraussetzungen und die Rechtsfolgen der Privatdelikte als selbständiger Grundlagen privatrechtlicher Verbindlichkeiten nur auf diese Entstehungsart der Schuldverhältnisse beschränken.

Es sind daher Schadensersatzansprüche aus widerrechtlichem Verhalten in bestehenden obligatorischen Pflichtverhältnissen, welche zwischen bestimmten Personen aus nicht deliktsmäßigen, z. B. aus rechtsgeschäftlichen Gründen bestehen, nicht Gegenstand der nur die Obligationen aus Privatdelikten regelnden Vorschriften. Beide Fälle der Ersatzpflicht unterscheiden sich namentlich durch ihren Entstehungsgrund, demzufolge einer Verletzung der durch bestehendes Schuldverhältniß begründeten Rechte des Gläubigers nur dessen Schuldner sich schuldig machen kann. Sie unterscheiden sich aber auch dadurch, daß rechtswidriges deliktsmäßiges Verhalten obligationsbegründend wirkt, während vertragswidriges Verhalten auf das dadurch verletzte Obligationsverhältniß nur modificirend abändernd und erschwerend zurückwirkt (vgl. z. B. §§ 721, 1. 745. 1009).

Damit soll aber nicht gesagt sein, daß nicht auch in einem bestehenden Verpflichtungsverhältnisse einem daran Betheiligten durch Rechtsverletzungen geschadet werden könne, welche mit dem Inhalt des Schuldverhältnisses nicht in unmittelbarem Zusammenhang stehen, indem z. B. ein Dritter an demselben Unbetheiligter in die obligatorischen Rechte der Obligationsinteressenten durch Vernichtung oder Verschlechterung des Leistungsgegenstandes eingreift, oder ein Vertragsgenosse, welcher nach dem Vertragsinhalt nur für absichtliches Verschulden oder grobe Fahrlässigkeit haftet, durch eine auf geringer Fahrlässigkeit beruhende deliktsmäßige Handlungsweise seinem Gläubiger Schaden zufügt (vgl. § 1488 u. Prot. 117, 11). Allein in diesen Fällen tritt die Schadensersatzpflicht doch immer nur dann ein, wenn die beschädigende Thatsache aus einem andern Grunde, als wegen Verletzung der bestehenden Obligation als widerrechtlich sich darstellt (Arndts, Pand. § 250; Dresd.Obl.Entw. Art. 226 und Prot. I. 733).

2) Beide Gruppen von Rechtsvorschriften gehen aber ohne eine allgemeine Charakteristik des Begriffes unerlaubter Handlungen durch positive Merkmalsbestimmung zu geben, doch von dem in Doktrin,

Praxis und Gesetzgebung anerkannten Standpunkte als gemeinsames Prinzip aus, daß Jeder gegen den Andern die allgemeine negative Verpflichtung hat, die Rechtssphäre des Andern zu achten und nichts zu thun, wodurch er in dieselbe beschädigend eingreift, daß dagegen eine allgemeine Rechtspflicht positiv fürsorglich für Andere thätig zu werden und ihnen drohenden Schaden abzuwenden nicht besteht, sondern nur dann eintritt, wenn man aus besondern Gründen zur Bethätigung einer gewissen Sorgfalt und Beflissenheit für das Interesse Anderer verpflichtet ist (§§ 116. 117). Hieraus folgt, daß die Unterlassung nicht bloß in Fällen, wo die Verpflichtung zum Handeln lediglich in einem obligatorischen Pflichtenverhältniß begründet ist, sondern auch außerhalb eines solchen eine selbständige deliktsmäßige Verantwortlichkeit für dadurch angerichteten Schaden erzeugen kann, wenn sie sich deshalb als Rechtswidrigkeit darstellt, weil etwas durch die Rechtsordnung, durch Gesetz oder obrigkeitliche Anordnung Gebotenes von dem hierdurch Verpflichteten zu thun unterlassen wurde („Unterlassungsdelikte").

3) Für beide bezeichneten Richtungen der durch unerlaubte Handlungen verursachten Beschädigungen wird als allgemeine die gemeinsame Voraussetzung der dadurch begründeten Verantwortlichkeit und Schadensersatzpflicht normirende Regel aufgestellt, daß wer widerrechtlich, d. h. durch eine äußere Handlung, zu welcher er nicht berechtigt oder welche „an und für sich" selbst (außerhalb bestehenden obligationsmäßigen Verpflichtungsverhältnisses) rechtswidrig ist, verletzend auf die Rechte eines Andern einwirkt, für den beschädigenden Erfolg seiner Handlung (Begehung oder Unterlassung) einzustehen hat, falls ihm in Bezug auf das Verhältniß seines Willens zu der schadenstiftenden That eine Verschuldung zur Last fällt (vgl. §§ 116. 119. 773. 774. 776, 1). Es bildet hiernach die widerrechtliche Verletzung fremder Rechte die allgemeine objektive und die Zurechenbarkeit zur Schuld die allgemeine subjektive Grundlage für die Begründung der aus unerlaubtem Verhalten entstehenden Schadensersatzpflicht. (Vgl. das OAG.Erk. in Ztschr. 33, 342).

In dem Nachfolgenden soll aus den bereits unter II. 1 angegebenen Gründen unter Absehen von den in das Forderungenrecht gehörenden Rechtsfragen über die rechtswidrigen Verletzungen obligatorischer Verpflichtungen nur von der aus deliktsmäßiger Handlungsweise begründeten Haftpflicht im Allgemeinen gehandelt werden.

2. Begriff der Privatdelikte, Gründe und Folgen deliktsmäßiger Verschuldung.

§ 44.

I. Der Deliktsbegriff beruht, abgesehen von einzelnen positivrechtlichen Beschränkungen, auf folgenden Merkmalen:

1) Widerrechtliche Verletzung eines von der Rechtsordnung geschützten Privatrechts durch eine an und für sich rechtswidrige Handlung oder Unterlassung (§ 773, Comm.Prot. 117, 10).

2) Zurechenbarkeit des rechtsverletzenden Erfolgs als eines vom Thäter verschuldeten (§ 776, 1).

II. In Bezug auf die erste Voraussetzung ist die Widerrechtlichkeit des rechtsverletzenden Erfolgs als ausgeschlossen anzusehen nicht bloß dann, wenn die in Frage kommende Handlung oder Unterlassung durch keine Satzung der positiven Rechtsordnung (Gesetz oder obrigkeitliche Anordnung) verboten ist, sondern auch dann, wenn Kraft eines dem Urheber zustehenden eignen Rechts, von ihm in der Weise und innerhalb der Grenzen gehandelt wurde, wie er es vermöge des Inhalts seines Rechts durfte, oder wenn er mit der (nach den allgemeinen Grundsätzen über die Giltigkeitserfordernisse von Willenserklärungen) wirksamen Einwilligung des Betroffenen handelte oder die Befreiung von einem bestehenden allgemeinen Verbot für seine Person in Anspruch zu nehmen berechtigt war.

1) Der in Doktrin und Gesetzgebung allgemein anerkannte Rechtssatz, daß derjenige keine Rechtsverletzung begehe, welcher nur durch Ausübung des ihm zustehenden Rechtes einen Andern schädigte, hat in § 118 ausdrückliche, im § 1487, 2 aber indirekte Anerkennung gefunden. Allein so richtig diese Regel als abstrakter Lehrsatz sein mag, so wird es doch bei ihrer praktischen Ausführung wegen der großen Mannichfaltigkeit der möglichen, durch kasuistische Normirung nicht erschöpfbaren Fälle immer der sachgemäßen richterlichen Prüfung überlassen bleiben müssen, ob im gegebenen Falle die faktischen Voraussetzungen ihrer rechtlichen Anwendbarkeit vorhanden sind. Hierbei wird hauptsächlich zu erwägen sein, ob die einen Dritten schädigende Ausübung eines eigenen Rechts innerhalb der durch dieses gezogenen Grenzen doch nicht zugleich in Bezug auf Umfang der dabei vorgenommenen Handlungen und gebrauchten Mittel eine solche gewesen sei, daß insoweit die Beschädigung des Dritten als ein Eingriff in sein Rechtsgebiet und als eine Handlung des Beschädigers sich darstellt, zu welcher er vermöge seines Rechtes nicht befugt war.

2) Ebenso wie den richtig verstandenen Satz „qui jure suo utitur nominem laedit“ hat das BGB. in dem angeführten § 118 verb. mit § 780 auch die Einwilligung des Beschädigten in die beschädigende Handlung als einen Grund besonders hervorgehoben, wodurch diese dem Beschädigten gegenüber die Eigenschaft einer zum Schadensersatz verpflichtenden Widerrechtlichkeit verliert. Der Grund hiervon liegt darin, daß die Einwilligung ein Dispositionsakt über das eigene Vermögen ist, welcher mit dem Willen des Beschädigten durch den Andern ausgeführt wird und daher als eine Selbstbeschädigung des ersteren sich darstellt, für die er keinen Ersatz fordern kann (§ 781). Weil aber diese Einwilligung ein Rechtsgeschäft ist, so bedarf

sie zu ihrer rechtlichen Wirksamkeit der zur Giltigkeit eines solchen nach allgemeinen Grundsätzen (§§ 89. 90 verb. m. 786. 787. 793) erforderlichen Handlungs- und Verfügungsfähigkeit des Einwilligenden. Bei der allgemein lautenden Fassung dieser Bestimmung wird übrigens auch der Fall von ihr getroffen werden, wenn die Handlung trotz der Einwilligung eine widerrechtliche oder vielleicht sogar strafbare (St.GB. §§ 142. 216) bleibt. (Vgl. Deutscher Entwurf § 706 u. Mot. II. S. 730.)

III. Anlangend die zweite in der causalen Beziehung des verletzenden Erfolges zum Willen des Thäters liegende, das eigentliche Schuldmoment bildende Voraussetzung des Deliktsbegriffs — das Verhältniß der Zurechnung —, so kann dieses begründet werden:

1) durch die widerrechtliche Absicht des Handelnden, d. h. die bewußte Verursachung des gewollten rechtsverletzenden Erfolges. Dieses Verhältniß der Zurechnung kann bei allen Delikten vorkommen. Bei manchen derselben ist diese Art der Verschuldung sogar ein wesentliches Thatbestandsmoment (vgl. z. B. §§ 1499 flg. 1502 flg. 1504); bei ander naber (vgl. z. B. § 1483 [culpa Aquilia]. § 1497 [Ztschr. 35, 114]. § 1501) ist zur Begründung der Deliktsobligation auch schon das Verhältniß der Fahrlässigkeit ausreichend, d. h. ein fehlerhaftes Willensverhalten, welches ohne auf das Unrecht selbst gerichtete Absicht deshalb zurechenbar ist, weil der dadurch verursachte schadenbringende Erfolg infolge der Verabsäumung desjenigen unter den gegebenen Verhältnissen erforderlichen Grades der Vorsicht, Aufmerksamkeit und Ueberlegung eintrat, durch dessen Anwendung er hätte vermieden werden können (§ 121, 1). Daher ist der Vorwurf der Fahrlässigkeit ausgeschlossen, wenn die Möglichkeit der Schadenszufügung so ferne lag, daß sie selbst von einem Vorsichtigen nicht berücksichtigt worden wäre (§ 121, 2).

2) Die Unentschuldbarkeit einer solchen in Unterlassung der gehörigen geistigen Kraftanstrengung bestehenden Verschuldung hat aber eine Grenze an der Erwägung, daß man in dieser Hinsicht vernünftiger und billiger Weise keine Anforderungen an das menschliche Leistungsvermögen stellen kann, welche das im gegebenen Falle zulässige Maß übersteigen. Die Frage, ob eine auf Fahrlässigkeit beruhende Verschuldung vorliege, läßt sich zwar im Einzelfalle nur durch gehörige Würdigung der einschlagenden thatsächlichen und rechtlichen Verhältnisse gehörig bestimmen. Aber als abstraktes Durchschnittsnormal, nach welchem durch Vergleichung mit demselben die Angemessenheit des subjektiven Verhaltens geprüft werden soll, hat das BGB. im Einklange mit der dem gemeinen Rechte nach römischrechtlichen Vorbild geläufigen Auffassung zwei allgemeine Maßstäbe aufgestellt: als Maximum des überhaupt Jemandem zuzumuthenden vorsichtigen Verhaltens die Sorgfalt, die ein ordentlicher aufmerksamer Hausvater anzuwenden pflegt (diligentia boni patrisfamilias), und als

Minimum der von jedem Vernünftigen zu verlangenden Sorgfalt die „Aufmerksamkeit, welche gewöhnlich auch ein minder ordentlicher und aufmerksamer Mensch beobachtet“ (§ 122). Eine schärfere Kennzeichnung dieses keinen eigentlichen Gegensatz zur geringen Fahrlässigkeit, sondern nur eine besondere Gestaltung der Fahrlässigkeit überhaupt darstellenden Begriffs ist nicht wohl erreichbar. Der Deutsche Entwurf hat deshalb von der Aufstellung einer der römischen Terminologie (culpa lata) nachgebildeten besondern Bezeichnung ganz abgesehen (Mot. I. 280).

3) Ausnahmsweise hat nach dem Vorgange des römischen und gemeinen Rechtes auch das BGB. bei Unterscheidung von grober und geringer Fahrlässigkeit der letztern noch eine besondere Schattirung gegeben. In gewissen obligatorischen Vertrauens- und Gemeinschaftsverhältnissen nämlich soll der Grad der in denselben zu beobachtenden Vorsicht an einem rein subjektiven concreten Maßstabe meßbar sein. Wer nach den einschlagenden Gesetzesvorschriften (§§ 336. 1371. 1392. 1655. 1817. 1949. 2364) oder auf Grund einer Vereinbarung (§ 123, 1) nur diejenige Sorgfalt zu prästiren hat, welche er bei Erledigung seiner Angelegenheiten anzuwenden pflegt (diligentia quam suis rebus adhibet), haftet trotzdem für grobe Fahrlässigkeit; aber er ist für eine Fahrlässigkeit, welche nicht als grobe sich darstellt, dann nicht haftpflichtig, wenn er bei Besorgung seiner eigenen Angelegenheiten nicht sorgsamer verfährt (§ 730).

4) Die vom Juristen Celsus in l. 32 D. 16, 3 aufgestellte, aber in der Entwickelung der spätern römischen Jurisprudenz isolirt gebliebene Rechtsansicht, es sei stets als ein Fall der lata culpa anzusehen, wenn fremden Sachen eine minder vorsichtige Behandlung zu Theil werde, als den eigenen („nec enim salva fide minorem iis, quam suis rebus diligentiam praestabit“ Dernburg, Pand. I. 197), hat das BGB. nicht in dieser Allgemeinheit als Regel anerkannt. (A. M. Siebenhaar, Lehrb. S. 123.) Die für das Gegentheil in Bezug genommene, als eine Spezialität beim Hinterlegungsvertrage hervortretende Vorschrift des § 1266, 2 giebt keinen durchschlagenden Beweisgrund hierfür. Denn das Maß der dem Depositar „obliegenden Sorgfalt“ und der Grad der an die Verabsäumung derselben geknüpften entsprechenden Haftpflicht für Verschuldung ist in Gemäßheit der im § 1266, 1 enthaltenen Weisung nach den im § 728 aufgestellten allgemeinen Grundsätzen zu bemessen. Diesen zufolge können aber beide sich verschieden gestalten. Hat bei einem von den Betheiligten beabsichtigten Hinterlegungsvertrag der Verwahrer die Aufbewahrung unentgeltlich übernommen (§ 1260, 1), so haftet er in allen Fällen für absichtliche Verschuldung und für grobe Fahrlässigkeit (§ 728, 2), sobald aber eine Vergütung dafür vereinbart wurde, auch für geringe Fahrlässigkeit (§ 728, 1). Nun liegt zwar der im § 1266 ent-

haltenen Bestimmung, welche für den Fall, daß der Verwahrer bei einer die eigenen wie die hinterlegten Sachen bedrohenden Gefahr nur die ersteren gerettet, die letzteren dagegen preisgegeben hat, die Beweislast normiren soll, die gesetzliche Vermuthung einer den Verwahrer treffenden Verschuldung zu Grunde, von deren Wirkung er sich nur durch den Beweis der schuldlosen, d. h. „bei Anwendung der ihm obliegenden Sorgfalt eingetretenen Unmöglichkeit der Rettung" befreien kann. Ist denn aber im Hinblick auf die mögliche Verschiedenheit des von dem Verwahrer im Einzelfalle zu vertretenden Verschuldungsgrades damit absolut und in allen Fällen die Vermuthung groben Verschuldens an die Preisgebung des Anvertrauten geknüpft, — oder ist nicht vielmehr die der Billigkeit und dem praktischen Bedürfnisse mehr zusagende Auffassung für berechtigt zu halten, daß eine derartige Unterlassung der Rettung, nach den gegebenen Verhältnissen zwar ein grobes Versehen sein kann, aber ebensogut auch nur eine geringe Fahrlässigkeit bilden kann, und daß daher das Urteil hierüber quaestio facti ist?

3. Die Zurechnungsfähigkeit (Ausschluß des Schadensersatzanspruchs gegen Deliktsunfähige).

§ 45.

Da die subjektive Zurechnung zur Schuld auf dem Causalitätsverhältniß zwischen dem Willen des Einen und dem Schaden des Andern beruht, so ist die Voraussetzung derselben die Zurechnungsfähigkeit, d. h. eine solche Willens- und Geistesbeschaffenheit der Person, daß sie für beschädigende Folgen, welche sie durch ihr Thun oder Lassen verursachte, verantwortlich gemacht werden kann (Windscheid, Pand. I. § 101, 5). Daher ist einer der wichtigsten Ausschließungsgründe der Zurechenbarkeit und Verschuldung die Willens- und natürliche Handlungsunfähigkeit (§ 119), wie sie namentlich den im Kindesalter Stehenden und den Geisteskranken eigen ist (vgl. ob. § 10 II. § 13 III. DAGA. NF. 6, S. 303). Unwillkürliches Thun oder Lassen ist etwas juristisch Indifferentes. Ohne widerrechtliches (zurechenbares) Willensverhalten kein Unrecht und ohne Unrecht keine Verantwortlichkeit für das, was durch solches Verhalten verursacht worden ist.

Dieser sog. subjektive Standpunkt des ausgebildeten römischen Rechts ist das jetzt im Prinzipe allgemein geltende Recht (Windscheid, a. a. O.; APL. I. 6 § 41; bayer. Entw. Art. 55 und dazu Motive S. 73 flg.), welches auch in den Vorschriften der §§ 116 (verb. 121 u. 126). 773 u. 1483 Ausdruck gefunden hat.

Allein in der sächsischen Rechtsentwickelung (Schmidt, Vorl. I. S. 119) hat ebenso wie in andern modernen Gesetzgebungen unter dem Einflusse der im altgermanischen Rechte vorherrschenden, mehr objektiven Auffassung, nach welcher des Thäters Ersatzpflicht ohne Rücksicht auf ein Verschulden desselben eintrat (Stobbe, dtsch. PR. III. § 200 Nr. 3), jenes die Regel bildende Recht in Bezug auf die von unzurechnungsfähigen Personen angerichteten Beschädigungen Anderer insofern eine singuläre Modifikation erfahren, als man aus Gründen der Billigkeit und höheren Gerechtigkeit, sowie des praktischen Bedürfnisses den Beschädigten gegen die Beschädiger ein Anspruch auf Schadensvergütung aus dessen Vermögen zugestand, soweit dies unbeschadet der zu ihrer Erziehung und Erhaltung erforderlichen Mittel thunlich war. (Vgl. das Erk. im Wbl. v. 1847 S. 331 flg. und die daselbst angeführte ältere Litteratur; auch Curtius, § 1157 Note 3.)

Die Revisionscommission (ob. § 2), obwohl dem subjektiven Standpunkt des römischen Rechts im Prinzip sich anschließend, entschied sich dennoch für die Aufrechterhaltung dieses durch die frühere sächsische Praxis anerkannten Ausnahmerechts. Nur trug sie mit Recht aus systematischen Gründen Bedenken, die zu diesem Zwecke in das BGB. aufzunehmenden Vorschriften, an deren Spitze der Satz stand, daß „Zurechnungsfähigkeit des Handelnden nicht erforderlich sei“ unter die allgemeinen, auf dem Standpunkte der sog. subjektiven Verschuldung beruhenden Vorschriften über die Schadensersatzpflicht aus unerlaubten Handlungen überhaupt (§ 43) einzufügen. Sie stellte deshalb den dieses Ausnahmerecht normirenden Rechtssatz als § 1517 des Entwurfs in den von den besondern Arten der Privatdelikte handelnden, die Sachbeschädigungen (sog. aquilische Culpa) betreffenden Theil des Obligationenrechts. (Vgl. auch § 1857 u. § 1947 d. Entw. u. Prot. 117, 17—19.)

Die Landstände lehnten jedoch die Aufnahme des § 1517 bez. der damit in Zusammenhang stehenden Corollarvorschriften (§§ 1857, 2. 1947, 2) ab und es erfolgte dann auf den von beiden Kammern gestellten Antrag die Streichung des beanstandeten Paragraphen des Entwurfs. (Vgl. Landt.-Akt. 1860/61 Beil. zur 3. Abth. Bd. 3, 818. Bd. 4, Abth. 1, S. 429.)

Damit war der in der frühern sächsischen Praxis anerkannte exceptionelle Rechtssatz der Haftbarkeit unzurechnungsfähiger Personen für die von ihnen persönlich angerichteten Unfälle, gegen den sich übrigens die moderne Theorie entschieden erklärt hat (vgl. Motiv. z. Dresd. Entw. e. Ob.R. I. 697), auch für das BGB. negirt und aufgehoben. Es trat in dessen Folge mit Beseitigung dieser Ausnahme der in den §§ 81, 1 verb. mit § 119 des BGB.'s (§§ 83 u. 122 d. Entw.) als Regel aufgestellte, dem subjektiven Standpunkte des römischen und gemeinen Rechts entsprechende Grundsatz wieder in volle Geltung, daß willensunfähigen (unzurechnungsfähigen) Personen keine Rechtsverletzung zur Last gelegt und daher auch keine Schadensersatzpflicht angesonnen werden können, vielmehr die von ihnen durch persönliches Thun willenlos verursachten Schädigungen juristisch als irrelevante Handlungen, mithin als jenseits der Grenzen vertretbarer Verschuldung liegende zufällige Ereignisse (im Sinne des § 126) zu betrachten sind.

Ungeachtet dieser durch das BGB. geschaffenen tief greifenden Reform des ältern sächsischen Rechts hat man in der Vorschrift des § 781 noch einen „verbliebenen Ueberrest" der sog. objektiven Verschuldung finden wollen (Grützmann, I. § 31). Abgesehen davon, daß, wenn diese Ansicht begründet wäre, der Gesetzgeber selbst den Erfolg der durch die Streichung des § 1517 des Entwurfs angestrebten Rechtsänderung in einer praktisch erheblichen Beziehung wieder in Frage gestellt haben würde, bedarf es überhaupt zur Richtigstellung der Bedeutung der fraglichen Gesetzesvorschrift einer solchen Unterstellung nicht. Denn der dem § 781 zu Grunde liegende Rechtssatz, daß Jeder den Schaden, den er sich selbst zugefügt hat, auch selbst tragen muß, steht in keinem rechtslogisch nothwendigen Abhängigkeitsverhältnisse zu dem Prinzip der sog. objektiven Verschuldung. Er findet sich daher auch anerkannt in legislativen Arbeiten, die dieses Prinzip unbedingt verwerfen und an dem Satze des römischen Rechtes: ohne zurechenbare Verschuldung keine Verantwortlichkeit (Ihering, Schuldmoment S. 20), ausnahmslos festhalten, wie z. B. der Dresdener Entwurf eines Deutsch. Obl.R. Art. 221; Mot. I. 721. Jener Satz erscheint vielmehr als logische Consequenz des als richtig anzuerkennenden Grundsatzes, daß bei einer von dem Beschädigten selbst oder doch mit seiner Einwilligung von einem Andern vorgenommenen Handlung der daraus entstandene Schaden juristisch ebensowenig in Betracht kommt, als der Schaden, welcher durch eine erlaubte innerhalb der Rechtsgrenzen vorgenommene Handlung eines Dritten verursacht wird (BGB. §§ 118. 780; Schilling, Instit. II. § 233; Müller, Instit. § 101. III u. oben Nr. II). Für die Anwendung dieses Grundsatzes ist es gleichgültig, ob die Selbstbeschädigung durch eigene Schuld des davon Betroffenen angerichtet wurde, oder ob der schadenbringende Erfolg durch Zufall entstand. Ist dagegen die Beschädigung von einem Dritten ausgegangen, so tritt jener Grundsatz nach § 688 gegen den Betroffenen nur erst dann in Wirksamkeit, wenn er bei Anwendung des ihm obliegenden Vorsichtsgrades den ihm zugefügten Nachtheil abzuwenden im Stande gewesen wäre und sich also durch Verabsäumung dieses Vorsichtsgrades den Schaden selbst zuzog. — Die hiervon verschiedene Frage, ob in dem Falle, wenn ein Anderer gegenüber dem Beschädigten durch Vertrag die Verpflichtung übernommen hat, ihm für den Fall des Eintrittes eines bestimmten Schadens, der ihn betreffen würde, durch Ersatzleistung oder Gewährung einer Vergütungssumme einzustehen, der Benachtheiligte die zugesicherte Vergütung auch dann verlangen könne, wenn er selbst den Schaden, dessen eventuellen Ersatz der Andere versprochen hat, durch eine von ihm im willenlosen und unzurechnungsfähigen Zustande vorgenommene Handlung veranlaßte, ist nach dem Rechte des BGB.'s zu bejahen.

Die exceptionellen Bestimmungen des ältern sächsischen Rechts, welche dafür sorgen sollten, daß der durch eine im Kindesalter stehende oder eine andere unzurechnungsfähige Person Beschädigte aus deren Vermögen vollen oder theilweisen Ersatz erhalte, hatten zwar in dem Held'schen Entwurf (§§ 786—789) und auch noch in dem Entwurf des BGB.'s § 1517 Aufnahme gefunden. Allein durch die auf ständischen Antrag erfolgte Streichung dieser jene ältere Rechtsansicht enthaltenden Entwurfsbestimmung (§ 1517) wurde derselben die positive Grundlage praktischer Fortgeltung entzogen und folgeweise die Frage der Zulässigkeit eines Schadensanspruchs gegenüber deliktsunfähigen Personen den allgemeinen aus §§ 81, 1—2. 119 verb. m. 776, 1 und aus § 126 sich ergebenden Rechtsgrundsätzen unterstellt. Die Bestimmungen des Held'schen Entwurfs (welche insbesondere hinsichtlich des Verhältnisses v. § 775 zu den übrigen Vorschriften aus den Motiven nicht einmal klar erkennbar sind) bieten gegenüber dem durch diesen Gang der Gesetzgebung geschaffenen geltenden Rechtszustande mehr nur noch ein dogmengeschichtliches als ein praktisches Auslegungsinteresse, weil bei Auslegung des BGB.'s prinzipiell an der Regel festzuhalten ist, daß dasselbe aus sich selbst zu erklären und hierbei als Inhalt des in seinen Einzelsatzungen ausgesprochenen Gesetzeswillens das anzusehen ist, was durch ihre Einzelgliederung in das Gefüge und die Logik des gesammten Rechtssystems und durch ihren innern Zusammenhang mit andern Dispositionen des BGB.'s und dem, was früher war und jetzt ist, als ihr wahrer Sinn sich ergiebt (oben § 3. III. S. 10 und § 7 S. 23; Wach, Dtsch. CProz.R. I. 257).

In Bezug auf die in Rede stehende Frage gelangt man aus vorstehenden Erwägungen zu folgenden Ergebnissen.

Ein von einer Person, welche wegen völliger Unzurechnungsfähigkeit deliktsunfähig ist, angerichteter Schaden ist — soweit nicht dabei einem Dritten ein doloses Verschulden zur Last fällt (§ 781, 2) — als zufälliger anzusehen (arg. § 119 verb. m. § 126, 1). Hat ein Anderer sich dem Beschädiger gegenüber vertragsmäßig zum Ersatz des aus dem Eintritt einer künftigen Gefahr entstehenden Schadens der vorliegenden Art verpflichtet, so kann er von der auf sich genommenen Verbindlichkeit, für die Gefahr des eingetretenen Schadens einzustehen, im Hinblick auf § 126, 2 sich nicht durch den Einwand liberiren, es habe der davon Betroffene den Schaden durch sein persönliches Verhalten sich selbst zugezogen. (Ebenso im Prinzip Deutsch. Entw. in den Motiven II.

S. 734 u. d. Erk. d. ROHG.'s vom 15. Okt. 1875 in Entsch. Bd. 18, 211 flg.)

4. Umfang, Grad und Folgen der Haftpflicht bei deliktsmäßiger Verschuldung.

§ 46.

I. Im Einklange mit anderen modernen Gesetzgebungen (Preuß. ALR. I. 6 §§ 1. 7—9; Österr. GB. §§ 1295. 1305. 1323. 1331 flg.; Code civil art. 1382. 1383) und Gesetzentwürfen (Bayr. Entw. Art. 52 flg. 941; Dresd. Entw. §§ 211. 212. 1007; Deutsch. Entw. §§ 704 flg.) hat das BGB. die Schadensersatzpflicht aus Delikten auf einer umfassenderen und einheitlicheren Grundlage geregelt als das römische Recht. Denn während dieses dem Verletzten einen solchen Anspruch nur dann gewährt, wenn der Thatbestand eines der anerkannten Spezialdelikte vorliegt (Windscheid, Pand. II. § 451. 455; Dernburg, Pand. II. § 129 Note 8 u. Preuß. Priv. II. § 294), stellt das BGB. — wie sich aus den einschlagenden, theils die unerlaubten Handlungen überhaupt, theils die unerlaubten Handlungen als Quelle selbständiger, sog. Deliktsobligationen betreffenden Vorschriften, sowie aus den Specialbestimmungen über die sog. aquilische Culpa (damnum injuria datum) ergiebt (oben § 43), als allgemeinen Grundsatz die Regel auf, daß derjenige, welcher durch unerlaubtes, bezw. an und für sich rechtswidriges Verhalten (§ 44) die Rechte eines Andern verletzt, im Falle seiner Verschuldung schadensersatzpflichtig wird, und daß diese Ersatzpflicht in der Regel (soweit nicht absichtliche Verschuldung ein wesentliches Thatbestandsrequisit des Deliktes ist, § 44 III), wie bei den aquilischen Schadenszufügungen eintreten soll ohne Unterschied, ob die verletzende That auf Absicht oder Fahrlässigkeit (grober oder geringer) beruht (vgl. § 776, 2 m. § 1488 BGB.).

Gegenüber diesen allgemeinen grundsätzlichen Normen sind jedoch zwei Fragen besonders hervorzuheben, welche in den Berathungen der Revisionscommission zwar angeregt wurden (vgl. Prot. 117, 16. 177, 47 flg.), aber im BGB. offen geblieben sind, so daß ihre Entscheidung im gegebenen Falle der richterlichen Beurtheilung überlassen bleibt:

1) Die Frage, ob und wieweit bei Deliktsobligationen überhaupt in Ansehung ihrer civilrechtlichen Wirkungen etwas auf die Verschiedenheit des Grades der Verschuldung (culpa) ankomme, also wieweit sich die Achtsamkeit bei verletzenden Handlungen zu erstrecken habe, um den Beschädiger von der Verantwortlichkeit für ihre nachtheiligen Folgen zu befreien.

In dieser Hinsicht erscheint es rechtlich erheblich, ob die beschädigende Handlung eine an sich rechtswidrige oder eine an sich nicht unerlaubte war. Im ersten Falle übertritt der Urheber der Beschädigung durch seine Handlung schon an sich widerrechtlich die allgemeine Rechtspflicht, sein

Verhalten so einzurichten, daß es keinen Andern benachtheilige und er hat es sich daher selbst zuzuschreiben, wenn er für alle nachtheiligen Folgen derselben verantwortlich gemacht wird, gleichviel ob sie von ihm hätten vorausgesehen und abgewendet werden können oder nicht (vgl. auch OAGErk. Ztschr. 37, 419). Anders ist es, wenn durch eine an sich nicht unerlaubte Handlung ein Anderer Nachtheile erlitt. Auch in diesem Falle liegt es dem Handelndem ob, jene allgemeine Rechtspflicht zu wahren und zu bethätigen. Aber verantwortlich wird er hier erst dann, wenn er bei seinem Handeln dieselbe dadurch verletzt, daß er den von einem ordentlichen Hausvater zu verlangenden Vorsichtsgrad in Bezug auf die Folgen seiner Handlung verabsäumte, durch dessen Anwendung diese vermieden worden wären. Zu weit würde es aber gehen und zu einer ungebührlichen Hemmung der freien Bewegung des Individuums führen, wenn man von dem Handelnden einen über dieses Maß hinausgehenden Vorsichtsgrad fordern und ihn für eine Schadenszufügung haftbar machen wollte, deren Möglichkeit so fern lag, daß sie selbst von einem Vorsichtigen und Aufmerksamen nicht berücksichtigt worden wäre (§ 121, 2).

2) Die in der gemeinrechtlichen Doktrin und Praxis der ältern und neuern Zeit verschieden beurtheilte Frage, ob und wie weit durch culpose Schadenszufügungen, welche nicht in der Zerstörung oder Entwerthung fremder körperlicher Sachen bestehen (Pernice, Sachbeschädigungen S. 156—157), sondern Vermögensbeschädigungen anderer Art (z. B. Entziehung oder Beeinträchtigung von Rechten, Veranlassung unnöthiger Aufwendungen, Vereitelung vou zu erhoffenden Gewinn u. drgl.) enthalten, — eine allgemeine Ersatzpflicht auch ohne die Voraussetzungen der aquilischen Verschuldung begründet werde, oder ob eine solche allgemeine Verpflichtung zum Ersatz verursachten Schadens, soweit diese nicht unter den Thatbestand eines andern Specialdeliktes fällt, nur im Falle doloser Schadenszufügung, nicht auch einer bloßen Fahrlässigkeit bestehe. Die gegenwärtig als herrschend zu betrachtende Meinung verhält sich (jedoch mit manchen Meinungsverschiedenheiten im Einzelnen) ablehnend gegen diese von den Voraussetzungen der lex Aquilia (directa oder utilis) losgelöste Generalisirung der Ersatzpflicht wegen culposer Vermögensbeschädigungen und versagt deshalb dem an einer Sache nur obligatorisch Berechtigten in der Regel diesen Ersatzanspruch gegen den culposen Beschädiger (vgl. Windscheid, Pand. II. § 451 Note 1; Pernice, Sachbeschädigungen S. 206 flg.; Stobbe, dtsch. PR. III. § 200, 1; Dernburg, Pand. II. § 129 Note 8. § 135 besond. Note 3—4; Dernburg, Preuß. Privatr. II. § 294).

Das BGB. steht zwar hinsichtlich der Voraussetzungen des Schadensersatzanspruchs wegen widerrechtlicher, an körperlichen Objekten schuldhafter Weise verursachten Schadenszufügungen insofern auf römischrechtlicher Basis, als es im Einklang mit der lex Aquilia und ihrer schon im Römischen Rechte erfolgten Ausdehnung die Haftpflicht des Beschädigers hinsichtlich des Gegenstandes der Beschädigung und hiermit des Kreises der Entschädigungsberechtigten beschränkt, auch Beschädigung durch eine Begehungshandlung fordert und jede Fahrlässigkeit (culpa lata oder levis) zur Begründung des Schadensanspruches als genügend betrachtet (§§ 1483 verb. m. 1485—1487. § 1484, vgl. Dernburg, Pand. II. § 131 Note 15).

Allein es hat hierdurch die Verantwortlichkeit für Beschädigungen durch bloße Verschuldung außerhalb bestehender obligatorischer Pflichtverhältnisse nicht wie die römische Deliktstheorie nur auf die unter den Bereich der lex Aquilia fallenden (körperlichen) Beschädigungsobjekte beschränken wollen. Im Prinzip folgt es vielmehr der durch ein praktisch Bedürfniß hervorgerufenen, von der gemeinrechtlichen (romanisirenden) Lehre und Praxis (Windscheid, Pand. § 451; Ihering, Jahrb. 4, 12. 16; ROHG. Bd. 10 S. 404 u. RG. 9, 163) abweichenden, aber in den modernen Gesetzgebungen (Österr. GB. 1295. 1305; Code civil art. 1382. 1383; Preuß. ALR. I. 6 § 12; Bayr. Entw. Art. 52. Dresdener Ob.R., Entw. §§ 211—212) in bald weiteren, bald engerem Umfange angenommenen Rechtsauffassung, welche im Einklang mit dem modernen Rechtsbewußtsein eine Verallgemeinerung der Schadensersatzpflicht aus widerrechtlichen deliktsmäßigen Handlungen über die römischrechtlichen Grenzen hinaus anstrebt. Dies ergiebt sich aus der in den Vorschriften der §§ 773. 774. 776 verb. m. §§ 116 u. 117 ausgesprochenen allgemein lautenden Regel, daß, wer widerrechtlich die Rechte eines Andern verletzt, im Falle seiner Verschuldung ersatzpflichtig ist. Die Schadensersatzpflicht, d. h. die Verbindlichkeit des Beschädigers für die durch seine rechtswidrige Handlung auf schuldhafte Weise verursachte Vermögensbeschädigung (§§ 124. 125) einzustehen, ist hiermit unter Absehen von einem nach Beschädigungsart und beschädigten Objekte bestimmten Thatbestande von dem BGB. anerkannt. Ueber die Frage aber, welche Thatbestände im Einzelfalle sich dem jener Regel zu Grunde liegenden Hauptprinzip unterordnen, läßt sich eine allgemeine, alle kasuistischen Möglichkeiten mit Ausschließung jedes Zweifels und jeder Ungewißheit deckende gesetzliche Formel schwerlich aufstellen. Außerkontraktliche Vermögensbeschädigungen aber, welche nicht in den thatbestandlichen Bereich des Aquilischen Gesetzes oder eines der sonstigen Spezialdelikte fallen (z. B. Verleitung zu unnöthigen Ausgaben und Kosten, Vereitelung von zu erwartendem Gewinn oder Verdienst oder Veranlassung erfolgloser dem Gegner schädlicher gerichtlicher Maßnahmen u. drgl.) können erfahrungsmäßig in solcher Mannichfaltigkeit zur Erscheinung kommen, daß es bei der Handhabung des Prinzips und der Anwendung der Regel schließlich doch dem umsichtigen und behutsamen

Ermessen des Richters überlassen bleiben muß, ob die beschädigende Handlung eine an sich widerrechtliche und nach Maßgabe der dabei begangenen Verschuldung ihrem Urheber zurechenbare sei. (Interessante Fälle dieser Gattung finden sich unter anderen in RGE. 1, S. 165 — verschuldete Eintragung einer Hilfshypothek; ROHGE. 20, S. 373 — unrichtige Publikationen von Fahrplänen, unterlassene Anzeige veränderter Transportbedingungen; vgl. Bekker in Goldschmidt's Ztschr. Bd. 17, S. 458 [NF. Bd. 2]; RGEntsch. in Seuffert's Arch. NF. 14, Nr. 84 u. 166 und in Bolze's Prax. d. RG.'s 1, Nr. 504. 3, Nr. 351; unter Umständen gehören hierher auch Fälle der sog. concurrence illoyale, von deren Bedeutung in der französischen Praxis O. Mayer in Goldschmidt's Ztschr. Bd. 26 [NF. 11], 363 ein anschauliches Bild entwirft, vgl. auch Bolze, a. a. O. Nr. 352.)

II. Bezüglich des an deliktische Verschuldung als Folge sich anknüpfenden Anspruchs des Beschädigten auf Schadensersatz (§ 774, 1) gelten über Gegenstand und Umfang der Ersatzleistung die allgemeinen Vorschriften der §§ 124. 125. verb. m. 687, 2—3. Grundsätzlich ist die hierauf gerichtete Klage des pönalen Charakters entkleidet, es kommt bei derselben regelmäßig nur der Vermögensschaden in Betracht (§§ 124. 662). Jedoch hat das BGB. § 774, 2 im Anschluß an das bisherige sächsische Recht (Haubold, § 302 Not. c—f und die das. angef. Litteratur, auch Curtius, Handb. III. 1. § 1159 Not. e. sub 1—3) und in Uebereinstimmung mit andern modernen Gesetzgebungen in gewissen gesetzlich bestimmten Ausnahmefällen, in welchen es sich um zugefügte individuelle Unbilden handelt, neben den Ansprüchen auf Schadensersatz auch noch das Recht, „andere Leistungen“ (Schmerzensgeld, Vergütung wegen körperlicher Verunstaltung oder Verstümmelung wegen widerrechtlicher Freiheitsentziehung oder Gefangenhaltung, Entschädigung wegen Defloration) zu verlangen, anerkannt, obwohl an sich die diese Leistungspflicht begründenden Verletzungen nicht zu einer Schätzung nach Geldwerth geeignet sind (§§ 1489. 1490. 1497. 1555).

Von der auch im BGB. § 148 verb. m. §§ 2281. 2282 anerkannten Regel, daß Ansprüche und Verbindlichkeiten vermögensrechtlichen Charakters (auch die aus unerlaubten Handlungen entstandenen), sowohl auf als gegen die Erben des Berechtigten und Verpflichteten (jedoch gegen die letzteren überhaupt nicht über den Betrag des Erbschaftsbestandes, § 2328) übergehen, wenn sie nur nicht rein persönliche sind (§ 2284), hat dasselbe nur in Ansehung der Entschädigungsansprüche wegen körperlicher Verstümmelung und Verunstaltung und wegen Defloration Ausnahmen statuirt, indem es die aktive Vererblichkeit derselben nur unter der Voraussetzung anerkennt, wenn dieselben von dem Erblasser bereits rechtshängig gemacht oder durch vertragsmäßige Anerkennung festgestellt sind

(§§ 1490, 2. 1553; über Einzelfragen vgl. die Lehre von den Spezialdelikten im Forderungsrechte).

IV. Bestimmung und Berechnung der Zeit.

§ 47.

I. In Ansehung der für die Bemessung der Zeit in ihrem verschiedenen Einfluß auf die Rechtsverhältnisse (§ 34, 3) wichtigen Frage, wie dieselbe nach ihren einzelnen Abschnitten und nach den größern durch deren Zahl ausgedrückten Zeiträumen zu bestimmen bezw. zu berechnen sei, unterscheidet das BGB. §§ 82 flg. wie das römische Recht zwischen Kalender- oder bürgerlicher und natürlicher oder beweglicher Zeit. Diese Verschiedenheit beruht auf einer erfahrungsmäßigen Wahrnehmung des täglichen Verkehrs- und Geschäftslebens. Die Thatsachen und Ereignisse, welche durch Gesetz, richterliche Anordnung oder Parteiwillen für die Bestimmung der rechtlichen Zeitwirkungen maßgebend sind, fallen nur selten gerade in die festen Anfangs- und Endpnnkte der im Kalender vorgezeichneten Zeitabschnitte, sondern in die kleineren Zeitmomente, welche die kleinste kalendermäßig feststehende Zeïteinheit, der Tag, enthält. Und es entspricht der Verkehrssitte, daß man in der Regel auf die schwer erreichbare mathematische Genauigkeit der Bestimmung dieser kleineren Zeittheile verzichtet und sich mit einer annähernden Genauigkeit derselben begnügt, indem man dabei nicht auf den natürlichen und willkürlichen Zeitpunkt, in welchen die rechtsgestaltende Thatsache fällt, die Tageszeit, sondern nur auf die diesen Zeitpunkt einschließende, kalendermäßige Zeiteinheit, den Tag, abstellt. — Auf dieser Grundlage unterscheidet das BGB.:

II. hinsichtlich der Bestimmung der Zeittheile oder Zeitabschnitte:

1) Den Tag. Dieser umfaßt als kalendermäßig verzeichnete kleinste Zeiteinheit einen von einer Mitternacht zur andern reichenden Zeitraum von 24 Stunden, oder als „andere" (bewegliche) „Tagesfrist", einen von einem bestimmten Zeitmomente innerhalb des Kalendertages an ablaufenden Zeitraum von einer gleichen Stundenzahl. (§ 82; Savigny, Syst. IV. S. 319; l. 8 D. 2, 12; Gegensatz a momento ad momentum numerare: l. 134 D. 50, 16. l. 6 de usurp. 41, 3. l. 3 § 3 D. 4, 4.)

2) Den Monat. Die Berechnung der Monatslänge kann nach dem BGB. eine verschiedene sein, je nachdem eine Monatsfrist nach Maßgabe des feststehenden kalendermäßigen Umfangs, vom ersten bis zum

letzten Tage eines Monats bestimmt ist („bestimmte Kalendermonate"), oder die Zeit eines oder einiger Monate von einem beliebigen („beweglichen") Zeitpunkte innerhalb des Kalendermonats an berechnet werden soll. Im ersten Falle bestimmt sich die Dauer der Monatsfrist mit Rücksicht auf die Verschiedenheit ihrer durch den Kalender gegebenen Länge je nach der (größern oder kleinern) kalendermäßigen Zahl der Monatstage (§ 83, 1); in dem letztern gemeinrechtlich viel umstrittenen Falle der Messung beweglicher Monatszeit (Windscheid, Pand. I. § 103 Note 20; Wächter, Pand, I. § 93) hat sich das BGB. im Einklang mit der bisherigen Praxis und der in der DWO. Art. 32 und HGB. Art. 328 anerkannten Rechtsauffassung dem in Folge der fortlaufenden Numerirung der Monatstage des Kalenders für den täglichen Lebensverkehr weit bequemeren und einfacheren Berechnungsprinzip angeschlossen, nach welchem der Monat, ohne Rücksicht auf die kalendermäßige Tageszahl der Einzelmonate, einschließlich der Schalttage, je von dem bestimmten Anfangstage des einen Monats auf die entsprechende Nummer des andern („von Datum zu Datum") zu berechnen ist (§§ 83 u. 85, vgl. Windscheid, a. a. O. § 103 Nr. 2 unter c) und zwar dergestalt, daß, auch wenn der den Endpunkt der Frist enthaltende Monat mehr oder weniger Tage enthält, als der Monat des Fristbeginns, doch derjenige Tag desselben, welcher nach Benennung oder Zahl dem Tage des Fristbeginnes entspricht (§ 83, 3), und, falls dieser Tag in dem Schlußmonate des Fristlaufs fehlt, sein letzter Tag der entscheidende sein soll (§ 83, 4. vgl. § 85, 2). — Zeitbestimmungen nach „der Mitte eines Monats" oder auf „einen halben Monat" werden (im Anschluß an d. DWO. Art. 32 i. F. u. HGB. Art. 328, 2) einem Zeitraume von fünfzehn Tagen gleichgeachtet (§ 84). Die gleichen Rechnungsgrundsätze gelten auch

3) für die Bemessung des Jahreszeitraums. Das Jahr umfaßt 365 Tage, entweder von einem bestimmten ersten Januar bis letzten Dezember (Kalenderjahr) oder zwölf Monate von einem willkürlichen Monatstage an gerechnet (bewegliches Jahr): § 85, 1. Fällt der Anfang eines Jahreszeitraums in einem Schaltjahr auf einen — nach dem heutigen Kalendersystem besonders numerirten — Schalttag (29. Februar), so endigt derselbe in einem „gemeinen Jahre" mit dem Schlußtage des entsprechenden Monats (28. Februar): § 85, 2 verb. m. § 83, 4. Beginnt dagegen die Frist in einem gemeinen Jahre mit dem letzten (28.) Monatstage des Februars, so läuft dieselbe nach dem oben angegebenen allgemeinen Rechnungsprinzip auch in einem Schaltjahr mit dem entsprechenden Datum (28.) desselben Monats ab. — Unter „einem halben Jahre" und unter „einem Vierteljahre" wird eine Frist von sechs und bez. von drei Monaten verstanden, deren Berechnung nach den für Monatsfristen geltenden Regeln sich richtet (§ 86 u. oben 2).

4) Die Berechnung der Monatsdauer zu dreißig Tagen und der Jahreslänge zu einer Zahl von 365 Tagen tritt nach den besonderen Bestimmungen in § 83, 5 und 85, 3 nur dann ein, wenn Monats- oder Jahreszeiträume nicht als eine fortlaufende und zusammenhängende Reihe von Zeittheilen, sondern als Summen und Ergebniß der Zusammenrechnung einzelner, nicht nothwendig aufeinanderfolgender Tage gemeint sind, wie z. B. wenn Jemandem für jedes Jahr auf eine Monatszeit die freie Wohnung in einem Landhause eingeräumt ist (vgl. Prot. 24, 3; Dtsch. Entw. § 151 u. Motive dazu V. S. 286).

5) Ueber die Berechnung der nach Wochen bestimmten, nach der herrschenden Verkehrsanschauung gleichmäßig sieben Tage umfassenden Zeiträume hat das BGB. keine Bestimmungen getroffen. Eine solche ist entbehrlich, weil es nach dem für die Berechnung von Zeiträumen im § 87 (s. unten) aufgestellten Prinzip unerheblich ist, ob die Woche in 7 Tage aufgelöst und dann die gegebenen Tage erst von dem auf den Anfangstag folgenden Tag gezählt oder ob von dem den Anfang bildenden Wochentag zu Wochentag gerechnet und der Ablauf des letzten, dem Anfangstage gleichnamigen Tages gefordert wird. (Vgl. Siebenhaar, Commt. I. S. 123—124; Motive zum Deutsch. Entw. I. S. 283.)

III. Berechnung der Zeiträume. Für die Entscheidung der Frage, ob die Summe der einen bestimmten Zeitraum ausdrückenden Zeittheile erfüllt sei, an welche die Wirkung einer rechtserzeugenden Thatsache angeknüpft wird, ist von maßgebendem Einfluß, die Berechnung des Zeitraums nach seinem Anfangs- und Endpunkte und die Bestimmung, ob bei seiner Messung nach dem Eintritt des Anfangszeitpunktes ausnahmslos alle Zeittheile in ununterbrochenem Zusammenhange bis zum Endpunkte eingerechnet werden (continuum tempus) oder ob eine Modifikation dieser normalen „Berechnung des Laufs eines Zeitraums" zu Gunsten eines Berechtigten aus Billigkeitsgründen in der Art stattfindet, daß in den Fristlauf diejenigen Zeitabschnitte nicht mit eingerechnet werden, an welchen der zur Abwendung eines Rechtsverlustes erforderlichen Handlung Berechtigten gewisse unüberwindliche Hindernisse entgegenstanden („tempus utile").

1) In Beziehung auf die Berechnung von Zeiträumen nach ihren Anfangs- und Endpunkten befolgt das BGB. im Einklang mit der herrschenden Jurisprudenz und mit andern modernen Gesetzgebungen bei der Messung solcher Zeiträume und Fristen, welche nach Tagen, Monaten oder Jahren bestimmt sind, die im römischen Rechte gewöhnliche, den regelmäßigen Ansichten und Bedürfnissen des Verkehrs genügende sog. bürgerliche Berechnungsweise (civilis computatio), indem es bei der Bestimmung des maßgebenden Anfangsereignisses oder Zeitpunktes auf die genaue physikalisch-mathematische Feststellung seines Eintritts nach

Stunde und Minute verzichtet und den zu messenden Zeitraum so berechnet, daß ihn mit dem Anfange eines Kalendertages beginnen und mit dem Schlusse eines solchen endigen läßt (§§ 83. 85. 87 z. Anf.; l. 134 D. 50, 16; vgl. Windscheid, Pand. I. § 103 Note 2a).

Hinsichtlich der hiervon zu unterscheidenden Frage aber, welcher Kalendertag als der Ausgangspunkt der Fristbemessung anzusehen sei, — ob derjenige, in dessen Verlauf der maßgebende Vorgang oder Zeitpunkt fällt, oder unter Nichteinrechnung dieses Tages erst der nächstfolgende, mit der Mitternacht beginnende (§ 82), hat das BGB. den ersten Standpunkt, welchen das römische Recht einnimmt (Windscheid, a. a. O. Note 11—12) verlassen und sich der letztern, den deutschen Verkehrsanschauungen und der gemeinrechtlichen Praxis geläufigern (sog. verlängernden oder deutschen) Berechnungsweise (Wächter, Pand. §. 94. II. 1) angeschlossen und dabei den in der Natur der Sache begründeten Satz, daß eine Zeitfrist erst mit dem Ablauf des letzten, ihren Endpunkt bildenden Tages sich endigt, ohne Rücksicht auf die im römischen Rechte hiervon anerkannten Einzelausnahmen (Wächter, a. a. O. Nr. 3) als allgemeines Prinzip aufgestellt (§ 87; ebenso Deutsch. Entw. § 148, 2. § 149, 1; Mot. I. S. 284). Die natürliche Berechnungsweise der Zeit nach kleineren Zeittheilen des Tages entspricht in der Regel weder dem muthmaßlichen Parteiwillen noch dem praktischen Bedürfniß der Betheiligten. Es wird daher für deren Anwendung gewöhnlich nur dann Raum sein, wenn von genauer Feststellung des entscheidenden natürlichen Zeitpunktes besondere rechtlich erhebliche Wirkungen abhängig sind, wie z. B. in Fällen, wo die Priorität der Geburt oder des Todes, der Entstehung dinglicher Rechte (collidirender Servituten oder Pfandrechte) in Frage kommt (vgl. BGB. §§ 45. 2295—2297. 529 und § 434 verb. mit § 95 d. Ger.Ordn.; Siegmann, Hypoth.Ordn. S. 32; Heyne, Comm. 2, 18), oder wenn Zeiträume nur auf 24 oder mehr Stunden bestimmt sind (§§ 494. 925). Sind aber zur Bezeichnung der Zeit Ausdrucksweisen gebraucht, welche zwar im gewöhnlichen Lebensverkehr üblich, aber im BGB. nicht besonders normirt sind, so wird der herrschende Sprachgebrauch und der erkennbare Parteiwille für ihre Auslegung den nächsten Anhalt geben.

2) Als Regel für die Berechnung des Laufes von Zeiträumen befolgt das BGB. im Einklang mit der Rechtsauffassung anderer neuerer Gesetzgebungen den Grundsatz, daß die Zählung der Tage, aus denen sich die Frist zusammensetzt, ohne Unterbrechung fortschreitet, der Zeitraum also als ein fortlaufender (continuum tempus) zu behandeln ist (arg. § 83, 2—3. § 85, 1).

Keine Ausnahmen hiervon sind diejenigen besondern Fälle, in welchen aus Billigkeitsrücksichten der Anfang einer, nach ihrem Beginn in der

Regel ununterbrochen fortlaufenden Zeitfrist wegen entschuldbarer Behinderung des zum Handeln Berufenen an der Vornahme der von ihm erforderten Thätigkeit bis zur Hebung des Hindernisses hinausgeschoben wird, mithin diejenigen Tage, an welchen ihm die versäumte, zur Verhütung von Rechtsverlust nothwendige Handlung unmöglich war, außer Ansatz bei der Fristberechnung bleiben (vgl. z. B. § 154, 1—2. §§ 155 bis 157. 1775 und 2265). Denn auf diese in der ältern Doktrin irrig als tempora utilia ratione initii charakterisirten Fälle leidet der Begriff des tempus utile überhaupt keine Anwendung, weil die Frist von dem Zeitpunkte des gehobenen Hindernisses an ohne Unterbrechung bis zum Ende fortläuft (§ 154, 2; Wächter, Pand. I. S. 486). Dagegen findet sich eine Art „utiler" Fristberechnung in sehr singulären Fällen, in welchen ausnahmsweise der Lauf einer begonnenen Zeitfrist durch gewisse in der Person des zur Thätigkeit Berufenen eintretende Zustände, welche seine gesetzliche Vertretung erheischen, für die Dauer des Vertretungsmangels (§ 154, 3), gehemmt werden kann, sowie auch in der Vorschrift, daß einem unter einer in bestimmter Zeit zu erfüllenden Potestativbedingung Bedachten die Zeit seiner unverschuldeten Behinderung in den Fristlauf nicht eingerechnet werden soll (vgl. § 2143).

Fünfte Abtheilung.

Der Rechtsschutz.

I. Sicherung von Ansprüchen.

§ 48.

Zum Zwecke des Schutzes der Rechte gegen künftige Gefährdung oder Beeinträchtigung ihrer Ausübung dienen verschiedene Mittel. Nach ihrem Wesen und Hauptzweck unterscheidet das Gesetzbuch im Einklang mit der Doctrin die Mittel zur Verfolgung oder Vertheidigung und die Mittel zur Sicherung oder Wahrung eines Rechts. Jene bestehen in solchen Handlungen, welche die unmittelbare Verwirklichung des Rechts die Ausübung seines Inhaltes bezwecken und ihm Schutz und Geltung verschaffen wollen gegen gegenwärtige Anfechtungen Störungen oder Beeinträchtigungen, und zwar entweder unter richterlicher Mitwirkung (durch processuale Angriffs- oder Vertheidigungsmittel §§ 144 flg.) oder unter Umständen auch durch eigenmächtiges, ohne Mitwirkung des Richters erfolgendes Vorgehen (Selsthilfe, Selbstvertheidigung, Ausübung des Pfändungsrechtes an beweglichen Sachen §§ 178 flg., § 488). Diese, die Mittel zur Sicherung und Wahrung eines Rechts, bestehen in der Ergreifung von Maßregeln zur Verhütung künftiger Beeinträchtigung oder Gefährdung eines noch nicht fälligen oder exekutionsreifen Rechts und zür Vorbeugung von Verdunkelung von Rechtszuständen. Beide Arten des Rechtsschutzes aber berühren sich: Verfolgungsmittel der Rechte können auch eine Sicherung derselben bewirken, und Sicherung eines Rechts kann bis zu einem gewissen Grade seine Verfolgung enthalten. Was beide unterscheidet, liegt in der Verschiedenheit ihres Hauptzweckes.

I. Die Vorschriften des BGB.'s über Sicherheitsleistung beschränken sich auf die Feststellung, wie Sicherheit zu leisten ist, wenn dazu eine Verpflichtung durch Gesetz oder Rechtsgeschäft begründet ist und besondere Bestimmungen über Art und Höhe derselben nicht getroffen sind.

1) Nach den Spezialmotiven (S. 613) liegt den betreffenden Vorschriften (§§ 136 flg.) der engere Begriff der Sicherheitsleistung zu Grunde, nach welchem darunter die sog. eigentliche Sicherheitsbestellung, d. i. die Sicherheitsleistung bloß in der Richtung verstanden wird, um dem Berechtigten wegen gehöriger Erfüllung einer Verbindlichkeit ausreichende ökonomische Garantien zu verschaffen. Es bleiben mithin diejenigen Formen der Sicherstellung unberührt, welche, wie z. B. Schuldurkunden und Quittungen, den Zweck haben, den Beweis eines gegenwärtigen Rechts zu sichern, oder welche auf das Gewissen des Verpflichteten einwirken sollen, um ihn zur Erfüllung seiner Rechtspflicht anzuspornen (cautiones juratoriae). Seine Vorschriften bezwecken nur die Aufstellung einiger allgemeinen Normen darüber, in welcher Form und in welchem Wege eine Sicherheitsbestellung, welche kraft gesetzlicher Anordnung oder zufolge vertragsmäßiger Verpflichtung gefordert werden kann, in Ermangelung besonderer Bestimmung nach richterlichem Ermessen zu bestellen sei. (Vgl. Siebenhaar, Comm. zu § 136 flg.).

2) Die Sicherungsmittel müssen geeignet sein, die Realisirung des Rechts dem Unvermögen des Verpflichteten und sonstigen thatsächlichen Hindernissen gegenüber zu gewähren. Als Kautionsmittel kennt das Gesetzbuch übereinstimmend mit den heutigen Verkehrsansichten nur noch die im § 136 aufgezählten Arten der Realkaution einschließlich der tüchtigen Bürgschaft (§ 138). Die Wahl der Kautionsmittel steht dem Kautionspflichtigen zu. Aber der Berechtigte ist zur Annahme der angebotenen Kautionsart nur dann verpflichtet, wenn sie ausreichende, d. h. dem Werthe des zu sichernden Gegenstandes entsprechende Deckung gewährt. In dem besondern Falle, wenn die Sicherstellung durch Pfandbestellung bewirkt werden soll, ist der Berechtigte die dargebotene Pfandsache nur zu Zweidrittel ihres Schätzungswerthes anzunehmen verpflichtet (§ 137). Dieser Satz erleidet bei Sicherheitsbestellung durch Hypotheken hinsichtlich der Frage, ob die Sicherheit bei Anlegung von Mündelgeldern eine aus-

reichende sei, die im § 1935 angegebenen Modifikationen. Nach Analogie des § 1902, 1 ist die Annahme berechtigt, daß eine nachträgliche Erhöhung der ursprünglichen Kaution verlangt werden kann, wenn sie infolge später eingetretener Umstände sich nicht mehr als ausreichend erweist. Ist zum Zwecke der Kautionsleistung baares Geld in die Hände des Kautionsberechtigten hinterlegt, so sind für die Beurtheilung des hierdurch entstehenden Rechtsverhältnisses die in § 1279 in Bezug auf die Hinterlegung zur Sicherung des Verwahrers aufgestellten Grundsätze maßgebend.

II. Zur Sicherung eines Rechts kann in manchen Fällen auch eine einseitige Handlung, Verwahrung, mit Erfolg angewendet werden, d. h. eine Erklärung, welche die Abwehr des Eintritts nachtheiliger Folgen eines mehrdeutigen eignen oder fremden Verhaltens bezweckt (§ 139). Verwahrungen sind, wenn sie

1) in Bezug auf eigne Handlungen des Erklärenden vor oder bei ihrer Vornahme abgegeben werden, dann unwirksam, wenn die abzuwendenden Folgen derselben nicht von der Willkür des Erklärenden abhängen, sondern kraft gesetzlicher Nothwendigkeit eintreten, wie z. B. die aus der Zurücknahme der Klage für die Unterbrechung der Klagverjährung entspringenden (§ 166), und soweit sie mit der aus der Art der in Frage kommenden Handlung bestimmt entnehmbaren Absicht in Widerspruch stehen oder wenn die Abwehr der Folgen von Unterlassungen nur durch eine dieselben ausschließende Thätigkeit bewirkt werden kann (§ 140; Ann. NF. Bd. IX. S. 434. 436).

2) Verwahrungen in Bezug auf Handlungen Dritter sind nur dann ein nothwendiges Erforderniß zur Abwehr von Rechtsnachtheilen, wenn ihre Unterlassung nach den Umständen oder Gesetzen die Folgerung stillschweigenden Einverständnisses begründet oder wenn ihnen vom Gesetz besondere Wirkungen (z. B. § 978 und § 1297 2. Satz des BGB.) beigelegt sind (§ 141). Sie sind im Unterschied von den Verwahrungen zu 1 auch noch nach Vornahme der Handlung, gegen welche sie gerichtet sind, zulässig, wenn sie unverzüglich nach erlangter Kenntniß derselben erfolgen. Eine vorausgehende Geltendmachung derselben hat nur in den von den Gesetzen ausdrücklich bestimmten Fällen einen die nachtheiligen Folgen der fremden Handlung verhütenden Effekt (§§ 1355, 1. 1775. 1777).

3) Ueber die Voraussetzungen und Wirkungen der auf dem Gebiet des Grund- und Hypothekenrechts zur Abwendung nachtheiliger Folgen des Publizitätsprinzips zulässigen Verwahrungen (§ 143) vgl. das Nähere in der Lehre von den Einwirkungen des Grundbuchs auf die Rechtsverhältnisse an Liegenschaften.

III. Manche Sicherungsmittel gefährdeter Rechte können nur durch richterliche Vermittelung verwirklicht werden. Es gehören hierher nach heutigem Rechte besonders die durch die Reichsjustizgesetzgebung eingehend geregelten auf Sicherung zukünftiger Zwangsvollstreckung abzweckenden verschiedenen Arten des Arrests und die einstweiligen auf Sicherung einer andern als Geldleistung oder eines bestrittenen einstweilen maßgebenden factischen Zustandes (Besitzstand, Bauverbote, Alimentengewährung) gerichteten Verfügungen, deren Anwendungsgebiet, processuale Behandlung, Voraussetzungen und Wirkungen im Civilproceß zu entwickeln sind (RCPO. §§ 796 flg., 814 flg.; Fitting, Lehrb. 7. Aufl. S. 783 flg.).

II. Verfolgung und Vertheidigung von Rechten.

A) Ohne richterliche Vermittelung (Selbsthilfe, Pfändungsrecht).

§ 48.

I. In Bezug auf die in der Doctrin noch unausgeglichene Frage, ob die Selbsthilfe, d. h. die ohne Hilfe der obrigkeitlichen Rechtsschutzorgane herbeigeführte Verwirklichung eines (gestörten und angefochtenen) Rechts an sich schon unerlaubt sei (Windscheid, Pand. § 123), unterscheidet d. BGB. §§ 178. 179 in sachlicher Uebereinstimmung mit dem neuern Sprachgebrauche die Selbsthilfe zur Abwehr rechtswidriger Angriffe („Selbstvertheidigung", sog. passive oder defensive Selbsthilfe) von der „durch eigenmächtige Wegnahme von Sachen oder Nöthigung eines Schuldners zur Erfüllung seiner Verbindlichkeit" vollzogenen Verwirklichung eines vermeintlichen Rechts (sog. active oder angriffsweise Selbsthilfe).

1) Selbsthilfe in der Richtung der Selbstvertheidigung, d. h. zu dem Zwecke, um sich in bestehenden Zuständen gegen die gegenwärtige Gefahr drohender rechtswidriger Veränderungen zu schützen, mögen diese von einem rechtswidrigen Angriffe einer Person ausgehen („Nothwehr") oder gegenüber andringenden Thieren oder fremden Sachen zu befürchten sein, ist an sich keine unerlaubte Handlung, auch wenn sie es ohne einen solchen Abwehrsgrund sein würde (arg. § 178 verb. mit St.GB. § 53 und l. 4 pr. 45 § 4 D. 9, 2; vgl. WA. 1874, 17, 188, 562). Sie besteht in der Anwendung solcher Mittel des Selbstschutzes, welche geeignet sind, die auf die eine oder andere Weise drohende gegenwärtige Gefahr einer widerrechtlichen Schädigung der Person oder des Vermögens abzuwehren. Das BGB. hat die Statthaftigkeit dieser privatrechtlichen Selbstvertheidigung nicht nur in dem Falle anerkannt, wo der widerrechtliche Angriff einer Person sich auf die eigenmächtige Störung oder Entziehung der Inhabung einer Sache richtet, und giebt dem angegriffenen Inhaber

das Recht, solche verbotene Eigenmacht mit Gewalt abzuwehren und sich gegen dieselbe durch sofortige Anwendung von Gegengewalt in der Inhabung zu behaupten (§ 181 verb. mit l. 1 § 27 l. 3 § 9 D. 43, 16. Wochbl. v. 1871, 491. 1873, 69). Es hat ihre Erlaubtheit aber auch gegenüber andringenden Thieren und gefahrdrohenden leblosen Sachen in den §§ 182 u. 183 aus Rücksichten eines dringenden praktischen Bedürfnisses und im Anschluß an die Ansicht bewährter Rechtslehrer und die moderne Praxis anerkannt, indem es zum Schutz gegen drohenden Thierschaden nicht bloß das Recht der Verjagung, sondern nöthigenfalls auch der Tödtung des Thieres gewährt (§ 182) und die Entfernung sowie auch die Beschädigung oder Vernichtung einer fremden Sache (§ 183) nicht blos bei vorhandener Gefährdung der eigenen Sache, sondern auch dann zuläßt, wenn die fremde Sache auch nur den Gebrauch der eigenen Sache hindert (l. 1 § 3. 4. l. 2 pr. D. 18, 6; vgl. z. B. Ztschr. NF. 30, 87 u. Jagdgesetz v. 1. December 1864 §§ 31. 35). Auch gestattet es Jedem, sich zum Schutz seiner Person oder seines Vermögens gegen widerrechtliche Beschädigungen durch Veranstaltung besonderer Schutzvorrichtungen zu sichern, soweit durch dieselben nicht die Gefahr einer widerrechtlichen Verletzung Anderer entsteht (§ 184).

2) Die Selbsthilfe in der Richtung des Angriffs, soweit sie zum Zwecke der Selbstbefriedigung durch eigenmächtige Wegnahme von Sachen oder durch eigenmächtigen gegen den Schuldner geübten Erfüllungszwang bethätigt wird, hat das BGB. im § 179 zwar im Prinzip für unerlaubt erklärt, aber sie ausnahmsweise dann gestattet, wenn bei Unterlassung ihrer Anwendung der Berechtigte in Bezug auf die Verwirklichung seines Anspruches deshalb gefährdet sein würde, weil die zur Abwendung dieser Gefahr erforderliche obrigkeitliche Hilfe nicht oder wenigstens nicht rechtzeitig erreichbar ist (Ann. des OAG. NF. VII. S. 114). Zu den Maßnahmen, mittelst welchen diese Selbsthilfe erlaubter Weise geübt werden kann, gehört die Festnahme der Person eines fluchtverdächtigen Schuldners (§ 180). Gemeinsame Voraussetzung aller Arten erlaubter Selbsthilfe ist Vermeidung einer Ueberschreitung des zu ihrer Ausübung nöthigen Maßes (§ 185). Die eigenthümlichen Rechtsnachtheile, welche das römische Recht in gewissen Fällen an die unerlaubte Selbsthilfe anknüpft (Windscheid § 123), kennt das BGB. in Uebereinstimmung mit dem ältern sächsischen Recht (Haubold § 166) nicht mehr. Auch die im Generale vom 29. Februar 1789 für den besonderen Fall der eigenmächtigen Besitznahme eines erledigten Lehens angedrohte öffentliche Strafe hat sich durch die Vorschriften des RSt.GB.'s erledigt. Selbsthilfe in Fällen, wo dieselbe unerlaubt ist, ist eine rechtswidrige Handlung, welche nach den allgemeinen Grundsätzen (§§ 116. 774) die Schadensersatzpflicht begründet.

II. Eine auf eigenthümlicher deutschrechtlicher Grundlage beruhende, in Sachsen hauptsächlich durch den Gerichtsbrauch ausgebildete Art angriffsweiser erlaubten Selbsthilfe ist die Pfändung in ihren beiden Hauptrichtungen gegen Personen und Thiere (Sachsenspiegel II. Art. 27 § 4; Art. 47 §§ 1—3; III. Art. 20 § 2; Constit. von 1572 pars II. const. 7. 8. 27). Auf dieser Grundlage erscheint in dem BGB. die Pfändung als ein Mittel, wodurch sich der Eigenthümer oder Besitzer oder ein zum Zwecke der Sicherung oder Benutzung sonst Inhabungsberechtigter eines Grundstücks gegen das widerrechtliche, wenn auch nicht gerade mit einem Schaden verbundene Betreten seines Grundstücks durch fremde Personen oder fremde Thiere mittelst Wegnahme von Sachen oder Zurückhaltung der Thiere schützen kann (§§ 488 flg.). Die rechtliche Wirkung solcher Pfändung, wenn sie unter den legalen Voraussetzungen (vgl. §§ 489 bis 492. 494. § 9 der E. u. AV. zum BGB.) vorgenommen wurde, besteht darin, daß für den Pfändenden ein wahlweises Forderungsrecht auf den sogenannten Pfandschilling oder auf Ersatz des entstandenen Schadens begründet wird, zu dessen Sicherung das Pfandstück als Faustpfand haftet (§§ 488. 493). Auch ist dem BGB. der durch die moderne Jurisprudenz der Pfändung beigelegte Charakter einer zum Schutze des Besitzes und zur Unterbrechung der Ersitzung von Grunddienstbarkeiten geeigneten Maßregel nicht fremd geblieben (§ 586).

B) Mit Hilfe der zuständigen staatlichen Organe des Privatrechtsschutzes.

1. Klagen und Einreden.

§ 50.

I. Die begriffliche Erklärung der „Klage" im ersten Satze des § 144 des BGB.'s als Befugniß zur Anrufung richterlicher Hilfe behufs Geltendmachung eines Rechts entspricht zwar im Allgemeinen den in den römischen Quellen (l. 51 D. 44, 7. pr. J. 4, 6) sich findenden Erklärung der „actio", deckt sich aber mit dem der eigenthümlichen römischen Rechtsentwickelung angehörenden Begriff der actio nicht vollständig. Denn während nach römischer Auffassung das Klagerecht seine selbständige juristische Existenz erst dadurch erhielt, daß es durch die auf dem Gebiete des Actionensystems vorzugsweise rechtsschöpferische Organe (interpretatio der Juristen und edicta der Prätoren) mittelst Feststellung seiner durch die formulae vorgezeichneten, materiellen Grundlagen und Voraussetzungen anerkannt wurde, beruht die Klagberechtigung nach der modernen Rechtsauffassung auf einem bereits vorhandenen, von der Rechtsordnung sanctionirten Systeme von Rechtsregeln, diesem zufolge ist die Klagbarkeit, d. h. die Befugniß, die auf Rechtsverwirklichung gerichtete Macht der staatlich geordneten Rechtsschutzorgane im Prozeßwege durch Anrufung ihrer Hilfe in Bewegung zu setzen, — als ein regelmäßiger, jedem im objectiven Rechte als berechtigt anerkannten Rechtsschutzinteresse zukommender Rechtsschutzanspruch anzusehen. Der Ausdruck „Klage" des BGB.'s umfaßt nicht blos das Klagerecht im processualen Sinne, d. h. die Behauptung einer klagbaren Befugniß und eines Anspruchs auf staatlichen Schutz derselben, sondern auch das Klagerecht im privatrechtlichen Sinne, d. h. die in der Richtung gegen eine bestimmte Person, dem Beklagten aufgestellte Behauptung der schutzbedürftigen Befugniß, welche gegen diesen durch die Klage geltend gemacht wird. Das Bedürfniß eines durch richterliches Urtheil zu verwirklichenden Privatrechtsschutzes kann begründet werden sowohl durch eine Rechtsverletzung, Widerspruch zwischen Recht und Thatsache, welche durch ein bestimmtes Thun oder Lassen (Leistung) des Verletzers ausgeglichen werden soll (Leistungsklagen), als auch durch Gefährdung eines nach der Rechtsordnung zu schützenden rechtlichen Interesses daran, daß zunächst eine Entscheidung über Bestehen oder Nichtbestehen von Rechtsverhältnissen getroffen und hierdurch die Existenz oder Nichtexistenz derselben festgestellt werde (Feststellungsklagen). In diesem Sinne wird der Begriff der „Klage" des BGB.'s mit dem Anspruchsbegriff der modernen Doktrin (Windscheid's Pand. I. § 43) im Wesentlichen koincidiren, da auch die Klage des BGB.'s sich als ein „rechtlich zuständiges Ansprechendürfen" zu erkennen giebt.

II. Der auch im BGB. § 144, 2 anerkannte Rechtssatz des modernen Rechts, daß in der Regel jedem rechtlich begründeten Rechtsschutzanspruch die Klagbarkeit zukommt, erleidet aus besonderen Gründen keine Anwendung:

1) bei gewissen Rechtsverhältnissen, in Bezug auf welche der ältern sächsischen Rechtstradition durch Versagung des Klagerechts eine Concession gemacht wurde (vgl. § 479);

2) bei gewissen Verpflichtungen, deren eigenthümliche Natur die klagweise Erzwingbarkeit praktisch werthlos (§§ 1255. 1418) oder sittlich bedenklich erscheinen läßt (§ 1579).

3) Den römischrechtlichen Gegensatz von absolut giltigen (vollkommenen) mit der Kraft des Klagschutzes ausgestatteten Obligationen (civiles obligationes) und solchen („unvollkommenen") Forderungsrechten, welche zwar nicht ungiltig sind, aber doch nur eine relative Giltigkeit haben, indem ihnen nur die Eigenschaft der Klagbarkeit versagt ist, während sie zur Begründung aller oder einiger anderer Rechtswirkungen vollgiltiger Obligationen geeignet sind (naturales obligationes), kennt in der technisch römischen Bedeutung das BGB. nicht mehr. Es versteht unter Schuldverhältnissen grundsätzlich diejenigen Forderungs- und Verpflichtungsverhältnisse (vgl. § 144, 2), bei denen die Erfüllung der Verbindlichkeit durch Klage erzwingbar ist.

Nur in einigen Fällen hat es Schuldverhältnissen, welche es im

Prinzip reprobirt und als ungiltige und wirkungslose behandelt, insofern relativ als giltige und wirksame anerkannt, als es ihnen, wenn auch die Klagbarkeit, doch nicht die „Erfüllbarkeit" versagt, ihnen also rechtlich die negative Wirksamkeit beilegt, daß das in Gemäßheit einer solchen Obligation freiwillig Geleistete nicht zurückgefordert werden kann. Es haben mithin diese Fälle an sich ungiltiger Schuldverhältnisse mit römischen Naturalobligationen zwar die Versagung der Klagbarkeit und bezw. die Ausschließung des Kondictionsrechts hinsichtlich des auf Grund derselben Gezahlten gemeinsam, unterscheiden sich aber von denselben dadurch, daß sie nicht wie diese an sich giltige Forderungen sind, und daß sie für die Begründung anderer bei römischen Naturalobligationen zulässigen Rechtswirkungen (namentlich der Bürgschaft, Pfandbestellung, auch selbst des Exceptionsschutzes) unzugänglich sind. Nach dem BGB. gehören dahin die Forderungen aus nicht verbotenen Spielen oder Wetten (§ 1480), aus unwirksamen verpflichtenden Verträgen und Bürgschaften der Ehefrauen (§§ 1641. 1650) sowie die Erfüllung eines durch Verjährung aufgehobenen Schuldverhältnisses (§ 1522).

Daß in diesen Fällen das positive Recht, obwohl es die zu Grunde liegenden Verpflichtungsverhältnisse aus höheren rechtspolitischen Motiven nicht als giltig und klagbar anerkennt, dennoch die Rückforderung des aus einem solchen Gezahlten versagt, hat seinen Grund in der Erwägung, daß nach den im Leben und Verkehr herrschenden socialen und sittlichen Anschauungen die Erfüllung solcher Pflichten als Ehrensache und als Postulat des Anstandes, nicht als eine Schenkung, gilt.

III. Den im römischen Klagsystem als praejudiciales actiones bezeichneten Klagen, durch welche ein richterliches Urteil über das Dasein oder Nichtdasein von Rechtsverhältnissen oder Thatsachen gefordert wurde, ohne daß sich eine Condemnation des Beklagten in eine zur Verwirklichung des Rechts erforderliche Leistung (Handlung oder Unterlassung) anschloß, sind die „Feststellungsklagen" des heutigen Rechts verwandt.

Das Anwendungsgebiet dieser nach Grund und Ziel eigenthümlichen Art der Klagerhebung hat in Bezug auf die Voraussetzungen ihrer Zulässigkeit erst durch die neuere gemeinrechtliche Praxis und Theorie eine selbständige Ausbildung erhalten. Diese hat sich unter dem Einflusse altdeutscher und mittelalterlicher Rechtsanschauungen, abgelöst von dem römischen Vorbilde, vollzogen. Sie ist auch — wiewohl nicht ohne Widerspruch und Streit — auf den Entwickelungsgang der sächsischen Rechtsprechung von nachhaltigem Einfluß gewesen. Es wurde hier anfänglich die Zulässigkeit von Klagen auf Anerkennung eines seinem Bestehen nach bestrittenen Rechts ohne die Voraussetzung bereits stattgefundener Rechtsverletzung anerkannt, sobald die Umstände von der Art waren, daß der Zweck, das streitige Recht unter den Parteien festzustellen dadurch erreicht wurde und die

Befürchtung, daß ein vergeblicher Prozeß geführt werde, nicht vorlag. (Langenn u. Kori, Erört. 3, 42 u. 52; Ztschr. 4, 188. 19, 455; OAGA. NF. 1, 472; Wbl. 1845, 327, 1872, 445, 1873, 507; Held'scher Entw. § 236 nebst Motiven.)

Hierauf fußt prinzipiell die Vorschrift im § 147 des BGB.'s, nach welcher „auf Anerkennung eines Rechts geklagt werden kann, wenn der Kläger an der Feststellung des Rechtsverhältnisses ein gegenwärtiges rechtliches Interesse hat, welchem auf andere Weise nicht genügt werden kann." Der Zweck dieser Vorschrift war nach den Spezialmotiven S. 617, die Entscheidung der gemeinrechtlichen Streitfrage (vgl. Savigny, Syst. 5 § 239 fl. — dagegen Windscheid, Aktio §§ 1. 7 u. Pand. I. § 147), ob der richterliche Schutz auch in den Fällen mit rechtlichem Erfolg angerufen werden dürfe, wo ohne bereits erfolgten Eintritt einer Rechtsverletzung, wie z. B. bei bedingten oder zur Zeit noch nicht fälligen Forderungen, nicht die Verurtheilung in eine bestimmte Leistung verlangt werden kann, aber der Kläger ein prozessuales Rechtsschutzbedürfniß nach einem urtheilsmäßigen Ausspruch des Richters darüber behauptet, ob ein Rechtsverhältniß unanfechtbaren Bestand und rechtsgewisse Geltung habe, aus welchem für den Kläger künftig, bzw. eventuell befriedigungsbedürftige civile Rechtsansprüche auf Verurtheilung des Beklagten zu einer Leistung erwachsen können.

Das BGB. hat a. a. O. im Prinzip der bejahenden Meinung sich angeschlossen, welche, wie sich aus den vorher angeführten Zeugnissen der Doctrin und Praxis ergiebt, schon früher in der sächsischen Rechtsprechung Eingang gefunden hatten.

Es hat aber diesem selbständigen Feststellungsklagerechte dadurch einen subsidiären Charakter aufgeprägt, daß es im Anschluß an eine nicht bloß in der sächsischen, sondern auch in der gemeinrechtlichen Theorie und Praxis vorherrschende Rechtsauffassung (Zeitschr. f. R. u. W. 20, 20; Seuffert, Pand. § 23 Note 5; Seuffert's Arch. NF. Nr. 4 S. 304; 4 Nr. 2 u. 84 S. 3 u. 132; Weißmann, Feststellungsklage S. 158 Note 3) die Zulässigkeit der Feststellungsklage von der am Schlusse des § 147 aufgestellten Voraussetzung abhängig machte, daß dem gegenwärtigen rechtlichen Feststellungsinteresse des Klägers „nicht auf eine andere Weise genügt werden kann."

Diese Bestimmung wurde in der Rechtsprechung dahin aufgefaßt, daß die Feststellungsklage dann zu versagen sei, wenn aus der Sachlage zu entnehmen ist, daß der Berechtigte nicht auf Anerkennung seines Rechts zu klagen braucht, weil er sofort mit der Leistungsklage die die Verwirklichung des diesem Rechte entsprechenden Anspruchs auf Befriedigung fordern kann (OAGA. NF. 3, 313 verb. 10, 224 u. Seuffert's Arch.

NF. 5 Nr. 175, 6 Nr. 123; Wach, Feststellungsanspruch in den Festgaben für Windscheid, S. 63 Note 110).

Eine diesem landesgesetzlichen Rechtssatze der Tendenz nach entsprechende und verwandte Vorschrift hat die RCPO. § 231 aufgestellt, indem sie zur materiellen Begründung der Feststellungsklage andere Thatsachen, als das der Leistungsklage zu Grunde liegende Bedürfniß nach sofortiger Rechtsbefriedigung forderte, welche nach dem Ausdruck der angeführten Gesetzstelle ein „rechtliches Interesse" an „alsbaldiger" Feststellung zu begründen geeignet sind (Wach, a. a. O. S. 37 Nr. 3 u. S. 61—62; vgl. auch Stein, Urkund. u. Wechs. Proz. S. 45 flg.). Die infolge hiervon über das gegenseitige Verhältniß von Reichs- und Landesrecht in Doctrin und Praxis aufgetauchte Frage, ob durch diese Vorschrift der CPO. der § 147 des sächsischen BGB.'s überhaupt seine Geltung verloren habe, ist, soweit sie die subsidiäre Natur der Feststellungsklage des Landesrechts betrifft, richtiger zu bejahen. Zwar hat man eine Uebereinstimmung beider Normen um deswillen behauptet, weil das von der CPO. zur Substantiirung des Rechtsschutzanspruchs auf Feststellung geforderte Interesse an alsbaldiger Feststellung die Feststellung „vor dem Zeitpunkte bedeute, in welchem die dem festzustellenden Rechtsverhältniß entsprechende Leistung verlangt werden kann" (Seuffert's Arch. NF. 7, 283) und weil ein solches Interesse sich schwerlich werde nachweisen lassen, wenn einem behaupteten Recht durch Klagerhebung auf Erfüllung des kraft civilen Ausspruchs Geschuldeten sofort Befriedigung verschafft werden könne (RGEntsch. 4 S. 438 u. Seuffert's Arch. NF. 5, 175).

Allein diese Sätze beruhen auf der in solcher Allgemeinheit nicht haltbaren Unterstellung, daß die Voraussetzungen des den Rechtsschutzanspruch begründenden Interesses bei der Feststellungs- und Leistungsklage in der Regel identische seien und daß der wesentliche Zweck der Feststellungsklage die in einem besonderen Vorprozesse anticipirte Feststellung eines Rechtsverhältnisses zu dem Zwecke sei, um eine hierauf gestützte später zu erhebende Klage auf Befriedigung eines dem festgestellten Rechte entsprechenden civilen Anspruchs vorzubereiten und hierdurch den Rechtsschutzgrund des letzteren in unangreifbarer Weise zu sichern. Für diese Prämissen bietet jedoch die Vorschrift des § 231 weder einen logischen noch gesetzlichen Beweisgrund. Dieselbe enthält jedenfalls keine besondere der sächsischen Norm ädaquate (beschränkende) Bestimmung, welche zu der Schlußfolgerung berechtigte, daß die Feststellungsklage in Fällen, wo das Feststellungsinteresse auf einem andern Wege sofort verfolgbar ist, ausgeschlossen sein solle. Sie verheißt vielmehr den Rechtsanspruch auf richterlichen Urtheilschutz, d. h. das Recht, den Rechtsschutz des Staates nach Maßgabe des Prozeßrechts zu verlangen, überhaupt in allen Fällen, wo der Kläger ein rechtliches Interesse an der alsbaldigen

Feststellung eines für seine privatrechtliche Stellung bedeutsamen Thatbestandes nachweisen kann, ohne darauf Gewicht zu legen, ob das geltend gemachte Rechtsschutzinteresse in der Erfüllung eines befriedigungsbedürftigen concreten Privatrechtsanspruchs besteht oder auf andere ein selbständiges Feststellungsbedürfniß begründende Thatsachen gestützt wird (vgl. Wach a. a. O. S. 37 u. 63). Man wird daher die Frage, ob die Feststellungs- zur Leistungsklage sich als ein subsidiärer Rechtsschutzanspruch verhalte, nach einer unbefangenen Auslegung des in den Worten des § 231 zum Ausdruck gelangten Gesetzeswillens dahin zu beantworten haben, daß beide Klagen an sich, je nach Maßgabe der Selbständigkeit ihrer Voraussetzungen, von einander unabhängig sind, daß daher aus der Zulässigkeit der Leistungsklage nicht ohne weiteres auf die der Feststellungsklage geschlossen werden kann (vgl. Bähr, Urtheile S. 156. 168 flg.), und daß (wie auch die neuerliche Judikatur des Reichsgerichts anerkennt) ungeachtet der Möglichkeit der Leistungsklage die Zulässigkeit der Feststellungsklage unter der Voraussetzung eines nachweisbaren selbständigen und besondern Feststellungsinteresses nicht ausgeschlossen ist (vgl. Bolze 5 Nr. 1064, 6 Nr. 973 u. 975, 8 Nr. 815; die bei Wach, S. 64 Note 112 citirten Urtheile u. Dernburg, Preuß. PR. I. § 125 Note 15). Die Frage nach dem Vorhandensein eines solchen selbständigen Feststellungsinteresses ist aber eine Thatfrage des Einzelfalles, welche sich nur unter Berücksichtigung aller Umstände und unter sorgfältiger Abwägung der begrifflichen Merkmale und Grenzen des Feststellungsinteresses zuverlässig beantworten läßt (Seuffert's Archiv NF. Bd. 7, 283 u. besond. Wach a. a. O. S. 51 flg.).

Auch darüber, ob bei collidirenden Ansprüchen mehrerer Forderungsberechtigten, welche miteinander über das relativ bessere Recht an einer Forderung streiten, denselben gegen einander ein selbständiges, von der Concurrenz des Schuldners unabhängiges Feststellungsklagrecht auf Grund der civilprozessualen Vorschrift des § 231 zustehe, gehen die Meinungen auseinander. In einer vor dem Inkrafttreten der RCivilprozeßordnung verhandelten, die collidirenden Ansprüche mehrerer Cessionare betreffenden sächsischen Rechtssache wurde eine solche Klage zunächst auf Grund des § 147 des sächsischen Civilgesetzbuchs und im Hinblick auf die hiermit übereinstimmende in der neueren Theorie des gemeinen Rechts vielfach vertretene Ansicht (Bähr, Jahrb. f. Dogm. I. S. 483; Windscheid, Pand. II. § 334 Note 7; Schmid, Grundl. d. Cess. II. S. 371. 374 Note 39; Seuffert's Arch. Bd. 21 S. 454) von dem ehemaligen Reichsoberhandelsgerichte aus Gründen rechtlicher und praktischer Consequenz aufrecht erhalten (Ztschr. 38, S. 322 flg.). Dagegen verneinte eine Entscheidung des Reichsgerichts (RGE. 7, 459; Seuffert's Arch. NF. 9 S. 5) die Frage, ob ein in der vorerwähnten Richtung unter mehreren Forderungsprätendenten entstandener Streit dem Bereich der im § 231 CPO. aufgestellten Normen über die Feststellungsklage zu unterstellen sei, weil zwischen ihnen kein Rechtsverhältniß, wie es diese Norm voraussetze, vorhanden sei, erkannte aber daneben nach gemeinem Rechte den von Theorie und Praxis übereinstimmend aufgestellten Grundsatz als richtig an, daß auch ohne vorhergegangene oder gleichzeitige Belangung des Schuldners eine solche Klage zulässig sei, wenn bei unbestrittenem Schuldverhältniß nur darüber gestritten werde, wer von den Streittheilen der zur Geltendmachung des Forderungsrechts Berechtigte sei, weil sonst eine unerwünschte Vervielfältigung der Prozesse herbeigeführt und auch der an diesem Streite unbetheiligte Schuldner zur Prozeßführung genöthigt würde, während ihm doch das Recht zustehe, sich seiner Verpflichtung durch gerichtliche Niederlegung mit liberatorischer Wirkung zu entledigen. Von gleichen Vordersätzen aus scheint auch für das sächsische Landesrecht Grützmann (I. § 51; II. S. 195) in einer nicht ganz klaren Ausführung zu dem Ergebniß gelangt zu sein, daß für die Feststellungsklage in ihrer besonderen Richtung auf den Streit von Forderungsprätendenten, die Vorschrift des § 147 BGB.'s durch das Reichsrecht nicht absorbirt, sondern neben demselben noch in Geltung geblieben sei.

Eine eingehende Rechtfertigung der von dieser Auffassung abweichenden Ansicht liegt bei der zugleich eminent prozessualen Bedeutung dieser Frage außerhalb der Aufgaben dieses Werkes. Es mag deshalb genügen, hierunter auf die scharfsinnigen und gründlichen Ausführungen von Wach, a. a. O. S. 47—51 und auf die von ihm in Note 83 angeführten Schriftsteller, besonders Mandry, civilr. Inh. d. RGes. S. 271 Not 19, (vgl. jetzt auch Planck, Lehrb. d. CPO. II. S. 16) zu verweisen und daran zu erinnern, daß die Bejahung der Frage nicht nur einem längst gefühlten praktischen Bedürfnisse (s. Protok. d. Dresden. Entwurfs eines deutschen Oblig.Rechts zu § 334 S. 1005 flg.), sondern auch der in den Motiven zu § 231 d. CPO. ausgesprochenen Tendenz entspricht, die Feststellungsklagen, als Klagen zum Schutz eines nachweisbaren rechtsschutzbedürftigen Interesses, nach dem Vorgange neuerer diese Klage in weitestem Umfange zulassenden Landesgesetze (auch des sächs. BGB's. § 147) zum Zwecke der Herbeiführung der Rechtseinheit für ganz Deutschland und zur Beseitigung der in der Praxis herrschenden Unsicherheit zu entwickeln und zu normiren, endlich daran, daß die Zulässigkeit der Feststellungsklage in der hier fraglichen Richtung bereits positive reichsgesetzliche Anerkennung gefunden hat in den einschlagenden Bestimmungen des § 134 der Konkursordnung (dazu v. Wilmowsky [3. Aufl.] S. 365 Note 1), und ihre Anwendung in negativer Richtung zum Zwecke alsbaldiger richterlicher Feststellung, daß das behauptete Recht des Gegners nicht bestehe („negative Feststellungsklage"), vom Standpunkte des § 231 wohl nicht zu beanstanden sein dürfte (Wach, Handb. d. dtsch. CPr. I. S. 13—17. 623 flg.).

IV. Das BGB. hat (um die materielle Zusammengehörigkeit von Ansprüchen auch prozessualisch zum Ausdruck zu bringen und Prozeßvervielfältigungen abzuschneiden [OAGA. II. F. 2, 446]), ebenso wie andere neuere Gesetzgebungswerke (z. B. Preuß. LR. 1, 11 § 848; bayer. Entw. II. Art. 139; Dresden. Entw. Art. 302) unter dem unverkennbaren Einflusse eines auf Motiven des römischen Formularprozesses zurückzuführenden Rechtssatzes (l. 49 § 1 D. 19, 1; l. 4 C. 4, 34; l. 13 C 4, 32) die von ihm im § 144, 2 grundsätzlich anerkannte Klagbarkeit der Rechte in Ansehung unselbständiger Nebenrechte insofern beschränkt, als es deren Verfolgbarkeit im Klagwege nur mit dem Hauptanspruche gemeinsam, nicht aber mit einer besondern eigenen Klage gestattet (§ 146). Nebenansprüche dieser Art, d. h. solche (dingliche oder persönliche) Ansprüche, welche nur durch ihre Beziehung auf ein anderes selbständiges, aus einer an und für sich Recht begründenden Thatsache entstandenes Recht (Hauptrecht) ihre aus diesem erwachsende und daher von ihm nach Bestand und Dauer abhängige Existenz herleiten, — entstehen meist aus rechtswidriger Entziehung oder Vorenthaltung der Ausübung des dem Hauptrechte entsprechenden Anspruchs oder infolge unvollständiger Leistung des kraft des Hauptrechts zu forderden Gegenstandes. Als ein Hauptfall derselben sind die Ansprüche aus dem Verzuge zu betrachten, welche einen Theil des durch ihren Hinzutritt erweiterten Hauptanspruches bilden (§§ 742. 754). Als Corollarsätze des im § 146 enthaltenen Grundsatzes stellen sich die Vorschriften in den §§ 675. 977, 2 u. 986 dar. Zu den Nebenforderungen der gedachten Art gehören begrifflich auch Ansprüche auf Ersatz von Schäden, welche bei Anstellung der Hauptklage aus der verzögerten Befriedigung des Hauptanspruchs bereits erwachsen sind (OLGA. 2, 175). Es ist jedoch durch die beschränkende Bestimmung des § 146 für den Kläger die rechtliche Möglichkeit nicht ausgeschlossen, sich durch einen in dem Gesuch der Hauptklage auf Verurtheilung des Beklagten in „erweisliche Schäden“ mitgerichteten Antrag die Geltendmachung derselben in besonderer Ausführung mit Erfolg Rechtens vorzubehalten (arg. § 986, 2), wenn zur Zeit der Klagerhebung nach Lage der gegebenen Verhältnisse die durch Verletzung der Hauptverbindlichkeit entstandenen Schäden sich noch nicht übersehen und bez. zur Ziffer bringen lassen (vgl. OLGA. 3, 182 mit OAGA. ZF. 2, 420 flg.).

V. Der Einredebegriff des BGB.'s, dem zu Folge Thatumstände, durch welche eine Klage ganz oder theilweise entkräftet wird, Einreden begründen (§ 144, 3), entspricht der modernen, das prozessuale Moment betonenden Rechtsauffassung, nach welcher der Begriff der materiellrechtlichen Einrede nicht mit dem der Einrede im prozessualen Sinne zusammenfällt (vgl. Windscheid, Pand. § 47, Abs. 1; Dernburg, Pand. I. §§ 137 u. 158). Er umfaßt nicht bloß solche, gegen einen klagbar gemachten Anspruch vertheidigungsweise vorgebrachten Thatbehauptungen, welche kraft eines besondern Gegenrechts des Beklagten die Zurückweisung oder Entkräftung eines an sich rechtlich statthaften und nach den geltenden Beweisgrundsätzen (§ 171 flg.) schlüssig begründeten Klagantrags bewirken sollen (exceptiones im röm. Sinne; Windscheid, a. a. O. Note 1), sondern auch andere dem Klaggesuch entgegentretende, sog. „rechtshindernde oder rechtsvernichtende" Thatsachen, aus welchen, ohne daß sie die Richtigkeit des thatsächlichen Klagvorbringens an sich in Frage stellen, hervorgeht, daß der erhobene Anspruch dessenungeachtet wegen eines andern, in der Regel vom Beklagten nachzuweisenden Grundes entweder gar nicht zur Entstehung gelangt oder nach seiner Entstehung wieder erloschen sei (Dernburg, a. a. O. § 158 Nr. 1—2). Beide Arten der selbständigen Vertheidigungsmittel haben gemein, daß sie dem Angegriffenen die rechtliche Möglichkeit gewähren, die Befriedigung des erhobenen Anspruchs durch eine bestreitende processuale Erklärung abzulehnen; allein die auf rechtshindernden oder rechtsvernichtenden Thatsachen beruhenden können, soweit sie nach Begründung oder prozessualer Bedeutung auch ohne eine Bemängelung des Gegners dem richterlichen Prüfungsrechte unterliegen, den Erfolg der Abweisung herbeiführen (CPO. § 296, 2), während die materiellen Einreden nur, wenn sie geltend gemacht sind, vom Richter berücksichtigt werden dürfen (vgl. hierzu Dernburg, Preuß. PR. I. § 127; Planck, a. a. O. I. S. 297; Windscheid, a. a. O. Note 1 a. E.).

Die in der gemeinrechtlichen Praxis (wegen l. 8 D. de compens. 16, 2) nicht unstreitige Frage, welche auch in der sächsischen Rechtsprechung (besonders in ihrer prozessualen Bedeutung) den Gegenstand mehrfacher Erörterung bildete: ob die Ansprüche, deren thatsächliche Begründung sich ebensowohl zur Geltendmachung durch Einrede wie durch Klage eignet, gleichzeitig, ohne daß die Einrede der Rechtshängigkeit entgegenstände, gerichtlich verfolgt werden können (vgl. Hasse im Arch. f. civ. Prax. 7, 169; Sintenis, Civilr. II. § 104 Note 28; Seuffert's Arch. 7, 300. 21, 117), hat das BGB. § 145 im Anschluß an die vorausgegangene sächsische Rechtsprechung (vgl. Ztschr. 23, 343 = OAGA. NF. 6, 53. — Ztschr. 37, 251) mit der aus dem Prinzip ne bis in idem sich ergebenden Maßgabe bejaht, daß die weitere Rechtsverfolgung auf beiden Wegen ausgeschlossen sein soll, sobald der Berechtigte auf dem einen oder andern Wege den Gegenstand seines Anspruchs erlangt hat (WA. 2, 423). Hierdurch hat aber der durch das Prozeßleitungsamt des Richters begründeten, rein prozessualen Befugniß nicht vorgegriffen werden sollen, kraft welcher derselbe zur Verhütung von Verwirrung oder Verschleppung des Rechtsganges und zur Erhaltung eines ordnungsmäßigen Prozeßverfahrens eine solche gleichzeitige Betreibung derselben Rechtssachen versagen und ihre Behandlung in getrennten Prozessen anordnen darf (Ztschr. 30, 176; OAGA. NF. 3, 390. 392 flg.). Dasselbe hat auch noch gegenüber dem nach CPO. § 139 verb. mit § 14 d. Einf.G. dem Prozeß-Gerichte ertheilten weitreichenden „Trennungsrechte" (Fitting, Lehrb. d. CP. 7. Aufl. S. 24 flg.) zu gelten.

2. Uebergang der Klagen auf die Erben.

§ 51.

Von dem der älteren Schule geläufigen Gesichtspunkte aus, daß der Tod eines berechtigten oder verflichteten Subjects eine rechtsgestaltende, für Erwerb, Bestand und Verlust von Rechten relevante Thatsache von allgemeiner Bedeutung werden könne (Windscheid, Pand. I. § 68 Note 2), hat das BGB. im § 148 unter obiger Rubrik einige Hauptgrundsätze über den Einfluß des Todes eines Berechtigten auf die Fortdauer bestehender Klagrechte desselben (ihre „Vererblichkeit") aufgestellt, welche im Wesentlichen den gemeinrechtlichen Prinzipien entsprechen.

Es hält an der Regel fest, daß die active und passive Vererblichkeit der Klagerechte nach der Vererblichkeit der Rechte und Verbindlichkeiten sich bestimmt, aus welchen für oder gegen den Erblasser klagerechtlich verfolgbare Ansprüche erwachsen sind (§ 148 z. Anf.; vgl. auch § 2289, 1).

Die Eigenschaft der Vererblichkeit kommt in der Regel den Vermögensrechten zu (§ 1999). Daher sind die aus solchen bei Lebzeiten des Erblassers entstandenen Ansprüche regelmäßig sowohl von den Erben des Berechtigten als gegen die Erben des Verpflichteten verfolgbar (§ 148). Hiervon giebt es aber Ausnahmen:

1) Von dem activen Uebergang ausgeschlossen sind gewisse Rechte und Klagen, welche mit dem Tode des Berechtigten erlöschen, also höchst persönliche Rechte sind. Dahin gehören:

a) gewisse Rechte, bei welchen auch wenn sie Geld oder Geldeswerth zum Gegenstande haben, doch der ökonomische Gesichtspunkt von untergeordneter Bedeutung und das Motiv der Ahndung persönlicher Unbill oder Kränkung das vorwiegende ist, wie bei dem Revokationsrecht einer Schenkung wegen Undanks des Berechtigten (§§ 1059. 1060), ferner bei dem Anspruch auf Schadenersatz wegen körperlicher Verunstaltung oder Verstümmelung (§ 1490, 1—2) und wegen Defloration (§ 1553); jedoch werden diese Rechtsansprüche dann als vererbliche behandelt, wenn der Berechtigte im ersten Falle den Widerrufswillen ernstlich erklärt, und in den beiden andern Fällen die entsprechende Klage „bei Gericht angebracht," d. h. prozeßordnungsgemäß „erhoben" hat (CPO. §§ 230. Abs. 1. 233, 2. verb. m. 190 u. 191, 1. u. §§ 457. 458), oder wenn der Anspruch vertragsmäßig festgestellt worden ist.

b) die Klagen α) aus Rechtsverhältnissen von absolut persönlicher

Natur, insbesondere die des reinen Familienrechts, ferner β) die Klagen aus solchen dinglichen oder obligatorischen Vermögensrechten, welche ihrer Natur nach, wie die persönlichen Dienstbarkeiten mit dem Tode des Berechtigten erlöschen (§ 656), oder ihrer Bestimmung gemäß nur für die Lebzeiten des Berechtigten eingeräumt sind (§§ 1150. 1152, 2 verb. m. § 1157, 1 u. 2), ebenso γ) die Klagen aus gewissen obligatorischen Rechtsverhältnissen, deren Bestand durchaus auf die Persönlichkeit oder Individualität eines oder beider Betheiligten berechnet ist und die deshalb mit dem Tode der betreffenden Partei endigen (z. B. in den Fällen der §§ 1324. 1325 verb. mit § 1383 u. 1384). Daß jedoch diese Erlöschungsgründe den Bestand der während der Dauer der betreffenden Rechtsverhältnisse aus diesen erwachsenen Ansprüche unberührt lassen, soweit diese überhaupt des Uebergangs auf und gegen die Erben fähig sind, hat das BGB. § 148, 2 ausdrücklich anerkannt.

2) Gegen die Erben des Verpflichteten können nicht verfolgt werden: a) die Klagen aus solchen Verbindlichkeiten, welche durch den Tod des Verpflichteten erlöschen (oben 1 b. γ.), insbesondere auch die aus der wechselseitigen Alimentationspflicht der Ascendenten und Descendenten entspringenden Ansprüche auf Gewährung des Unterhaltes (§ 1853), während die Verbindlichkeiten aus der außerehelichen Schwängerung auf die Erben des Suprators übergehen (§ 1873); — b) die dinglichen Klagerechte sind an sich ebenfalls unvererblich, weil sie meist bei dem Beklagten Besitz voraussetzen, welcher sich nicht vererbt (vgl. § 2288). Treffen die zur Anstellung solcher Klagen auf Seite des Erben erforderlichen Voraussetzungen zu, so haftet er aus seiner Person (§ 148, 1. § 2289, 2; Siebenhaar, Lehrb. § 84). — c) die aus unerlaubten Handlungen („Delicten" § 43 oben) des Erblassers entspringende Schadensersatzverbindlichkeit (oben § 46) ist zwar (deutscher und bez. kanonischer Rechtsanschauung entsprechend, Windscheid, P. § 359 Nr. 2) eine auf der Erbschaft ruhende und daher passiv vererbliche (§ 2282). Allein dieselbe wird durch die im § 2328 aufgestellte, schon im ältern sächsischen Rechte (Haubold, § 348, Anm. a) durch Usualinterpretation anerkannte Beschränkung, daß der Erbe für Erbschaftsschulden überhaupt nicht „ultra vires hereditatis" gehalten ist, modificirt und gemildert.

III. Wegfall klagbarer Ansprüche („Klagerechte").

1. Durch Zusammentreffen mehrerer Klagen (BGB. § 149).

§ 52.

Unter dieser Rubrik hat das BGB. die Frage, ob in Fällen, wo einem und demselben Berechtigten zum Zwecke der Befriedigung eines klagbaren Anspruchs mehrere Klagschutzmittel zustehen (l. 43 § 1 D. 50, 17. l. 7 § 1 D. 13, 6; vgl. l. 6 § 4 D. 4, 9), der mit Erfolg geschehene

Gebrauch des einen derselben auf den Bestand und die Verfolgbarkeit der übrigen („concurrirenden") Klagerechte beeinträchtigend einwirke (Windscheid, P. § 121, Abs. 6), dahin bestimmt, daß die verschiedenen „zusammentreffenden" Klagerechte unter der Voraussetzung zu einander in einem ausschließenden Verhältniß („alternativer oder electiver Concurrenz") stehen sollen, wenn sie aus demselben Grunde zur Erreichung eines und desselben (rechtlichen) Zweckes zustehen und der Berechtigte durch die Geltendmachung eines derselben „zum Ziele" (seiner vollständigen Befriedigung) geführt ist (§ 149, 1). Die hierin enthaltene Beschränkung auf solche zusammentreffende Klagen, welche „aus demselben Grunde" zustehen, könnte zwar, weil Entstehungsgrund und rechtlicher Zweck eines klagbaren Anspruchs nicht (wie Grützmann in seinem nicht einwandsfreien Lösungsversuch [I. § 48] anzunehmen scheint) nur die „Kehrseite" von einander sind (vgl. Dernburg, P. I. § 135 bes. 1 u. 3), zu dem Mißverständnisse Anlaß geben, daß dieser Umstand nothwendige Voraussetzung der ausschließenden Wirkung sei. Allein, daß dies nicht in der Intention des Gesetzgebers gelegen, sondern mit jener Aeußerung nur ein regelmäßiges Moment habe bezeichnet und nur auf die Einheit des rechtlichen Anspruchszieles das entscheidende Gewicht habe gelegt werden sollen, läßt sich entnehmen theils aus der Bestimmung (§ 149, 2), daß wenn bei klagbaren Ansprüchen von verschiedenem quantitativen Umfange wegen eines derselben von geringerem Betrage Befriedigung erlangt ist, auf Grund der übrigen, insoweit sie auf ein Mehreres gerichtet sind, die Nachforderung dieses Plus nicht ausgeschlossen ist (l. 7 § 1 D. 13, 6. l. 47 pr. D. 17, 2), theils aus der Vorschrift im § 775, die sonst mit dem im § 149 enthaltenen Grundsatze nicht wohl im Einklang stehen würde. Der deutsche Entwurf hat überhaupt davon abgesehen, über die sog. Klagenconcurrenz gesetzliche Bestimmungen zu treffen, weil die Vorschriften des BGB.'s, richtig verstanden, selbstverständlich seien, aber durch ihre Fassung Mißverständnisse veranlassen könnten (Motive I. 278).

2. Durch Verjährung.

a) Begriff und Arten derselben im Allgemeinen.

§ 53.

I. Die der älteren gemeinrechtlichen Doktrin geläufige Auffassung des Ausdrucks „Verjährung" als eines Gattungsbegriffes mit zwei nach der verschiedenen Richtung der Verjährungswirkung (Rechts-Erwerb oder Aufhebung) gegliederten, aber der Behandlung nach einheitlicher Grundsätze fähigen Unterarten („Adquisitiv-Extinctivverjährung": vgl. Windscheid, Pand. § 105 Nr. 1a; Dernburg, Pand. I. § 149) — ist dem BGB. fremd geblieben.

1) Den dem Verjährungsbegriff zu Grunde liegenden allgemeinen Gedanken, daß die Zeit die Macht habe, gewissen bloß thatsächlichen

Zuständen (fortgesetzter Ausübung oder Nichtausübung eines Rechts) um ihres unangefochten gebliebenen längeren Bestandes willen, im Interesse der Rechtssicherheit und Beweiserleichterung die Kraft objectiv rechtlicher Gewähr und Geltung zu verleihen, hat das BGB. nicht für alle Rechte überhaupt, sondern nur für gewisse Arten von Rechtsbildungen anerkannt und für jede derselben, weil sie ihrer eigenthümlichen Verschiedenheiten wegen keine einheitliche Behandlung gestatten, durch entsprechende Sondervorschriften geregelt. Es unterscheidet demnach zwischen den auf dem Gebiete des Sachenrechts in der Gestalt der Ersitzung als Erwerbsgrund dinglicher Rechte (§§ 260 flg. 577, verb. 512 u. 647) oder als Erlöschungsgrund solcher Rechte wegen Nichtausübung (§§ 596. 598. 655) hervortretenden Zeitwirkungen und der in der Regel alle Arten von Klagerechten umfassenden „Klageverjährung" als eines Rechtsgrundes zum „Wegfall der Klagerechte" überhaupt wegen Nichtanstellung der Klage während der Verjährungszeit (§§ 150 flg. u. 1016 flg.). Dieser Anwendung des Verjährungsbegriffs hat es wegen der allgemeinen Bedeutung derselben ihre systematische Stellung unter den „allgemeinen Bestimmungen" angewiesen, während es die rechtsverändernden Einflüsse des Zeitablaufs in Bezug auf jene erstgenannten Rechtsinstitute im Zusammenhange mit den diese betreffenden Abschnitten des besondern Theiles behandelt.

2) Die in der neueren Rechtsentwickelung als ein Institut von allgemeiner Bedeutung ausgebildete eigenthümliche Anwendung des Verjährungsbegriffes auf thatsächliche, seit Menschengedenken bestandene Zustände, die sog. Immemorialverjährung (Windscheid, a. a. O. § 113; Dernburg, a. a. O. § 160), hat das BGB., soweit sie als Entstehungsgrund von Privatrechten gemeinrechtlich anerkannt ist, innerhalb der Grenzen seines materiellrechtlichen Geltungsgebietes (oben § 3) durch Uebergehung stillschweigend beseitigt (Commiss.Prot. 91, 2. 92, 10; ebenso deutsch. Entw. Motive I. 346). Ihre vorwiegende Bedeutung auf dem Gebiete des öffentlichen Rechts ist zwar prinzipiell hiervon unberührt geblieben, hat sich aber durch den Gang der neueren sächsischen Gesetzgebung erheblich vermindert (Grützmann II. § 37).

II. Die im BGB. wie im gemeinen Rechte (Windscheid, § 106) anerkannte allgemeine Verjährbarkeit der Klagerechte, gleichviel ob sie vermögensrechtlicher Natur sind oder nicht, hat durch das BGB. § 151 im Vergleich zum gemeinen Rechte insofern vermehrte Einschränkungen erfahren, als außer den aus innerm Grunde der Verjährung entzogenen Theilungsklagen derselben nicht unterliegen: die familienrechtlichen Ansprüche auf Herstellung des dem Familienrechte entsprechenden Zustandes für die Zukunft, weil diese ihrer eigenthümlichen auf sittlichen Pflichtverhältnissen beruhenden Natur zufolge durch Nichtausübung nicht verlierbar sind (vgl. § 1855 flg.), ferner die Klagerechte aus grundbücherlich verlautbarten Rechten, soweit sie nicht die aus solchen Rechten entspringende Nebenforderungen an verfallenen Zinsen und ähnlichen wiederkehrenden Prästationen betreffen. Die Unverjährbarkeit eingetragener Rechte ist eine unabweisliche Consequenz aus den Prinzipien und Zwecken des auf die Sicherung des zweifellosen Bestandes eingetragener Rechte gerichteten und für ihr Dasein sowie den Rechtszustand des Grundstücks festen Anhalt gewährenden Ingrossationssystems. Die Nichterstreckung dieses Ausschließungsgrundes der Verjährbarkeit auf die gedachten Nebenforderungen aber folgt daraus, daß das Grundbuch nicht die Bestimmung hat, über das Vorhandensein und den Umfang solcher Rückstände Auskunft zu geben (vgl. § 28 des Hyp.Ges. v. 6. Nov. 1843 u. dazu Heyne, Comment. I. S. 172 flg.; Regelsberger, bayer. Hyp.R. S. 177; Motive zum § 847 d. deutsch. Entw. III. 250 flg.). Die gemeinrechtliche Streitfrage über die Verjährbarkeit des Wiederkaufsrechts, bez. über den Beginn seiner Verjährung (Vangerow, Pand. I. § 147, II. 8), welche im frühern sächsischen Recht auf Grund der Vorschrift in der Const. 1 Pars. II. v. 1572 verneint wurde (Haubold, § 283 Note 9), hat seit dem Gesetzbuch ihre Bedeutung verloren, weil für die nicht auf eine bestimmte Zeit vorbehaltene Ausübung desselben (§ 1133), ebenso wie für die Ausübung des unter rechtsähnlichen Gesichtspunkten behandelten Vorkaufs- und Reurechts gesetzliche Präclusivfristen festgesetzt sind (§§ 1123. 1168; vgl. Schmidt, a. a. O. I. S. 128—129).

III. Das BGB. unterscheidet in Ansehung des zur Verjährung erforderlichen Zeitablaufes die regelmäßige (ordentliche) Verjährungsfrist und kürzere Verjährungsfristen für gewisse Forderungen aus Geschäften des täglichen Verkehrslebens.

1) Die ordentliche Verjährungsfrist beträgt 30 Jahre (§§ 150 u. 1016). Diese bildet überhaupt die (im Vergleich zum ältern sächs. Rechte — Haubold, §§ 185. 191b u. 276 herabgesetzte) Maximalgrenze der Verjährungsfristen. Verjährungen von längerer Dauer, wie sie das römische Recht kennt (Windscheid, P. § 110, 2—4), sind dem BGB. fremd. Die Bestimmungen über die Maximalgrenze sowie über die Verjährbarkeit oder Unverjährbarkeit sind insofern zwingender Natur, als sie keine gewillkührte Ausschließung oder Erschwerung zulassen (§ 152, 1—2). Bei kürzern Verjährungsfristen aber ist eine solche Verlängerung derselben bis zur Maximalgrenze statthaft und der Verzicht auf eine kurze Verjährung hat von selbst diese Folge (§ 152, 3); die Förderung des Verjährungszweckes durch Abkürzung der Verjährungsfrist ist der Privatverfügung nicht entzogen (§ 152, 4).

2) Kürzeren Verjährungsfristen sind unterworfen:

a) gewisse Forderungen aus Geschäften des täglichen Lebens, bei denen sofortige Zahlung oder sehr kurze Creditbewilligung oder schnelle Abwickelung im allseitigen Interesse üblich ist, Quittungsausstellung aber oft nicht oder in ungenügender Weise erfolgt. Im Anschluß an das Gesetz v. 6. Juli 1846, aber dasselbe in einzelnen Punkten abändernd bez. erweiternd (OAGA. NF. 2, 280. 8, 258; Ztschr. 13, 72. 20, 211), bestimmt für Ansprüche dieser Art das BGB. § 1017 Nr. 1—13, daß mit Ablauf von drei Jahren verjähren:

aa) Forderungen der Kaufleute, Fabrikanten, Handwerker und Künstler für die ihren Abnehmern (jedoch nicht zum Behuf eignen Geschäfts- oder Handelsbetriebes) gelieferten Waaren und geleisteten Arbeiten (a. a. O. Nr. 1); bb) Forderungen für gewisse gewerbsmäßig betriebene, in Geschäftsvermittelung oder in technischen oder manuellen Leistungen bestehende Dienste, ferner für die Vermiethung von Mobilien und für die von Gast- und Speisewirthen in Ausübung ihres Gewerbes verabreichten Victualien und zur Befriedigung von Wohnungs-, Beköstigungs- und sonstigen Bedürfnissen (einschließlich der Auslagen) gewährten Leistungen (Nr. 2. 4. 5); cc) Ansprüche aus Geschäften solcher öffentlicher Anstalten und Privatunternehmer, welche die Vermittelung des Transportverkehrs bezwecken (Nr. 3); dd) Ansprüche öffentlicher und privater Anstalten, welche den Zwecken des Unterrichts, der Erziehung, der Verpflegung und Heilung dienen, wegen der zu diesen Zwecken gewährten Leistungen, ingleichen Honorarforderungen für die von öffentlichen und Privatlehrern geleisteten Arbeiten höherer Art, soweit solche nicht vorschriftsmäßig gestundet sind (Nr. 6—7), sowie auch die Ansprüche der Lehr-Herrn und -Meister wegen des ausbedungenen Lehrgeldes und sonstiger Leistungen (Nr. 8); ferner ee) die Forderungen der in Privatdiensten stehenden Personen wegen ihres Gehaltes, Lohnes und anderer Dienstbezüge (Nr. 10); die Forderungen der gewerblichen Arbeiter (vgl. RGew.Ordn. Tit. VII), insbesondere auch der Tagelöhner und Handarbeiter wegen ihrer Ansprüche auf den Arbeitslohn (Nr. 11); ff) die Forderungen der Kirchen und Schulen, bez. ihrer Diener wegen der Gebühren für Amtshandlungen (Nr. 13), sowie die Ansprüche öffentlicher Behörden und solcher Personen, welche wie Rechtsanwälte, Notare und Medicinalpersonen zur Besorgung gewisser Geschäfte öffentlich bestellt oder zugelassen sind, wegen ihrer aus diesen Geschäftsverhältnissen erwachsenen Gebühren und Verläge (Nr. 12; vgl. § 85 d. Gebührordn. f. Rechtsanwälte v. 7. Juli 1879); endlich gg) die Ansprüche wegen Auszugsleistungen (Nr. 9).

b) Der Anspruch auf Evictionsleistung (§ 946) und auf Rückgabe gezahlter, nicht geschuldeter Zinsen (§ 1532), das Recht eines Pflegebefohlenen, die Nichtigkeit der von seinem Vormund für ihn ungesetzlicher Weise geschlossenen Veräußerungsgeschäfte geltend zu machen (§ 1948), sowie das Recht, den Pflichttheil oder dessen Ergänzung zu fordern (§ 2616) und die aus einer Besitzverletzung entstehende Bereicherungsklage (§ 210, 2) — verjähren ebenfalls in drei Jahren.

Ueber die gleich kurze Verjährung fälliger Zinsen von kgl. sächs.

Staatspapieren und einigen andern denselben in dieser Beziehung gleichgestellten öffentlichen Obligationen (namentlich von Landrentenbriefen, Landeskulturrentenscheinen und Ansprüchen auf Altersrenten) vgl. die bei Haubold, § 188 Nr. 3 angef. ält. Ges., sowie die Gess. über Erricht. d. Ld.Rtbk. vom 17. März 1832 § 18 unter c, üb. Err. d. LKult.Rb. v. 26. Nov. 1861 § 22 u. Ges. v. 2. Jan. 1879 (GVBl. S. 3 flg. § 21).

c) Mit dem Ablaufe eines Jahres verjähren die Klagen: wegen Besitzstörung und Besitzentziehung, soweit sie nicht auf die Bereicherung gehen (§ 210, 1—2), wegen Gewährsmängel bei Veräußerung von Immobilien (§ 923), wegen Widerrufs einer Schenkung (§ 1063); wegen Erfüllung der Vorverträge beim Darlehn, der Gebrauchsleihe und dem Hinterlegungsvertrage (§§ 1069. 1174. 1261), ferner der Anspruch auf Entschädigung wegen grundloser oder verschuldeter Verlöbnißaufhebung und auf Rückgabe der Brautgeschenke und Mahlschätze (§ 1587 verb. m. §§ 1581—1584); ebenso der Anspruch auf Erfüllung der gesetzlichen Ausstattungspflicht (§ 1666) sowie auf Geltendmachung des erbschaftlichen Absonderungsrechtes (§ 2342).

d) In sechs Monaten (§ 86) verjährt die Wandelungs- und die Würderungsklage bei Veräußerung von Mobilien (§ 923) und der Ersatzanspruch wegen Beschädigung durch Hinauswerfen, Ausgießen oder Herabfallen (§ 1559). Die Fälle der Rechtsbefristung, welche im Unterschiede von der Verjährbarkeit zeitlich an sich nicht beschränkter Rechte dem befristeten Rechte schon vom Zeitpunkte seiner Entstehung an nur ein temporäres Dasein geben, werden bei den betreffenden Lehren ihre Stelle finden (vgl. z. B. §§ 1104. 1108. 1126. 1137. 1719. 1720. 1775. 1777 u. a. m.).

b) Erfordernisse.

α) Beginn des Verjährungslaufes.

§ 54.

I. Als den für den Beginn des Laufes der Verjährungsfrist maßgebenden Zeitpunkt bezeichnet das BGB. § 158, 1 „die Zeit, wo ein Gegner des Berechtigten vorhanden ist“. Diese Voraussetzung tritt überhaupt mit dem Zeitpunkte ein, von welchem ab der Berechtigte, weil der thatsächliche Zustand dem, was er kraft seines Rechts beanspruchen darf, nicht entspricht, die Befriedigung seines (fälligen, klageweise verfolgbaren) Anspruchs zu fordern befugt ist, auch wenn der ihm gegenüberstehende Verpflichtete ihm durch Verletzung oder Verweigerung seines Rechts noch keinen Anlaß zur Klagerhebung gegeben hat. In den meisten Fällen trifft zwar dieser Zeitpunkt mit der Entstehung des Rechts zusammen. Allein

1) bei dinglichen Rechten (und ebenso bei persönlichen, auf Unterlassen gerichteten Forderungen) tritt jenem Grundsatz gemäß die Verjährung erst mit dem Zeitpunkte ein, wo sich ein Dritter mit dem

Zustande, welchen der Berechtigte, kraft seines dinglichen Rechts oder seines persönlichen Untersagungsrechts verlangen kann, durch ein denselben aufhebendes oder verletzendes Zuwiderhandeln in Widerspruch setzt, weil bis dahin der thatsächliche Zustand des Berechtigten dem entspricht, was ihm nach der Rechtsordnung zu seiner Befriedigung gebührt. Anders

2) bei Forderungsrechten auf eine positive Leistung (Thun) des Verpflichteten. Hier beginnt nach § 158, 1 die Verjährung „von der Zeit an, wo die Leistung verlangt werden kann", d. h. wo der Berechtigte das, was Gegenstand seiner Forderung ist, von dem Verpflichteten zu beanspruchen rechtlich befugt ist. Diese Voraussetzung ist vorhanden, sobald nach der Natur des Forderungsrechtes an sich die gerichtliche Verfolgbarkeit desselben dergestalt in die Hand des Gläubigers gelegt ist, daß es (ohne daß dazu eine vorgängige Mahnung oder eine Leistungsverweigerung des Schuldners erforderlich wäre), bloß von seinem Willen abhängt, den ihm zustehenden Anspruch zum Zwecke seiner Befriedigung durch Klaganstellung geltend zu machen. Dieser Zeitpunkt und mit ihm der Beginn der Verjährung tritt ein:

a) bei unbedingten und unbefristeten Forderungen auf positive Leistungen mit dem Augenblicke, wo das sie begründende Schuldverhältniß zum Abschluß gelangt ist, weil von diesem Moment an der Berechtigte die auf sein bloßes Wollen gestellte rechtliche Macht zur Ausübung der auf seine Befriedigung gerichteten Anforderung erlangt und weil es, wenn anders der Zweck des Verjährungsinstitutes nicht vereitelt werden soll, geboten erscheint, an den Nichtgebrauch dieser Macht den Verlust derselben zu knüpfen.

Dies gilt auch für solche Schuldverhältnisse, bei denen die rechtliche Befugniß, Befriedigung wegen des Geschuldeten zu erlangen, sofort mit ihrer Entstehung begründet ist, obwohl der Schuldner nach Natur und Zweck des zu Grunde liegenden Rechtsgeschäfts annehmen darf, es werde der Gläubiger den ihm zustehenden Befriedigungsanspruch auf unbestimmte Zeit hinaus nicht erheben. So namentlich bei dem Hinterlegungsvertrage (§ 1267), bei der willkürlich widerruflichen Gebrauchsleihe (§ 1181) und auch bei einem ohne Bestimmung einer Rückzahlungszeit oder auf Kündigung ohne Zahlungsfrist gegebenen Darlehn (§ 1077 verb. m. § 711, 2). Zwar scheint die Bestimmung des § 159 hiermit in Widerspruch zu stehen, weil nach dieser bei Rechten, deren Geltendmachung auf die Willenserklärung des Berechtigten gestellt ist, die Verjährung erst von der Zeit der Willenserklärung beginnen soll. Allein dieselbe hat eine wesentliche Einschränkung erfahren durch die auf landständischen Antrag in das Gesetzbuch aufgenommene Vorschrift des § 1016, 2, durch welche das schon dem Generale v. 14. Decbr. 1801 zu Grunde liegende Prinzip aufrechterhalten wurde, daß, auch wenn das

Recht zur Kündigung einer Forderung auf das bloße Wollen des Gläubigers gestellt sei, dies kein Hinderniß für den sofortigen Beginn des Verjährungslaufes sein solle (das Nähere hierüber bei Haubold, § 276 [bes. Note i.] u. Schmidt, Vorl. I. 127). Demgemäß sind die gemeinrechtlichen Streitfragen über den Beginn der Verjährung solcher, hauptsächlich aus Darlehnsgeschäften entspringenden Schuldforderungen zu entscheiden, bei welchen entweder gar keine Bestimmung der Zahlungszeit (Windscheid, a. a. O. § 107 Note 5 und 9, Dernburg, Pand. I. § 146 u. Preuß.PR. I. § 107, 9) oder eine beliebige Aufkündigung oder eine bestimmte Frist nach erfolgter Kündigung festgesetzt ist. In allen diesen Fällen genügt es, gleichviel, ob der Gläubiger (oder zugleich auch der Schuldner) kündigungsberechtigt ist, zum Beginn des Verjährungslaufs, daß die Geltendmachung der betreffenden Forderung (bez. Rückforderung) dem Gläubiger rechtlich möglich war (§ 158, 2). Nur wird in dem häufig vorkommenden Falle, wenn eine „gewisse Zeit nach Kündigung" als Zahlungsfrist bestimmt ist, noch erfordert, daß außer der Verjährungszeit auch noch die dem Schuldner von der Kündigung an zustehende weitere Zahlungsfrist abgelaufen sei (§ 1016, 2) und demzufolge die Verjährungsfrist um die Kündigungsfrist verlängert. Für die Anwendung des § 159 bleibt hiernach noch in dem Falle Raum, wenn lediglich dem Schuldner das Kündigungsrecht vorbehalten ist, obschon hier für den Gläubiger zu gleichem Ergebniß auch das Prinzip des § 158, 1 führen würde. Dagegen beginnt

b) in Bezug auf Schuldforderungen, bei welchen die Befriedigung nicht schon mit der Entstehung derselben nach Belieben des Gläubigers verlangt werden kann, sondern die Ausübung des Rechts auf Befriedigung bis zu einem gewissen späteren Zeitpunkte rechtlich gehindert ist, der Verjährungslauf in Consequenz der im § 158, 1 aufgestellten Regel erst mit dem Eintritt dieses Zeitpunktes. Dies ist z. B. der Fall: bei bedingten und betagten Forderungen (oben §§ 40. 42), sowie bei Gebrauchsleihen, bei Pacht- und Miethverträgen, für deren Dauer eine bestimmte Zeit festgesetzt ist (§§ 1180. 1214), bei dem Faustpfandvertrage hinsichtlich des Rechts des Schuldners auf Rückgabe der Pfandsache (§ 1447). (Vgl. Schmidt, a. a. O. S. 129—130, abw. ohne überzeugende Gründe, Siebenhaar, Comment. zu § 159.) Ebenso gehören hierher die unter den Gesichtspunkt befristeter Forderungsrechte fallenden Ansprüche auf gewisse nur periodisch wiederkehrende, in bestimmten Terminen fällig werdende Leistungen, z. B. auf Zinsen, Renten, Alimente und sonstige terminliche Gefälle. Bei diesen beginnt daher auch nach dem BGB. (§ 160, 1, vgl. mit l. 7 § 6 C. 7, 39) für den Anspruch auf jede einzelne Leistung an sich eine besondere Verjährung von dem Zeitpunkt an, wo sie gefordert werden kann (Fälligkeit).

Besteht aber diese Leistung in einer accessorischen Verpflichtung zur Zahlung von Kapitalzinsen, so tritt gleichfalls der römischrechtliche Satz (l. 26 pr. C. 4, 32), daß die Verjährung der Kapitalschuld jeden Zinsanspruch mit aufhebt, auch nach dem BGB. § 674, 2 in Wirksamkeit.

c) Die seit der Glossatorenzeit streitige Frage, ob bei Ansprüchen auf periodisch wiederkehrende Leistungen (annuae praestationes), welche von einem Hauptrechte nicht abhängig sind, z. B. Getreide- und andere Erbzinsen, Geldgefälle, Zehnten u. dgl. in Folge der während der vollen Verjährungszeit unterbliebenen Abentrichtung der Einzelposten nur die einzelnen verfallenen Rückstände verjähren, oder ob das über denselben stehende, ihre Quelle bildende, aber im Einzelfalle oft schwer nachweisbare Gesammtrecht selbst und damit auch nicht bloß der Anspruch auf die einzelnen Rückstände, sondern auch das Recht auf die künftig fälligen Präſtationen erlösche, wurde bereits durch die const. 2. P. II. v. 1572 im Sinne der letztern Alternative (nach der Ansicht des Bulgarus) entschieden (Carpzov, def. ad const. cit. def. 1 et 3; Kori, Theorie der Verjährg. S. 207; Gottschalk, disc. for. II. 6 u. 8; Haubold, § 276 Note k; Curtius, § 572 g). Das BGB. hat im § 160, 2 diesen Rechtssatz im Wesentlichen aufrechterhalten; derselbe erleidet aber eine aus den Prinzipien des sächsischen Grundbuchssystems von selbst folgende Einschränkung hinsichtlich solcher auf derartige Einzelleistungen gerichteten Rechte, welche im Grund- und Hypothekenbuche eingetragen sind (vgl. vor. § II u. Curtius, § 1744).

d) Die in der Doctrin verschieden beantwortete Frage, ob und wie weit das Entgegenstehen von Einreden die Verjährung hemme (Windscheid, a. a. O. § 109 Nr. 1, abw. Dernburg, Pand. I. S. 339), hat das BGB. nicht grundsätzlich entschieden. Diejenigen Einreden, welche die Wirksamkeit des Klaganspruchs auf (bestimmte oder unbestimmte) Zeit hemmen und daher zu einer zeitweiligen Abweisung der Klage führen (verzögerliche Einreden), werden insoweit hemmenden Einfluß auf die Verjährung haben, als ihre Beseitigung außerhalb der Macht und der Pflicht des Anspruchsberechtigten liegt (z. B. die Stundungseinrede, die Einrede eines eigenen dinglichen oder obligatorischen Rechts gegenüber dem Eigenthumsanspruche, § 319 l. 7 § 6 C. 7, 39). Sonst dürfte es für die Beurtheilung ihrer hemmenden Kraft erheblich sein, ob dieselben von der Beschaffenheit sind, daß dem Anspruchsberechtigten die Nichtbethätigung dessen, was zu ihrer Beseitigung von seiner Seite geschehen konnte, als eine ihm zur Last zu legende Versäumniß anzurechnen ist. Daher wird in der Regel der Einrede des nichterfüllten (gegenseitigen) Vertrages (§§ 850. 856), des Zurückhaltungsrechts (§ 767—768) sowie der Einrede der Vorausklagung des Bürgen (§§ 1461 f.) ein hemmender Einfluß auf die Verjährung nicht zukommen (Unger, österr. Priv.R. II. § 120 Note 7). Zerstörliche die Geltendmachung des Klaganspruchs dauernd ausschließende Einreden sind kein Hemmungsgrund der Verjährung, und zwar für den

Verpflichteten nicht, weil ihm ein hierauf gestützter Einwand, wenn ihm die Verjährungseinrede zu Gebote steht, entbehrlich ist, für den Berechtigten deshalb nicht, weil es ungereimt sein würde, dem Verjährungseinwande des Verpflichteten durch die Replik zu begegnen, daß demselben eine zerstörliche Einrede gegen sein eingeklagtes Forderungsrecht zustehe (Dernburg, Pand. I. § 146 S. 339). Vgl. über die diesen Grundsätzen im Wesentlichen entsprechenden Vorschriften des Deutsch. Entw. Motive zu § 162. I. S. 313 flg.

II. Was den Einfluß betrifft, den

1) die bloß thatsächliche Behinderung an der Geltendmachung eines Klaganspruchs auf den Beginn der Verjährung ausübt, hat das BGB. § 158, 2 die Unbeachtlichkeit derselben, soweit sie in der Unbekanntschaft der Person des Gegners ihren Grund hat, direct ausgesprochen, im Uebrigen aber, abgesehen von der für den Beginn der Verjährung der Pflichttheilsklage im § 2616 getroffenen Ausnahmebestimmung, dadurch im Prinzip indirekt anerkannt, daß es nur dem einem rechtlichen Hindernisse nahestehenden „Stillstand der Rechtspflege" (justitium) und außerdem nur solchen Hindernissen, welche auf höherer Gewalt beruhen, als objectiven Behinderungsursachen hemmende Einwirkung auf den Beginn des Verjährungslaufes beilegt.

2) In Consequenz des Prinzips, daß gegen einen Anspruch, dessen Geltendmachung rechtliche Hinderungsgründe entgegen stehen, solange diese vorhanden sind, die Verjährung nicht beginnen könne, hat das BGB. folgende in der eigenthümlichen Rechtslage bzw. in einem Pietätsverhältnisse gewisser Personen begründete Fälle von rechtlich hemmendem Einfluß auf den Verjährungsbeginn festgestellt: den Mangel der Vertretung von Personen, für welche überhaupt eine solche gesetzlich erforderlich ist, solange der Vertretungsmangel dauert (§ 154, 1); ferner das zwischen den Betheiligten stattfindende Verhältniß von Ehegatten, von Vormund und Pflegebefohlenen oder vom Hausvater und Hauskind, solange diese Verhältnisse bestehen (§ 156); endlich das Bestehen einer Vormundschaft als Hemmungsgrund für die Verjährung eines den Pflegebefohlenen gegen Dritte aus der Handlung eines Vormundes zuständigen Anfechtungsrechts (§ 155 = VOrdn. v. 1782, c. 16 § 11).

III. In Ansehung derjenigen Forderungsrechte, welche der kurzen dreijährigen Verjährung unterliegen (vor. § III. 2. a), gilt das Besondere, daß der Lauf der Verjährung nicht schon mit dem Moment, wo die rechtliche Möglichkeit ihrer Geltendmachung gegeben ist, beginnt, sondern erst mit dem Ablauf des Kalenderjahrs, in dem die Schuldforderung fällig wurde (§ 1018, 1). Insbesondere hinsichtlich der Forderungen von Arztlohn ist in dieser Beziehung, wenn es sich um eine besonders übernommene bestimmte Kur handelt, der Schluß des Jahres entscheidend, in welchem die Kur bændigt wurde (§ 1018, 2). Bei Ansprüchen der Rechtsanwälte wegen ihrer Gebühren und Auslagen (§ 1017, 12) wird die Verjährung von dem Schlusse des Jahres an gerechnet, wo der Rechtsstreit beendigt oder die Vollmacht erloschen ist (§ 1018, 3).

β) Ununterbrochener Ablauf der Verjährung.

§ 55.

I. Die Unterbrechung einer begonnenen Verjährung hat die Folge, daß der bisherige Zeitablauf wirkungslos bleibt und die Verjährung, wenn die erforderlichen Voraussetzungen vorhanden sind, nachher von neuem begonnen werden muß (§§ 161. 168, 1). Sie erfolgt regelmäßig durch thatsächliche Vorgänge, welche entweder den Willen des Berechtigten, sein Recht auszuüben, oder die Ueberzeugung des Verpflichteten von seinem Verpflichtetsein auf unzweideutige Weise erkennen lassen. Demgemäß unterscheidet auch das BGB. zwei Hauptgruppen von Unterbrechungsgründen:

1) die Anerkennung des dem Anspruche zu Grunde liegenden (persönlichen oder dinglichen) Rechts (§ 162) durch eine gegenüber dem Berechtigten (vgl. Seuffert's Arch. NF. 7. S. 264) geschehene ausdrückliche oder concludente Willenserklärung des Verpflichteten, welche auf schlüssige Weise die Absicht desselben kund giebt, das Recht des Andern als bestehendes gegen sich gelten zu lassen (RGerEntsch. b. Boltze, 7, 216). Häufigste Fälle solcher stillschweigenden Anerkennung sind: Abschlags- oder Zinszahlung, Pfand- und Bürgschaftsbestellung für eine Schuld. Im Falle einer (nicht pränumerirten) Zahlung der Zinsen einer Hauptschuld beginnt eine neue Verjährung (nach den im vorigen § I. 2) entwickelten Grundsätzen) sofort vom Zeitpunkt der Zahlung ab, nicht erst, wie vom Standpunkte der „Verletzungstheorie" behauptet wurde (Savigny, Syst. V. 306), von der Fälligkeit des nächsten Zinstermins an (Windscheid, P. I. § 108 Nr. 2). Die von den bewährtesten Rechtslehrern und der gemeinrechtlichen Praxis befolgte Ansicht, daß auch ein einfaches, nicht den rechtsgeschäftlichen Charakter des Anerkenntnißvertrages an sich tragendes Anerkenntniß zur Begründung der Unterbrechungswirkung genüge (Seuffert's Arch. NF. 4. 5), hat auch die sächsische Spruchpraxis für sich (WA. 1878 S. 532; OLGA. 3 S. 353). Ist die Anerkennung durch Anerkenntnißvertrag im Sinne des § 1397 flg. geschehen, so beginnt mit ihr für das durch den Anerkenntnißvertrag begründete einen selbständigen Verpflichtungsgrund bildende Schuldverhältniß eine selbstständige, von der Verjährungszeit der Ursprungsschuld unabhängige Verjährung.

2) Die gerichtliche Geltendmachung des Rechtsanspruchs im Klage- oder Einredewege. Das ältere sächsische Recht forderte zur Herbeiführung der an dieselbe geknüpften Unterbrechungswirkung außer der Ueberreichung der Klage an das Gericht auch noch die Behändigung

(Insinuation) derselben an den Beklagten (Haubold, § 373 d). Das BGB. hatte sich aber in der Vorschrift des § 163 der von Kind (quaest. III. 28) und Gottschalk (discept. I. 23. III. 30) vertretenen abweichenden Meinung angeschlossen, welcher schon die Einreichung der Klage bei Gericht zur Begründung der Unterbrechungswirkung genügte (Schmidt, Vorl. I. § 38). Durch die CPO. §§ 239 verb. m. 190 hat jedoch diese Bestimmung insofern eine Abänderung erfahren, als hiernach die Unterbrechung (vorbehältlich der für die Zustellung mittelst Requisition, bez. öffentlicher Bekanntmachung hinsichtlich der Zeit des Eintritts der Unterbrechungswirkung im § 190 enthaltenen besondern Vorschriften) mit der Erhebung der Klage, d. h. in der Regel durch Zustellung des dieselbe enthaltenden Schriftsatzes, bez. Protokolls (§ 230, vgl. aber §§ 460. 461. 471. 636) eintritt; ihre Dauer erstreckt sich bei regelmäßigem Fortbetriebe des Rechtsstreites bis zur rechtskräftigen oder auf andere Weise, z. B. durch Vergleich erfolgten, bzw. bis zum Ablaufe der dem Verurtheilten richterlich gesetzten Leistungspflicht (BGB. § 168, 1. 3), in dem Falle aber, wenn der Rechtsstreit unbeendigt liegen bleibt, bis zur letzten Prozeßhandlung (§ 168, 2). Die gemeinrechtliche Verjährung der Litispendenz (Windscheid, P. § 110. 2 a. c) ist jedoch im BGB. durch den Inhalt des § 169 als beseitigt anzusehen, weil diesem zufolge in dem letztern Falle die Verjährung des in dem unerledigt liegen gebliebenen Rechtsstreit verfolgten Anspruchs jedenfalls in der für die unterbrochene Verjährung maßgebenden Zeitfrist vollendet werden soll (§ 169, 1). Die Verjährung aber, welcher rechtskräftig festgestellte Ansprüche (§ 168, 3), ingleichen die durch Neuerungsvertrag begründeten Forderungen unterliegen, ist nach dem BGB. eine neue selbständige Verjährung, deren Zeitdauer dort auch in dem Falle, wo der einzelne Anspruch vorher eine kürzere Verjährung lief, dreißig Jahre betragen, hier aber nach den für die novirte Forderung geltenden Vorschriften bemessen werden soll (§ 169, 2. 3).

b) Der Verfolgung des Rechts im Klagewege stehen als Unterbrechungsgründe der Verjährung gleich: die Anmeldung einer Konkursforderung im Konkursverfahren (ältere sächs. Praxis: Ztschr. 23, 165 = Konk.O. § 13, 2; Wengler, dtsch. KO. S. 131 flg.; v. Wilmowsky, KO. [3. Aufl.] S. 85; Fitting, RKR. § 9 III.); die Vornahme einer Vollstreckungshandlung (sächs. Gesetz v. 4. März 1879 § 1 zu § 239 CPO. GVOBl. S. 69); die Einleitung des Mahnverfahrens (CPO. § 628 u. 633). Das BGB. § 163 a. E. knüpfte (in Anlehnung an die das „Mahnverfahren" in Sachsen einführenden Bestimmungen der CivilProz.-Novelle v. 30. Dzbr. 1861 §. 28) diesen Unterbrechungseffekt schon an den vom Gläubiger bei Gericht gestellten Antrag auf Erlassung eines Zahlungsgebotes. Die Geltung dieser Vorschrift erscheint aber — ganz abgesehen von der in der Civ.Proz.Ordn.

erfolgten, durchgreifenden Neugestaltung des Mahnverfahrens — schon um deswillen in Frage gestellt, weil der den wesentlichen Inhalt des Gesuchs in sich aufnehmende Zahlungsbefehl (§ 632) sachlich die Klage vertritt und daher die Annahme berechtigt ist, daß, wie bei der Klagerhebung so auch an die nach § 633 erforderliche Zustellung des Zahlungsbefehls nicht blos die Wirkungen der Rechtshängigkeit im processualen Sinne (§§ 633. 239, 1 verb. m. § 235), sondern überhaupt alle anderen an die Klagerhebung geknüpften materiellen Wirkungen des § 239, 2, also auch der Unterbrechungseffekt habe angeknüpft werden sollen. (Vgl. hierzu das Referat über Aschrott's Abh. in Gruchot's Beitr. III. F. Bd. 8. S. 618 in WA. NF. 5, 714 u. Dernburg, Pand. I. § 148 Note 11).

c) Die im gemeinen Rechte (Windscheid, P. § 108, 12), ebenso wie in der früheren sächsischen Praxis (Ztschr. 13, 379) verneinte Frage, ob die einredeweise Geltendmachung eines Rechts als Unterbrechungsgrund der Verjährung zu gelten habe, ist im BGB. § 163 zwar grundsätzlich bejaht (abw. d. deutsche Entw. Mot. I. S. 328 II.). Es ist aber

d) diese Unterbrechung nicht als eine ausnahms- und bedingungslose Wirkung der Klagerhebung und der Einredehandlung behandelt. Der an die Klagerhebung geknüpfte Unterbrechungseffekt soll als nicht erfolgt gelten, wenn der Berechtigte die Klage zurücknimmt (— was dem § 243, 3 d. PO. entspricht —), oder eine Abweisung der Klage deshalb erfolgt, weil diese bei einem unzuständigen Gerichte angebracht oder mit einem die sachliche Entscheidung hindernden, gegen wesentliche Prozeßregeln verstoßenden Mangel behaftet ist und nicht durch die binnen drei Monaten zu bewirkende Erhebung einer verbesserten Klage der Unterbrechungserfolg der ersten Klagerhebung sanirt wird (§ 166). Und aus gleichen auf Billigkeitsgründen beruhenden Erwägungen soll einer Einredehandlung, wenn die vorgeschützte Einrede entweder zur besondern Ausführung verwiesen oder als unbeachtlich zurückgewiesen wird, die unterbrechende Kraft nur dann erhalten bleiben, wenn das exceptivisch geltend gemachte Recht binnen drei Monaten von der Rechtskraft des die Einrede zurückweisenden Erkenntnisses im Klagwege verfolgt wird (§ 167).

e) Einer bloßen Mahnung, sowie bloßem Widerspruch und außergerichtlicher Verwahrung hat das BGB. in Uebereinstimmung mit dem geltenden Rechte keine unterbrechende Kraft beigelegt (§ 165). Das dem Berechtigten in dem Falle einer wegen Unbekanntschaft des jeweiligen Gerichtsstandes seines Gegners nicht zu ermöglichenden Klagerhebung durch § 164 gewährte Mittel, die Unterbrechung durch eine in seinem eignen persönlichen Gerichtsstande einzulegende Verwahrung zu bewirken, ist insoweit für fortbestehend anzusehen, als es nicht durch die in der CPO. § 186 flg. über die Zustellung an in unbekannter Abwesenheit befindliche Gegner entbehrlich wird (Mandry, civilr. Inh. d. Rges. S. 260 i, abw. Francke, 2. Ausg. d. sächs. BGB. S. 32, Note 3.

II. Nach der Auffassung des BGB.'s stehen die Gründe, welche eine zeitweilige Hemmung der Verjährung bewirken, nicht blos dem Beginne, sondern auch dem Weiterlaufe begonnener Verjährung entgegen. Treten sie während des Laufes derselben ein, so steht bis zur Beseitigung des die Hemmung verursachenden Hindernisses der Lauf der Verjährungsfrist dergestalt still („ruhende Verjährung"), daß (im Unterschiede von der Unterbrechungswirkung) nach Wegfall des Hemmungsgrundes der frühere (begonnene) Zeitablauf fortgesetzt wird. Als solche Gründe gelten:

1) die bereits im § 54. II. 1 als Hemmnisse des Beginns der Verjährung bezeichneten thatsächlichen Behinderungen der gerichtlichen Verfolgbarkeit des Anspruchs (§ 157) (höhere Gewalt und Stillstand der Rechtspflege, verb. mit § 222 d. CPO.; gem. R. Windscheid, P. § 109, 3).

2) Von den als Gründe rechtlicher Unfähigkeit zur Anspruchsverfolgung anerkannten Hindernissen (vgl. d. angef. § II. 2) hemmt

a) das Verhältniß der Vormundschaft, der väterlichen Gewalt, und der Ehegatten zu einander, so lange es besteht, wie den Beginn so auch den Fortlauf der Verjährung in Bezug auf die zwischen diesen Personen bestehenden Ansprüche (§ 156), dagegen ist nach einer besondern Vorschrift des BGB.'s

b) der Mangel des gesetzlichen Vertreters einer vertretungsbedürftigen Person ein Hinderniß für den Fortlauf einer gegen dieselbe begonnenen Verjährung nur dann, wenn der zeitweilige Vertretungsmangel entweder in das letzte Verjährungsjahr oder in eine Verjährung von nur einjähriger oder kürzerer Dauer fällt (§ 154).

γ) **Redlicher Glaube.**

§ 56.

Das BGB. hat in Bezug auf die gemeinrechtlich bestrittene, auch in der früheren sächsischen Praxis nicht zweifellose Frage, ob die Kenntniß des Verpflichteten von dem wirksamen Bestehen des den Gegenstand seiner Verpflichtung bildenden gegnerischen Rechts (der Mangel redlichen Glaubens) ein Hinderniß dieser Verjährung sei (Haubold, § 276; Windscheid, P. § 111; Dernburg, P. I. § 149), den Standpunkt des canonischen Rechts aus Gründen, die in der Natur und dem Grundgedanken des Verjährungsinstituts liegen, verlassen und sich durch Uebergehung dieses Erfordernisses mit Stillschweigen, der Auffassung des römischen Rechts angeschlossen, derzufolge diese Voraussetzung auch solchen Klagen gegenüber irrelevant ist, bei denen es sich um die Herausgabe einer vom Verpflichteten besessenen fremden Sache handelt.

c) Wirkung der Verjährung.

§ 57.

I. Die vollendete Verjährung wirkt nicht unmittelbar (ipso jure) zerstörend auf die verjährte Forderung. Es genügt zur Wahrung der dem Verjährungsinstitut zu Grunde liegenden Interessen und Zwecke, daß der Schuldner jederzeit die Füglichkeit hat, sich durch die Berufung auf die Verjährung gegen die Belästigung mit alten durch die Länge der Zeit verdunkelten Anforderungen zu schützen. Diesem Bedürfnisse wird dadurch genügt, daß der vollendeten Verjährung, wie im gemeinen Rechte, die Wirkung beigelegt wird, für den Einredeberechtigten eine peremtorische Einrede gegen den verjährten Rechtsschutzanspruch zu begründen. Die Ausübung des hierdurch gewährten Anfechtungsrechts hängt von dem Willen des Verpflichteten ab. Daher kann er durch Verzichtleistung auf dasselbe das verjährte Klagerecht in seiner vollen Wirksamkeit erhalten. Daher kann aber auch die Verjährung im Prozesse nicht, — wie dies die ältere sächsische Praxis auf Grund der const. 25 P. I. annahm — von richterlichen Amtswegen, sondern nur dann berücksichtigt werden, wenn sich der Einredeberechtigte auf dieselbe beruft (§ 153; vgl. § 50 unter V.).

II. Die zerstörende Wirkung dieser Einrede ist jedoch nicht in allen Fällen eine gleich starke, sondern nach Verschiedenheit der Natur des die Grundlage der Klage bildenden Rechtsverhältnisses intensiv verschieden. Das BGB. stellt in dieser Hinsicht die aus „Forderungen" (d. i. persönlichen Rechten) entstehenden Ansprüche (§ 170, 2) den auf anderem Rechtsgrunde beruhenden Klagen gegenüber (§ 170, 1) und versteht, wie sich aus Commiss.Protok. 22, 2 ergiebt, unter den letztern namentlich die Ansprüche aus dinglichen Rechten:

1) In Ansehung der „Klagen aus Forderungen" hat das BGB. a. a. O. der im gemeinen Rechte viel umstrittenen Frage gegenüber, ob die Verjährung einer Forderung dieser nur die Klagbarkeit (das Recht zur selbständigen gerichtlichen Verfolgung des Anspruchs) entzieht, oder ob sie die stärkere Wirkung hat, den dieser gerichtlichen Klagbefugniß zu Grunde liegenden Rechtsanspruch selbst aufzuheben (Windscheid, a. a. O. § 112; Dernburg, Pand. § 150), der letzteren Ansicht sich angeschlossen, die bereits in der frühern sächsischen Praxis die vorherrschende war (Ztschr. 14, 63; Schmidt, Vorl. I. § 41). Es läßt aber von dieser stärkeren Wirkung der Verjährung eine Ausnahme insofern eintreten, als es die Zurückforderung des zur Erfüllung einer verjährten Forderung Geleisteten (auch wenn in Unkenntniß vom Eintritt der Verjährung geleistet wurde) ausschließt (§ 1522). Der gleiche Rechtssatz hat in einer Mehrzahl neuerer Gesetze bez. Gesetzentwürfe, auch im deutsch. Entw. § 182, 2 (Mot. I. 343), Anerkennung gefunden. Für denselben spricht die Erwägung, daß auch eine verjährte Schuldverbindlichkeit für das natürliche Rechtsgefühl materiell doch immer noch als eine Schuld gilt, weil die Ausschließung ihrer Klagbarkeit nur auf rechtspolitischen, nicht auf materiellrechtlichen Motiven beruht und die nachträgliche Erfüllbarkeit sowie die Ausschließung des Rückforderungsrechts dem Zwecke des Verjährungsinstitutes nicht widerstrebt (§ 50. II. 3). — Dagegen äußert

jene stärkere Wirkung insbesondere auf die Frage der Compensabilität verjährter Forderungen den Einfluß, daß solche Forderungen, auch wenn sie sich auf eine zur Aufrechnung geeignete Weise gegenüber gestanden haben, doch hierzu nicht verwendet werden dürfen, wenn die aufzurechnende Forderung zu dem Zeitpunkte, wo die den Eintritt der Aufrechnungswirkung nach dem BGB. § 992 bedingende Erklärung des Compensationswillens erfolgte, bereits verjährt ist (vgl. Siebenhaar, in d. Ztschr. 29, 27. 38, 414; Lehrb. § 92 a. E.; Schmidt, Vorl. § 41. I. a. E.; Grützmann, § 158, Note 11).

Die Frage nach der Verjährbarkeit der Einreden überhaupt hat das BGB. nicht besonders normirt. Sie ist aber aus gleichen Gründen, wie sie im gemeinen Rechte (Windscheid, P. § 112; Wächter, Pand. § 109) und jetzt auch im deutschen Entwurfe (Motive I. 291) anerkannt sind, auch vom Standpunkte des BGB.'s aus dahin zu beantworten, daß in der Regel Einreden nicht Gegenstand der Verjährung sind, weil die Nichtbethätigung eines Rechts, dessen Ausübung von einem abzuwartenden vorgängigen Angriff eines Gegners abhängig ist, dem Berechtigten billiger Weise nicht zum Vorwurf und Schaden gereichen darf (vgl. l. 5 § 6 D. 44, 4). Keine Anwendung findet aber dieser Grundsatz, wenn das Gesetz Abweichendes vorschreibt (vgl. z. B. Hand.GB. Art. 349, 3. 386, 3. 408, 3), oder wenn der Umstand, der die Geltendmachung eines Anspruchs im Wege der Einrede ausschließen soll, in einem selbständig verfolgbaren, der Verjährung unterworfenen Rechte des hierzu Berechtigten beruht (vgl. z. B. § 923, 1). Dagegen unterliegen Einreden, welchen eine selbständige Bedeutung zukommt, weil sie Rechte schützen sollen, die nur einredeweise geltend gemacht werden können, keiner Verjährung (vgl. z. B. §§ 768. 859. 860).

2) Eine schwächere Wirkung knüpft das BGB. an die Verjährung gewisser klagweise verfolgbaren Ansprüche, welche aus andern als rein obligatorischen Rechtsgründen entspringen. Was insbesondere die auf Rechten an Sachen beruhenden (dinglichen) Klagrechte betrifft, so sind hier hinsichtlich der Verjährbarkeit derselben, soweit sie auf Herstellung des dem dinglichen Rechte entsprechenden Zustandes für die Zukunft gerichtet sind, folgende Verschiedenheiten des Verjährungseinflusses zu beachten:

a) Soweit das BGB. an die bloße Nichtausübung gewisser Rechte an fremden Sachen während eines gesetzlich bestimmten Zeitraums das Erlöschen des zu Grunde liegenden Rechts anknüpft (vgl. §§ 596 flg. 655), geht durch Verjährung nicht blos die Befugniß zur klagweisen Geltendmachung desselben, sondern das ganze dingliche Recht selbst mit den aus denselben erwachsenden Ansprüchen verloren.

b) Soweit nach den Grundsätzen des BGB.'s dingliche Rechte (wie Mobiliareigenthum, §§ 260 flg. und Grunddienstbarkeiten, §§ 577 flg.) durch Ersitzung von einem redlichen Besitzer erworben werden können, hat die vollendete Ersitzung den Verlust derselben auf Seiten des bisherigen Berechtigten zur Folge.

c) In andern Fällen und namentlich dann, wenn nicht durch Ersitzung des Eigenthums seitens des Sachbesitzers die Verjährung der Eigenthumsklage gegenstandslos wird, hat dieselbe nach der in der Doctrin vorherrschenden Ansicht nur eine relative, rechtsaufhebende Wirkung zu Gunsten dessen bez. seiner Rechtsnachfolger, gegen den der dingliche Anspruch gerichtet war. Nur diesem erwächst dadurch eine Einrede, durch welche er die Klage des Realberechtigten entkräften kann (§ 170, 1), weil hier (anders als bei den auf obligatorischen Verpflichtungsgründen beruhenden Klagerechten) der im Klagwege verfolgbare Rechtsanspruch nicht mit dem Gesammtinhalte des in dem zu Grunde liegenden Rechte enthaltenen Befugnißcomplexes identisch ist und daher der Eigenthümer, wenn die Sache wieder in seine Hände oder in die eines Dritten gelangt, der nicht zugleich Rechtsnachfolger des Einredeberechtigten ist oder selbständig seinerseits Rechte an derselben erwirbt, das Recht behält, die im Eigenthum enthaltenen Befugnisse, welche außer dem Bereich des aus der Verjährung begründeten Einrederechts liegen, wirksam geltend zu machen. Die praktische Bedeutung dieser Rechtstheorie hat sich freilich dadurch wesentlich vermindert, daß in Beziehung auf das Immobiliarsachenrecht die eingetragenen dinglichen Rechte an und für sich unverjährbar sind (§ 151 u. ob. § 53 II.), daß die klagweise Verfolgbarkeit dinglicher Rechte an beweglichen Sachen erheblichen durch Redlichkeit des Erwerbs des Besitzers veranlaßten Beschränkungen unterliegt und die Ersitzbarkeit von Mobilien nach sächsischem Recht durch die Furtivität des Ersitzungsgegenstandes nicht mehr beeinflußt wird. Der deutsche Entwurf hat daher diese Theorie verlassen und die Verjährbarkeit der Ansprüche, gleichviel ob sie auf Schuldverhältnissen oder dinglichen Rechten beruhen, nach gleichen Grundsätzen behandelt (§ 154, 1; Mot. I. 292 flg.).

IV. Die rechtskräftige Entscheidung (res judicata).

1. Allgemeines.

§ 58.

1) Die materielle in der normgebenden Kraft des Urtheilsinhalts beruhende Bedeutung eines formell rechtskräftigen, d. h. durch Einspruch oder Rechtsmittel (Berufung, Revision) wegen Erschöpfung des Instanzenzuges oder wegen Ablauf der für den Gebrauch derselben gesetzten Nothfrist nicht mehr aufhebbaren oder abänderlichen richterlichen Urtheils, welches den Austrag eines streitigen Rechtsverhältnisses zum Gegenstand hat (vgl. CPO. § 644—645) besteht darin, daß der Inhalt dessen, was in demselben über die zu Streit und processualer Verhandlung erwachsene Rechtssache erkannt ist, die allein maßgebende, von den Streittheilen nicht mehr antastbare Feststellung des streitigen Rechtsverhältnisses

bildet. Der Inhalt des rechtskräftigen Urtheils, gleichviel ob er eine den Beklagten verurtheilende oder freisprechende Entscheidung ertheilt, begründet daher unter den Parteien die endgültige, unumstößliche Norm. Kraft derselben kann das rechtskräftig Zuerkannte von keiner derselben mehr bestritten, das rechtskräftig Aberkannte nicht mehr gefordert werden.

2) Der rechtskräftige Urtheilsinhalt hat nach der Auffassung des SBB.'s eine declarative, nicht eine constitutive Bedeutung. In den Stellen, wo das rechtskräftige Erkenntniß als Grund für die Entstehung oder Erlöschung gewisser dinglicher oder Forderungsrechte bezeichnet wird (z. B. § 277. 395. 674. 1095), ergiebt der Zusammenhang, daß hier nur von der rechtskräftigen richterlichen Anerkennung und Feststellung der Existenz der in Frage kommenden Rechtsgründe die Rede ist. Rechtserzeugende Kraft haben nach dem BGB. die in Theilungsprocessen ergangenen rechtskräftigen richterlichen Entscheidungen: §§ 257. 956. 2343 (Siebenhaar, Lehrb. § 294).

3) Die im § 176 enthaltene Bestimmung, daß aus rechtskräftiger Feststellung eines streitigen Rechtsverhältnisses „ein selbständiges Recht solle verfolgt werden können", ist nicht im Sinne eines der Rechtskraft zukommenden novirenden Effektes aufzufassen, wie er sich im römischen Prozeßrecht der classischen Zeit wegen der durch die Litiscontestation herbeigeführten und durch das Urtheil bestätigten Wirkungen an dieselbe anknüpfte. Sie läßt nicht einen neuen selbständigen Anspruch an die Stelle des ursprünglichen klagweise verfolgten treten, sondern hat die der heutigen und schon der ältern sächsischen Rechtsauffassung mehr entsprechende Bedeutung, daß der eingeklagte Anspruch nach seinem rechtlichen Bestande derselbe bleibt und nur insofern eine Aenderung erfährt, als er durch die rechtskräftige Entscheidung aus einem bestrittenen zu einem unbestrittenen, liquid gestellten und gegen jeden Versuch erneuter processualer Erörterung Seitens der Betheiligten durch die Rechtskraft wirksam geschützten Rechte umgewandelt wird. Ein solcher rechtskräftig festgestellter Anspruch erscheint daher mit Rücksicht auf die Unantastbarkeit seiner Grundlage als ein formell selbständiger; materiell beruht er aber auf demselben Rechtsverhältnisse, welches durch den Vorprozeß zu rechtskräftiger Entscheidung gelangt ist (vgl. OAGA. ZF. 4, 421; WA. I. 145). Nicht unbeachtlich ist in dieser Hinsicht der Umstand, daß in § 169 hinsichtlich der Zeitdauer einer nach erfolgter Unterbrechung wieder beginnenden Verjährung unterschieden wird, jenachdem dieselbe von einer rechtskräftigen Entscheidung oder von einer stattgefundenen Novation an wieder zu laufen beginnt.

4) An das verurtheilende rechtskräftige Erkenntniß knüpfen sich für den obsiegenden Kläger auch noch andere besondere Rechtswirkungen. Es begründet in der Regel: die Vollstreckbarkeit des Urtheils (CPO. § 644, actio judicati, — obligatio, quae ex causa judicati descendit, nach römischrechtlicher Ausdrucksweise, l. 4 § 2. 7. D. 42, 1); ingleichen

den Anspruch auf Gewährung von Zinsen zu fünf vom Hundert aus einer Verurtheilung in eine bestimmte Geldsumme (sog. Judikatszinsen § 763, verb. § 674 u. 677; abw. deutscher Entw. Motive I. S. 370); auch hat es die Kraft, die Verjährungsfrist eines ursprünglich in kürzerer Zeit verjährenden Anspruchs auf dreißig Jahre zu erweitern, wenn nach eingetretener Rechtskraft eine neue Verjährung desselben beginnt (§ 169, 2). In Ansehung freisprechender rechtskräftiger Urtheile hat das BGB. die in der gemeinrechtlichen Doctrin von Einigen vertretene Ansicht, daß im Falle einer zu Unrecht erfolgten Freisprechung eine natürliche Verbindlichkeit des Schuldners bestehen bleibe (vgl. Windscheid a. a. O. § 129 Note 7; Wächter, P. § 180 III. 3; Dernburg, P. II. § 5, Note 12) durch die Vorschrift im § 1006 abgelehnt.

2. Wirkungen der Rechtskraft.

a) Subjectiver Umfang.

§ 59.

Dem verurtheilenden und dem freisprechenden Erkenntnisse gemeinsam ist die oben erwähnte sachliche Wirkung der Rechtskraft, daß das ergangene Urtheil als Recht unter den dadurch gebundenen Parteien gilt, so daß sich keine derselben mit dessen Inhalt in Widerspruch setzen und das in demselben einmal Entschiedene von Neuem in Frage stellen darf. Daher kann jeder dem zuwiderlaufende Versuch einer Erneuerung desjenigen, was im Vorprocesse über das streitige Rechtsverhältniß richterlich festgestellt ist, durch die Berufung auf den Inhalt des gefällten Erkenntnisses als einer unabänderlichen Grundlage abgewehrt werden. (Einrede der rechtskräftig entschiedenen Sache).

Für und wider welche Personen die Rechtskraft maßgebend ist, was als rechtskräftig entschieden gilt und wieweit die Rechtskraft reicht, bestimmt sich nach folgenden im § 177 des BGB's aufgestellten, durch die CPO. zum Theil modifizirten Grundsätzen:

1) Als Regel für den subjectiven Umfang der Wirksamkeit der Rechtskraft gilt auch nach dem BGB. § 177, 1 der Satz, daß die rechtskräftige Entscheidung nur die Parteien bindet, welche mit einander den Rechtsstreit führten und dessen Entscheidung betrieben und herbeiführten. Es giebt jedoch Fälle, in welchen das Urtheil auch für und wider Dritte wirkt:

a) Insbesondere gilt dies von denjenigen Personen, welche in Ansehung des Streitgegenstandes „Rechtsnachfolger der streitenden Theile" sind, und zwar nicht bloß in dem Falle der Gesammtnachfolge (§§ 2000—2002. 2281—2282), sondern auch in Bezug auf die ihr Recht von dem Rechte eines früheren Streittheiles ableitenden Sondernachfolger, gleichviel, ob sie erst nach Beendigung des Rechtsstreites oder während der Rechtshängigkeit desselben in die Stelle eines Streittheiles succedirten (vgl. §§ 236, 3. 237. 238 d. CPO. u. was die Erlangung vollstreckbarer Ausfertigung in solchen Fällen betr. d. §§ 665—

667). Der deutsche Entw. § 192 behandelt nach gleichen Grundsätzen wie die Sondernachfolger auch Diejenigen, welche nach Eintritt der Rechtshängigkeit an der in Streit befangenen Sache die Innehabung (z. B. als Pächter od. Miether) für eine der Parteien erlangt haben (Mot. I. 377).

b) Ebenso hat ein Urteil, in welchem über das Dasein gewisser familienrechtlicher Verhältnisse, insbesondere das Bestehen der Ehe zwischen den Ehegatten, die eheliche Geburt oder väterliche Gewalt zwischen Vater und Kind, sowie über die Kindschaft zwischen dem außerehelichen Kinde und seiner Mutter durch eine (nicht auf Prozeßversäumniß oder Kollusion der Streittheile beruhende) rechtskräftige Entscheidung erkannt ist, wegen der Eigenthümlichkeit solcher Rechtsverhältnisse rechtliche Wirksamkeit auch in Ansehung solcher dritten Personen, auf deren rechtliche Beziehungen solche Statusverhältnisse einen mittelbaren Einfluß haben (§ 1857, vgl. aber Windscheid, a. a. O. § 132 Note 7; Wächter, WPr.R. II. S. 571). Einen Fall solcher Ausdehnung der Wirksamkeit enthält auch der auf überwiegender älterer Praxis beruhende, im § 1865 des BGB.'s anerkannte Rechtssatz, daß ein Urteil, durch welches auf die Klage einer unehelichen Mutter wegen der ihr selbst, auch wenn sie nicht als Vormünderin ihres Kindes bestätigt ist, zustehenden Alimentationsansprüche rechtskräftig gegen ihren Schwängerer erkannt wird, Rechtskraft auch dem Kinde gegenüber (und umgekehrt im Falle des § 1866) erlangt. Man wurde hierbei von der Erwägung geleitet, daß die Mutter als zunächst zum Unterhalt des Kindes Verpflichtete präsumtiv den hierzu erforderlichen Aufwand für die Vergangenheit bestritten habe und zu fordern berechtigt sei (§ 1868), daß ihr aber auch wegen der zukünftigen Alimente ein eigenes Klagerecht nicht versagt, aber die Ausübung desselben zur Verhütung von Collisionen mit gleichzeitigen, vom Kinde selbst (bez. dessen Vormund) in gleicher Richtung geführten Prozessen von der Genehmigung des Vormundschaftsgerichtes abhängig sein solle (vgl. d. angef. Paragraphen u. Ztschr. 29, 412. 33, 441 und besonders die Ausführungen in WA. 1875 S. 60 u. Schmidt, Vorl. I. S. 147, II. S. 105 flg.; Grützmann, I. 199).

c) In Bezug auf die im gemeinen Rechte bestrittene Frage, ob das über ein ungetheilt unter Mehreren bestehendes Rechtsverhältniß gegenüber einem Mitberechtigten oder Mitverpflichteten ergangene Urteil für bez. gegen die übrigen Betheiligten Rechtskraft erzeuge (Windscheid, a. a. O. § 132 Nr. 1), ist der Grundsatz, daß die Rechtskraft nur die streitenden Theile verbindet (§ 177, 1), in den beiden besondern Fällen zur Anwendung gebracht, wenn in einem nur von einem Miteigenthümer wegen einer die gemeinschaftliche Sache betreffenden Dienstbarkeit oder nur von einem an einem Gesammtschuldverhältnisse activ oder passiv Betheiligten wegen des Gesammtschuldenverhältnisses geführten Rechtsstreite ein rechtskräftiges Erkenntniß ergangen ist (§§ 332 u. 1032).

d) Die Frage, ob ein zwischen dem gesetzlichen und Testamentserben über die Giltigkeit des letzten Willens ergangenes rechtskräftiges Urteil maßgebend sei auch für gewisse von der Geltung des letzten Willens berührte Kreise, insbesondere für die Vermächtnißnehmer und überhaupt für Alle, für deren Ansprüche und Verbindlichkeiten der Bestand des letzten Willens von bestimmendem Einflusse ist (Windscheid, a. a. O. Nr. 3), hat das BGB. offen gelassen; sie ist nach allgemeinen erbrechtlichen Grundsätzen zu beurtheilen. Hier sei daher nur Folgendes bemerkt. Bei strenger Durchführung des Prinzips ausschließlich subjectiver Wirksamkeit der Rechtskraft gelangt man auch für das GB. zur Verneinung jener Frage. Allein dem praktischen Interesse scheint es, namentlich zur Vermeidung unnöthiger und complicirter Prozeßvervielfältigung, mehr zu entsprechen, wenn das durch das Urteil Festgestellte auch gegen die erwähnten, an dem Bestande des letzten Willens Interessirten dritten Personen zur Geltung gebracht wird.

a) Siegt der gesetzliche Erbe über den letztwillig Berufenen aus einem Grunde, welcher die Hinfälligkeit des letzten Willens nach seinem ganzen Bestande zur Folge hat, so wirkt dies auch gegenüber den Vermächtnißnehmern, weil die in dem letzten Willen angeordneten Vermächtnisse mit demselben stehen und fallen (§ 2412) und überdies den Vermächtnißnehmern, als an dem Ausgange des Erbrechtsstreites Interessirten, das Recht zusteht, in demselben zu interveniren und hierdurch auf dessen Ausgang mitbestimmend einzuwirken (CPO. § 63 u. l. 50 § 1 D. 30). Die Gläubiger der Erbschaft aber würden, wenn sie sich nicht an den obsiegenden Erben, sondern an den Besiegten wegen ihrer Forderungen halten wollten, in Gemäßheit der Vorschrift des § 2326 behufs der Erbringung der passiven Sachlegitimation mit dem Nachweise belastet, daß der Letztere wirklich Erbe und also ihr Schuldner geworden sei.

b) In einem Rechtsstreite über Pflichttheilsansprüche sind nach dem BGB. die Wirkungen einer vom Pflichttheilsberechtigten gegen den eingesetzten Erben im Wege der Erbschaftsklage (§ 2589) rechtskräftig durchgeführten Anfechtung der ihn verletzenden letztwilligen Verfügung möglicherweise verschiedene, jenachdem der Kläger — was die Regel ist — dieselbe nur soweit anfechten darf, als sein Pflichttheilsrecht dadurch verletzt ist (§ 2600), oder einer der besondern im Gesetz bezeichneten Fälle vorliegt, in welchen ihm ausnahmsweise nach § 2601 das Recht zusteht, sein volles gesetzliches Erbrecht geltend zu machen. Hier entsteht gleichfalls die Frage, ob das rechtskräftige ihm seinen gesetzlichen Erbtheil zuerkennende Urteil im letzteren Falle auch gegen diejenigen Honorirten wirke, zu deren Gunsten der dem Eingesetzten aberkannte Erbtheil mit Vermächtnissen beschwert ist, und ob diese von dem obsiegenden Theile nach Verhältniß der Größe des ihm zuerkannten gesetzlichen Erbtheils entrichtet werden müssen. Dieselbe dürfte aus den oben angegebenen praktischen und processualen Erwägungen in Verbindung mit einer rechtsähnlichen Anwendung der dem § 2386 (vbd. § 2395) zu Grunde liegenden (nur durch den Nachweis einer entgegengesetzten Willensmeinung des Erblassers widerlegbaren) Präsumtion, daß beim Wegfall einer Erbeinsetzung und bez. des Beschwerten der kraft gesetzlicher Bestimmung an seine Stelle tretende Nacherbe als der zur Entrichtung der Vermächtnisse Verpflichtete anzusehen sei, zu bejahen sein, zumal das Gegentheil zu einer unbilligen Begünstigung des obsiegenden Klägers gegenüber den dem § 2386 zu Grunde liegenden Prinzipien führen würde (vgl. hierzu Dernburg, Pand. III. § 96).

b) Objectiver Umfang der Rechtskraft.

§ 60.

1) Für die Abgrenzung der objectiven Tragweite der materiellen Rechtskraft, also für die Beantwortung der Frage, inwieweit durch dieselbe die entschiedene Sache für die Zukunft unabänderlich festgestellt und den durch den Urteilsinhalt gebundenen Betheiligten die Möglichkeit entzogen sei, das Entschiedene in einem neuen Rechtsstreite der gerichtlichen Prüfung mit Anspruch auf Entscheidung zu unterbreiten, hat das BGB. im § 177, 2 den auf gemeinrechtlicher Basis ruhenden Satz als Directive für den Richter aufgestellt, daß sich die rechtskräftige Entscheidung auf das durch die Entscheidung festgestellte Recht nach seinem Inhalt und Entstehungsgrunde beschränkt.

Die Einrede der rechtskräftig entschiedenen Sache (§ 59) wird hiernach grundsätzlich von der Uebereinstimmung des in Anspruch genommenen rechtskräftig entschiedenen Rechtes oder Rechtsverhältnisses mit dem Gegenstande des erneuten Prozesses abhängig gemacht. Das Vorhandensein einer solchen Uebereinstimmung aber ist nur erkennbar durch Vergleichung des im Vorprozesse ergangenen Urteilsinhaltes mit dem Inhalt der neuen Klage, d. h. mit Demjenigen, was durch dieselbe nach Maßgabe des Inhalts (der Natur und des Gegenstandes) des beanspruchten Rechts oder Rechtsverhältnisses und des als reale Grundlage desselben angegebenen Thatbestandes (Entstehungsgrundes) zum Gegenstande des der richterlichen Entscheidung zu unterstellenden neuen Rechtsschutzanspruchs gemacht wird. Verschiedenheit in diesen Beziehungen wirkt daher die Ausschließung der exceptio rei judicatae, während andere Verschiedenheiten ihrer Zulässigkeit nicht entgegenstehen. (Vgl. z. B. die Entsch. in OAGA. NF. 4, 373. 7, 111. 9, 128; Ztschr. 33, 481 flg., 36, 127 flg.; OLGA. 1, 365 flg.).

Die Formulirung der für diese Vergleichung im § 177 aufgestellten Anhaltspunkte ist indessen keine so präcise, daß es nicht im Einzelfalle fraglich werden könnte, ob im erneuten Rechtsstreite in der That das im Vorprocesse rechtskräftig entschiedene Rechtsverhältniß nach Inhalt und Entstehungsgrund wiederholt zur gerichtlichen Entscheidung gebracht werden solle. Der Versuch, eine solche alle Zweifel ausschließende Formel zu finden und als Erkenntnißmittel gesetzlich zu fixiren, dürfte ein vergeblicher sein, weil die Ermittelung der Frage, ob ein durch rechtskräftige Entscheidung anerkanntes Rechtsverhältniß unter den Betheiligten von Neuem zur Sprache komme, im Einzelfalle doch immer der rechtslogischen, durch genaue Prüfung des thatbestandlichen und rechtlichen Inhalts der Vorverhandlung bedingten richterlichen Beurtheilung anheimfallen wird.

2) Von Zweifelsfragen, welche in gegebenen Fällen darüber, ob nach Maßgabe der im § 177 gegebenen Anhaltspunkte Rechtskraft anzunehmen sei, hervortraten, bietet auch die sächsische Rechtsprechung beachtliche praktische Belege (Ztschr. 43, 23). So namentlich

a) gegenüber der controversen Frage, ob bei dinglichen Rechtsansprüchen jeder erneuten (durch Klage oder Einrede bewirkten) Geltendmachung desselben Rechts unter denselben Parteien, auch wenn sie auf einen andern, als dem in der Vorklagsache angeführten Erwerbsgrund gestützt wurde, die Einrede der in dieser ergangenen rechtskräftigen Entscheidung entgegenstehe (vgl. Langenn u. Kori, Erört. I. 101 flg.; Motive zu § 177; OAGA. 4, 459; NF. 7, 102. 10, 212; OLGA. 1, 366, mit Windscheid, a. a. O. § 130, Note 6; Dernburg, Pand. I. § 162). Ferner

b) hinsichtlich der vielbestrittenen Frage über die Rechtskraft der sog. Entscheidungsgründe (Windscheid, a. a. O. Nr. 6), welche die frühere sächsische Praxis (vgl. die zahlreichen Präjudizien bei Wengler u. Brachmann, d. BGB. für Sachsen zu § 177, Nr. 13) im Prinzip verneinte, indem sie die letzteren nur ausnahmsweise in dem Falle als der Rechtskraft fähig anerkannte, wenn die in ihnen enthaltenen Ausführungen für das im Tenor der Urtelsformel zusammengefaßte praktische Entscheidungsergebniß die Bedeutung eines dasselbe bedingenden decisiven Ausspruchs hatten (vgl. Ztschr. 31, 374 mit Wbl. 1873, S. 6, II. u. Siebenhaar, Lehrb. S. 153; a. M. Dernburg, a. a. O. § 163, S. 375 u. Preuß. R. I. S. 324, Note 7). Dasselbe gilt endlich

c) in Ansehung der gemeinrechtlich gleichfalls controversen Frage, ob in solchen Fällen, wo die Rechtfertigung eines Klagantrages von dem thatsächlichen Nachweis eines Rechtsverhältnisses abhängig ist, dessen Bestand die bedingende (präjudizielle) Voraussetzung der Rechtsbegründung des Klaganspruchs ist, — mit dem Urteil über den klagbar gemachten Anspruch zugleich auch die richterliche Entscheidung über das seine rechtliche Grundlage bildende Rechtsverhältniß Rechtskraft erlange (vgl. z. B. d. Entsch. in Ztschr. 36, 127. 43, 204; WA. II. (1875) S. 422 flg., insbes. S. 427 flg. gem. R.: Windscheid, a. a. O.; Dernburg, a. a. O. § 163, 2; Unger, österr. PR. II. 664 u. Seuffert's Arch. 8, 335. 25, 183. 27, 68. 29, 82).

Im Prinzip aber beruhte die in der neuern sächsischen Praxis zur Herrschaft gelangte Auslegung des § 177, 2 d. BGB.'s auf der an die gemeinrechtliche Doctrin angelehnten Theorie (Savigny, Syst. VI. 350 flg. 429 flg. 451 flg.), daß der Umfang der materiellen Rechtskraft sich überhaupt auf alles Dasjenige erstrecke, was in einem Vorprozesse unter denselben Streittheilen über das streitige Recht und Rechtsverhältniß nach Inhalt und Entstehungsgrund rechtskräftig entschieden sei, also auch diejenigen Rechtsfragen und Rechtsansprüche mit treffe, welche in der Vorklagesache als mit dieser zusammenhängende und sie als Vorfragen bedingende Verhältnisse bereits für mitentschieden anzusehen seien, auch wenn sie nicht den Gegenstand eines besondern Parteiantrags bildeten und ihre richterliche Feststellung nur in den Entscheidungsgründen stattgefunden. Als eine Consequenz dieser Auffassung trat der Satz auf, daß insbesondere Compensationsforderungen, wenn sie im Vorprozesse als unbegründet abgewiesen wurden, nicht blos nach Höhe der eingeklagten Forderung, sondern überhaupt nach ihrem Vollbetrage als aberkannt anzusehen seien (z. B. OAGA. NF. 7, 111. II. NF. 2, 449 flg.; Ztschr. 43, 21; WA. 2, 427; OLGA. 3, 185).

Diese Tragweite der materiellen Rechtskraft ist aber erheblich beschränkt worden

3) durch die Reichscivilprozeßordnung. Sie hat im § 293 diese ihrem Wesen nach dem materiellen Rechte angehörende Frage in den Bereich ihrer Normirungen gezogen, um den in den verschiedenen Territorien des deutschen Reichs hierüber bestehenden Kontroversen ein Ziel zu setzen. Die Bestimmung des Einflusses dieser eingreifenden Aenderung des bisherigen Rechtszustandes auf die Einzelheiten der civilrechtlichen Consequenzen ist jedoch der Darstellung des Civilprozesses zu überlassen, weil jene Vorschrift der CPO. mit andern Bestimmungen dieses Gesetzes so eng zusammenhängt, daß ihre Bedeutung und Tragweite gegenüber der Fülle des casuistischen Materials nur in diesem Zusammenhang gehörig erkannt werden kann.

Hier mag es genügen, die Hauptmomente der reichsgesetzlichen Einwirkung auf den particulären Rechtszustand hervorzuheben.

a) Die CPO. hat dem auch in der sächsischen Rechtsprechung vorherrschenden Standpunkt der Savigny'schen Lehre im Sinne der dieselbe bekämpfenden Ausführungen Unger's (österr. Pr.R. II. 639. 640) und Wetzell's (2. Aufl. 518 flg. 532 flg.) dadurch eine engere Begrenzung gegeben, daß sie zur Bestimmung der Tragweite einer rechtskräftigen Entscheidung den in den Parteianträgen zum Ausdruck gelangenden Inhalt dessen, was nach dem Willen der Parteien den dem richterlichen Schutz unterbreiteten Anspruchsgegenstand bilden soll, als das Ausschlag gebende Moment aufstellt und demgemäß Urteile (Endentscheidungen) nur insoweit der Rechtskraft für fähig erklärt, als in denselben über „den durch Klage oder Widerklage erhobenen Anspruch", d. h. darüber entschieden ist, ob die in der Klage oder Widerklage vorgebrachten Thatsachen den gestellten Klagantrag, für welchen der staatliche Rechtsschutz angerufen wird, rechtlich begründen. (Ueber die verschieden aufgefaßte Bedeutung des Ausdrucks „Anspruch": Wach, Handb. d. CPO. I. 293 flg.;

Planck, Lehrb. I. 259 flg.; Fitting, RCPO. § 76 II., vbd. § 37 Nr. 5, auch Dernburg, Pr.PR. I. § 137 Nr. 2, u. Pand. I. § 163; Windscheid, P. I. § 130, Note 1 u. 21[a]; RGEntsch. 11, 384; WA. NF. 2, 49. 3, 477. 484. 4, 447. 675; Seuffert's Arch. 38, 181. 40, 157. 42, 332).

b) In Consequenz dieses der CPO. zu Grunde liegenden Prinzips der auf den Klaggegenstand beschränkten Rechtskraft erscheint die Annahme als berechtigt: α) daß die für die Bestimmung der Rechtskraftwirkung nach gemeinem und sächsischen Rechte aufgestellte, vielbestrittene Unterscheidung der Rechtserwerbsgründe bei dinglichen und bei persönlichen Klagen (s. oben 2 a) nicht mehr aufrecht zu erhalten ist und die Abweisung der auf eine bestimmte Erwerbsthatsache gestützten Realklage der Wiederanstellung derselben auf Grund eines andern Erwerbsgrundes nicht im Wege steht (Windscheid, a. a. O. Note 2 u. bes. 6; Dernburg, P. a. a. O. 1, u. Wach, Vortr. S. 104).

β) Daß mit Demjenigen, was die rechtskräftige Entscheidung durch unmittelbaren Ausspruch feststellt, zwar auch das in Rechtskraft erwächst, was als zwingende logische Folge desselben sich darstellt (Fitting, a. a. O. Nr. III.), nicht aber ohne Weiteres auch Dasjenige, was über Rechtsverhältnisse entschieden wird, von deren Bestand oder Nichtbestand, als maßgebender Vorfrage zwar die Entscheidung über den eingeklagten Anspruch abhängt, aber von der Partei nicht verlangt ist (Wach, Vortr. 104 a. E. 105). Indessen ist in letzterer Beziehung die durch die CPO. § 293 gezogenen Grenze der Rechtskraft durch die im § 253 enthaltene Vorschrift insofern der Möglichkeit einer Erweiterung zugänglich gemacht, als jeder Prozeßpartei für den Fall, wenn sie an der Feststellung eines erst im Laufe des Prozesses streitig gewordenen, aber für die Entscheidung des Hauptanspruchs präjudiziellen Rechtsverhältnisses ein rechtliches Interesse hat, das Recht eingeräumt ist, durch rechtzeitige, d. h. bis zum Schlusse der mündlichen Verhandlung, auf welche das Urteil ergeht, erfolgende Erhebung der sog. Zwischen- oder Incident-Feststellungsklage hierüber eine der Rechtskraft fähige Entscheidung herbeizuführen (Wach, Hdb. I. § 40, S. 482. 486. 488; Planck, a. a. O. I. S. 262; Fitting, a. a. O. S. 495 flg.).

γ) Im Anschluß an den leitenden Gedanken dieser Vorschrift hat die CPO. § 293, 2 in Bezug auf die in der früheren sächsischen Praxis ebenfalls verschieden behandelte Frage, ob und inwieweit die in einem Vorprozesse erfolgte rechtskräftige Entscheidung über eine einen Gegenanspruch des Beklagten verfolgende Einrede (Unger, a. a. O. S. 636 flg.; Fitting, S. 310 flg.) Rechtskraft begründe für eine in einem spätern Prozesse zu erhebende, auf gleichem Fundamente wie die Einrede anzustellende Klage, den Grundsatz sanctionirt, daß „die Entscheidung über das Bestehen oder Nichtbestehen einer mittelst Einrede geltend gemachten Gegenforderung der Rechtskraft fähig ist, aber nur bis zur Höhe desjenigen Betrages, mit welchem aufgerechnet werden soll." — Unter den Prozessualisten ist jedoch Meinungsverschiedenheit darüber entstanden, welche Vertheidigungen des Beklagten „Gegenforderungen" im Sinne dieser Gesetzesvorschrift sind, insbesondere ob dieselben nur auf die durch Compensationseinrede zur Aufrechnung gebrachten Gegenansprüche zu beschränken oder auch auf andere anspruchverfolgende Einrederechte zu beziehen sind. Gegen das Letztere spricht die Erwägung, daß Vertheidigung des Beklagten durch eine Einrede, welche durch Geltendmachung eines die Klagwirkung hemmenden Gegenrechts begründet wird, in der Regel nicht den Zweck und die Wirkung eines auf Erweiterung des Streitgegenstandes gerichteten Feststellungsanspruchs hat, sondern blos die Aberkennung des eingeklagten Rechts bezweckt und bewirkt. Anders verhält es sich dagegen bei der anspruchverfolgenden Compensationseinrede. Nach der eigenthümlichen Natur und dem Zwecke des dieser Einrede zu Grunde liegenden Gegenrechts ist die Annahme berechtigt, daß der Beklagte, welcher sie vorschützt, nicht blos die Aberkennung des Klagrechts, sondern auch die Zuerkennung des zur Tilgung seiner Gegenforderung durch Aufrechnung erforderlichen Theils der klägerischen Forderung und die Verurtheilung des Klägers zur Leistung desselben, also eine Erweiterung des Streitobjectes zu beantragen beabsichtigt habe (Wach, Vortr. S. 105—107; Planck, a. a. O. 263; Windscheid, a. a. O. Note 21 a/b; Abw. Fitting, § 76 II. Note 7).

δ) Die nach gemeinem und sächsischen Rechte vielfach ventilirte Frage, ob außer den objectiven Merkmalen für die Tragweite der materiellen Rechtskraft nicht noch ein besonderes formelles Moment, die Aufnahme der Entscheidung in die Urteilsformel (tenor sententiae, decisum) erforderlich sei, oder ob es genüge, wenn dieselbe in den „Entscheidungsgründen" (rationes dubitandi et decidendi) ihre Stelle gefunden hat (vgl. oben Nr. 2 b), ist durch den § 293 der CPO. nicht direct entschieden. Der Umstand, daß die Reichs-Justiz-Kommission den im Entwurf (§ 283) enthaltenen dritten Absatz zu streichen sich veranlaßt sah, welcher den Eintritt der Rechtskraft einer rechtskräftigen Entscheidung von der Aufnahme in den Decisivtheil des Urteils für unabhängig erklärte, hat viel dazu beigetragen, unter den Commentatoren der CPO. der Meinung Anhang zu verschaffen, daß hierdurch das Gegentheil habe sanktionirt, also nur den in die Urteilsformel aufgenommen Entscheidungen die Fähigkeit zur Rechtskraft habe beigelegt werden sollen (Fitting, a. a. O. § 76 Note 4).

Diese Schlußfolgerung ist jedoch bedenklich. Denn sie legt dem erwähnten Streichungs-Beschlusse der R.JustizKomm., welcher die Unabhängigkeit der Rechtskraft einer Entscheidung von deren Aufnahme in den Urtelstenor beseitigte, ohne Weiteres und ohne daß sich dafür aus den einschlagenden protokollarischen Verhandlungen ein mit Sicherheit erkennbarer Beweisgrund entnehmen läßt, die Tendenz unter, daß dadurch stillschweigend gegenüber der bekannten gemeinrechtlichen Controverse ein positives, den Eintritt der Rechtskraft durch „räumliche Begrenzung" derselben beschränkendes Erforderniß habe geschaffen werden sollen. Für die Richtigkeit dieser Unterstellung bietet aber weder der Wortlaut noch der Inhalt des Gesetzes, aus welchem selbst — aber nicht aus den von einander abweichenden Meinungsäußerungen der Kommissionsmitglieder — der gesetzgeberische Wille zu entnehmen ist, keinen beachtlichen Anhalt. Eine Beschränkung der Rechtskraft auf das im Tenor der Urtelsformel Entschiedene giebt der § 293 nirgends an die Hand. Er verlangt zum Eintritt derselben nichts weiter als Entscheidung über den durch Klage oder Widerklage oder durch Kompensationseinrede erhobenen Anspruch im Urteil. Zu diesem gehören aber auch die Entscheidungsgründe (§ 284, 4 CPO.). — Daraus, daß die rechtliche Wirksamkeit einer richterlichen Entscheidung überhaupt erst mit seiner durch Vorlesung der Urteilsformel zu bewirkenden Verkündigung anhebt und hierzu nur die Vorlesung des Inhalts der Urteilsformel erforderlich ist (CPO. § 282. § 283, 1), läßt sich nicht ohne Weiteres schließen, daß allen nicht in dieselbe aufgenommenen Entscheidungen die Fähigkeit in Rechtskraft überzugehen, versagt werden müsse. Die bei Abfassung der Urteilsformel vorwaltende Aufgabe, das unmittelbar praktische Ergebniß der Entscheidung in bündiger Fassung zu fixiren, kann es mit sich bringen, daß weitere Entscheidungen, z. B. über Incidentfeststellungsanträge, über Compensationseinreden, über nur theilweise Zuerkennung des in der Klage geforderten Ganzen, in die Entscheidungsgründe verwiesen werden. Nur dann, wenn die in der Urteilsformel enthaltene Entscheidung auch den Entscheidungsgründen gegenüber nach Inhalt und Gegenstand so unvollständig oder unverständlich abgefaßt wäre, daß sie durch die entsprechenden prozessualen Rechtsmittel entweder angefochten oder ihre Ergänzung beantragt werden könnte, würde die Entscheidung Rechtskraft des Urteilsinhaltes nicht erzeugen. Anders dagegen, wenn das Urteil nur insofern einen Verstoß gegen die Vorschriften über die Urteilsformel enthalten sollte, daß sich zwar aus derselben allein nicht, aber aus den zum Ganzen des Urteils gehörenden Entscheidungsgründen das praktische Gesammtergebniß dessen, was zur vollständigen Erledigung des Rechtsstreits gehört, mit Sicherheit erkennen und bestimmen ließe. Denn wollte man auch in solchem Falle dem in den Entscheidungsgründen Entschiedenen die Rechtskraft versagen, so bedeutete dies die kaum denkbare Absicht des Gesetzgebers, dem bloßen Formfehler das erlangte klare Ergebniß des richterlichen Entscheides zu opfern und einer auf unnöthige Prozeßvervielfältigung hinauslaufenden Erneuerung des Streites über bereits Entschiedenes Vorschub zu leisten. (Vgl. hierzu im Einzelnen: Wach, Vortr. S. 107 a. E. bis 109; Planck, a. a. O. S. 264. 463; Dernburg, Pand. I. § 163, S. 375, 3; Bolze, Praxis des Reichsger. 3, 1386. 1387. 4, 1401. 1422. 5, 1291.)

Druck von Metzger & Wittig in Leipzig.

FSC
www.fsc.org
MIX
Papier | Fördert
gute Waldnutzung
FSC® C083411

Kolibri 360 GmbH
Ferdinand-Jühlke-Straße 7
99095 Erfurt, Deutschland
produktsicherheit@kolibri360.de